PROPRIÉTÉ.

PIERRE VALDEY

OU

LE BON FILS

ESSAI D'ÉDUCATION PRATIQUE

LIVRE DE LECTURE COURANTE

DESTINÉ AUX ÉCOLES PRIMAIRES DES DEUX SEXES

PAR M. DE LABONNEFON

INSPECTEUR DES ÉCOLES PRIMAIRES, MEMBRE-TITULAIRE DE LA SOCIÉTÉ
DES LETTRES, SCIENCES ET ARTS DE L'AVEYRON

DEUXIÈME ÉDITION

REVUE, CORRIGÉE, AUGMENTÉE ET APPROUVÉE PAR NN. SS. LES ÉVÊQUES
DE RODEZ, DE LA ROCHELLLE, DE MENDE, ETC.,
ET DIVERSES SOCIÉTÉS DE LETTRES.

———o———

POITIERS

HENRI OUDIN, LIBRAIRE-ÉDITEUR

PARIS

ANCIENNE MAISON DEZOBRY, MAGDELEINE ET Cⁱᵉ

CH. DELAGRAVE ET Cⁱᵉ LIBR.-ÉDITEURS-COMMISSIONNAIRES

SUCCESSEURS DE MM. Fᵈ TANDOU ET Cⁱᵉ

RUE DES ÉCOLES, 78.

1867

PIERRE VALDEY

ou

LE BON FILS

ESSAI D'ÉDUCATION PRATIQUE

LIVRE DE LECTURE COURANTE

DESTINÉ AUX ÉCOLES PRIMAIRES DES DEUX SEXES

PAR M. DE LABONNEFON

INSPECTEUR DES ÉCOLES PRIMAIRES, MEMBRE TITULAIRE DE LA SOCIÉTÉ
DES LETTRES, SCIENCES ET ARTS DE L'AVEYRON

DEUXIÈME ÉDITION

REVUE, CORRIGÉE, AUGMENTÉE ET APPROUVÉE PAR NN. SS. LES ÉVÊQUES
DE RODEZ, DE LA ROCHELLLE, DE MENDE, ETC.,
ET DIVERSES SOCIÉTÉS DE LETTRES.

POITIERS

HENRI OUDIN, LIBRAIRE-ÉDITEUR

PARIS

ANCIENNE MAISON DEZOBRY, MAGDELEINE ET Cⁱᵉ

CH. DELAGRAVE ET Cⁱᵉ LIBR.-ÉDITEURS-COMMISSIONNAIRES

SUCCESSEURS DE MM. Fᵈ TANDOU ET Cⁱᵉ

RUE DES ÉCOLES, 78.

1867

PIERRE VALDEY

OU LE BON FILS,

APPROBATIONS.

ÉVÊCHÉ
DE RODEZ.

Rodez le 1er septembre 1865.

CHER MONSIEUR,

Vous avez bien voulu m'envoyer *Pierre Valdey*, et cet intéressant voyageur m'est arrivé au moment où j'allais m'absenter de Rodez pour une vingtaine de jours. Je l'ai donc confié à un homme bien capable de l'examiner à fond et de m'en rendre compte à mon retour.

J'ai hâte de vous dire que le résultat de cet examen a été tout à fait favorable au livre sorti de votre plume. Doctrine solide et pure au point de vue de la religion et de la morale ; sentiments élevés, sages conseils donnés aux pères et aux enfants, peinture des mœurs locales d'une vérité saisissante, voilà ce que renferme cet écrit, et c'est par ces différents côtés qu'il se recommande à tous les amis de la bonne éducation, de celle qui a pour objet de faire, non pas seulement des gens instruits, mais encore et surtout des gens de bien.

Je suis heureux, Monsieur, d'avoir à vous adresser ce témoignage flatteur, car vous êtes un de ces hommes auxquels on ne peut souhaiter que le succès ; et les nobles sentiments exprimés dans votre livre ne sont que l'écho de votre excellent cœur, ainsi que la règle de votre vie.

Je désire vivement que *Pierre Valdey* fasse son chemin dans le monde ; qu'il prenne place dans les écoles et dans les familles de la campagne et de la ville, et qu'il porte partout le parfum des bonnes doctrines qui font les bonnes mœurs et inspirent un patriotisme de bon aloi aux jeunes générations.

Recevez, cher Monsieur, avec mes félicitations, l'assurance de mes sentiments bien affectueux.

† LOUIS, *évêque de Rodez.*

ÉVÊCHÉ

DE MENDE.

—   Mende, le 31 juillet 1865.

MON CHER MONSIEUR DE LABONNEFON,

J'ai lu avec plaisir et profit votre excellent *Pierre Valdey*. Il est vrai que j'étais prévenu en faveur de l'auteur ; mais je ne crois pas que cette prévention influe sur le jugement que je porte sur l'ouvrage, en disant que celui-ci ne peut qu'être très-utile à la fois aux instituteurs et aux pères de famille, qu'il présente comme solidaires dans l'œuvre de l'éducation, et qu'il engage à combiner leurs efforts pour atteindre le but qui leur est commun, tout en leur indiquant la marche à suivre pour y parvenir.

Rien n'y est oublié, ce me semble, de ce qui peut contribuer à former des hommes et des citoyens, en formant avant tout des chrétiens, et on est surpris en voyant combien de sages leçons et de conseils utiles vous avez su faire entrer dans un cadre fictif et dramatique qui en rend la lecture aussi attrayante par la forme que le fond en est instructif.

Ce livre, fruit d'une judicieuse expérience, a été dicté par le désir du bien et par le plus sincère amour de la jeunesse chrétienne. Comme il honore votre talent, il honore aussi votre cœur, et il m'a paru aussi propre à inspirer le goût de la vertu qu'à assurer le progrès de l'institution.

Vous pouvez, si vous le jugez à propos, reproduire et citer en tout ou en partie les lignes qui précèdent.

. . . .

Que N. S. daigne vous combler de plus en plus de ses grâces, et croyez, mon cher Monsieur, à mon bien sincère attachement.

† JEAN A.-M., *évêque de Mende.*

ÉVÊCHÉ

DE LA ROCHELLE

ET DE SAINTES.

—

La Rochelle, le 29 août 1865.

MONSIEUR L'INSPECTEUR,

J'ai lu, par ordre de Monseigneur et avec un vif intérêt, votre ouvrage *Pierre Valdey*, et j'ai fait connaître mes impressions à Sa Grandeur qui me charge de vous féliciter de ce travail intéressant et précieux.

L'abondance des choses utiles, les connaissances pratiques que vous avez renfermées dans ce cadre nécessairement étroit; l'intérêt que vous avez su répandre sur des leçons si graves, et par-dessus tout, Monsieur l'Inspecteur, l'esprit de foi qui se manifeste à chaque page, rendent ce livre précieux pour la jeunesse à laquelle il est surtout destiné et vous assurent par conséquent un titre à la reconnaissance des hommes de bien.

Monseigneur bénit votre ouvrage ; il sera heureux de le recommander et moi, Monsieur, je vous remercie pour le plaisir et le bien qu'il m'a fait. Il est de nature à rappeler beaucoup de choses à ceux qui savent, et à initier ceux qui commencent à tout ce qui peut former la vie sociale et chrétienne : c'est *l'indocti discant et ament meminisse periti.*

Veuillez agréer, Monsieur l'Inspecteur, l'assurance de ma respectueuse considération.

PETIT, *vicaire-général.*

EXTRAIT DU RAPPORT ADOPTÉ PAR LA SOCIÉTÉ DES LETTRES, SCIENCES ET ARTS DE L'AVEYRON, DANS SA SÉANCE DU 24 DÉCEMBRE 1865.

M. le président donne la parole à M. Palons qui rend compte de l'ouvrage de M. de Labonnefon qui lui a été renvoyé.

Un membre dit que cet ouvrage mérite de trouver place dans toutes les bibliothèques communales du département.

La Société adopte le rapport qui vient de lui être lu par M. Palons et décide que les extraits qui suivent seront insérés au procès-verbal de la séance [1] :

« Il est rassurant de voir de temps à autre des hommes bien inspirés
« appliquer leurs veilles et leur talent à étendre le domaine de la litté-
« rature honnête et orthodoxe et des livres utiles. Le fruit de leurs
« labeurs, en les honorant eux-mêmes, est un hommage aux vérités
« immuables de la religion et aux principes imprescriptibles de la
« morale ; et ce témoignage public appelle l'adhésion, la reconnais-
« sance même et les encouragements des amis sincères de la bonne
« éducation et des saines doctrines.

« C'est sous l'impression de ces sentiments que j'ai l'honneur de
« vous présenter l'appréciation et l'analyse du livre qu'un de nos collè-
« gues, actuellement inspecteur primaire à Rochefort, vient de faire
« paraître. . . . .

. . . .

« Le titre est *Pierre Valdey ou le Bon fils ; essai d'éducation prati-
« que ; livre de lecture courante destiné aux écoles des deux sexes.

« *Pierre Valdey* nous semble répondre à ce double but et offrir un
« bon traité d'éducation pratique à l'usage des parents aussi bien
« que des maîtres, et un excellent livre de lecture courante à placer
« entre les mains des enfants ; livre à la fois religieux, moral, récréa-
« tif, qui, à raison de ce double caractère, trouverait convenable-
« ment sa place dans les bibliothèques publiques et dans celles des
« particuliers.

« Le but de cette publication se révèle presque à chaque page par
« les conseils, les leçons et les exemples de sagesse et de bon sens,
« les exhortations paternelles et amicales dont tous les chapitres sont
« parsemés ; dans tous, le même ton de politesse, de morale et de
« religion, avec une profusion, nous voulons dire avec une abon-
« dance, qui en fait un livre foncièrement moral et sérieux, bien que
« le genre plaisant et spirituel y tienne une large place.

« L'auteur s'est donc proposé la bonne éducation de ceux entre les
« mains de qui son ouvrage pourrait arriver. Ce choix dans la direction
« des ressources de son esprit fait déjà honneur à ses sentiments et
« à ses intentions, en même temps qu'il mesure la portée et l'utilité
« de son travail.

[1] Les extraits insérés au procès-verbal de la Société n'ayant pas moins de 7 à 8 pages, nous sommes obligés de n'en citer que les passages les plus saillants.

« Voyons le plan qu'il a suivi. . . . .
. . . .

« Dans le récit de l'histoire de la famille Valdey, le précepteur ou
« le moraliste s'efface le plus souvent et laisse la parole et l'action aux
« personnages en scène, mettant ainsi au jour ce que lui ont appris
« ses études, ses observations et sa triple expérience d'instituteur, de
« père de famille et de fonctionnaire. .

« Cette forme, qui permet à l'imagination de l'écrivain de créer à
« son gré les situations et les rôles dont le moraliste a besoin, a sans
« doute ses écueils : les modèles et les scènes peuvent être placés
« au-dessus de la sphère commune ; la fiction peut, en un mot, jouer
« un peu trop l'épopée, le roman proprement dit. L'auteur de *Valdey*
« nous paraît avoir évité cet écart : quoique doué d'une imagination
« féconde, il a su en modérer l'essor, en la soumettant au principal
« but et au besoin de son sujet. Aussi rien de dramatique, peu ou pres-
« que point de poésie dans les conceptions, assez dans les détails,
« beaucoup d'attrait et de naturel partout.

« D'abord les personnages ne sont pris ni dans les classes élevées,
« ni dans les grands centres de population. Les récits et les situations
« ne sortent guère du cercle de la vie ordinaire et paisible de la cam-
« pagne. L'auteur semble avoir obéi à une sorte de prédilection pour
« cette classe intéressante qu'il importerait de soustraire à la conta-
« gion du vice et des fausses doctrines en lui apprenant à mieux appré-
« cier les avantages et les perspectives de son horizon. . . . . .

« Autour de la famille Valdey, il fait figurer divers agents dont le rôle
« donne de l'ensemble à son œuvre et concourt à développer les prin-
« cipes et les détails de la bonne éducation. Un vénérable curé, un
« inspecteur primaire, un ancien maître de pension président du
« comité local, un juge de paix, un maire, un digne instituteur : tels
« sont les personnages qu'il fait intervenir le plus souvent et auxquels
« il donne le premier rôle dans l'interprétation de sa pensée, établis-
« sant entre eux et les parents une sorte de solidarité, par le zèle et
« l'exemple, dans l'œuvre fondamentale de l'éducation.

« Nous n'aurons garde d'oublier de constater aussi qu'on trouve
« entre ces divers rôles un accord, une entente, une cordialité dont
« l'heureuse influence vaudra toujours quelques concessions mutuelles
« et dont l'absence, quelle qu'en puisse être la cause, sera partout et
« en tout temps un fléau pour la bonne éducation et le principe d'au-
« torité.

« A un second plan, l'histoire de la famille Valdey nous offre çà et
« là des types qui s'harmonisent avec elle et d'autres qui font contraste
« avec les premiers et qui, par les suites de leurs désordres ou par leur
« retour vers le bien, donnent plus d'autorité aux exemples et aux
« préceptes moraux dont le livre est parsemé. La sotte incrédulité,
« les vices, les écarts et les travers de la vie y sont flétris dans des rôles
« et sous des noms dont quelques-uns sont plaisamment caractéristi-
« ques. Les suites de la faiblesse dans l'éducation domestique sont
« exposées dans l'histoire tristement intéressante de René. Les prin-
« cipes sociaux mêmes y sont vengés des excentricités de ces hommes
« qui rêvèrent un jour, sous prétexte d'égalité et de fraternité, à la
« place des inégalités créées par la nature et les instincts sociaux de
« l'homme, des inégalités extravagantes ou monstrueuses.
. . . .

« Inspiré par un sentiment facile à deviner, l'auteur a placé le
« théâtre de ses récits dans cette petite ville du département immor-

« talisée par le berceau de l'illustre martyr des barricades. . . . .

. . « La visite de Valdey à notre Musée, qui nous a fait tout d'abord
« l'effet d'un hors-d'œuvre, n'est pas sans quelques rapports avec le
« sujet principal. . . . . . Elle se justifie jusqu'à un certain
« point du reproche d'intérêt trop prononcé de localité qu'elle méri-
« terait, si notre galerie ne renfermait que des sujets dont la réputa-
« tion n'eût pas franchi les limites du département et qu'elle ne
« mérite plus au même degré, du moment que nous comptons des
« noms et des célébrités que la France, l'humanité même peuvent
« revendiquer.

« Nous arrêtons là nos détails sur les récits de Valdey; dans tous
« se trouve réalisé le précepte du lyrique latin par l'heureux mélange
« de l'utile à l'agréable; partout un entrain, un ton de bonne humeur,
« une facilité, une peinture de mœurs et un naturel qui charment.
« Les récits qui se rapprochent le plus des faits les plus vulgaires
« sont relevés par un choix heureux d'expressions, une diction facile,
« élégante, correcte, un laconisme et un assaisonnement de traits
« spirituels et d'anecdotes qui en rendent la lecture constamment
« attrayante.

« La variété des tons et la forme du dialogue qui y est fréquente
« ajoutent à la valeur de l'ouvrage comme livre de lecture, en le
« rendant plus propre à habituer les enfants aux diverses inflexions de
« voix dont la lecture accentuée est susceptible. On y rencontre assez
« souvent des détails descriptifs, des portraits physiques et moraux
« marqués du cachet du goût et de l'imagination. Ce genre ajoute
« encore au mérite du livre comme modèle du style descriptif en
« même temps que de récit familier et de narration soutenue. . .

« Nous allons nous résumer en disant, qu'à part quelques réserves
« sur certains détails, le travail de notre collègue, surtout avec les
« modifications typographiques et les augmentations qu'il recevra dans
« une nouvelle édition, nous paraît mériter, comme livre de lecture
« et comme ouvrage d'éducation pratique, les suffrages et les encou-
« ragements de la Société des lettres. — C'est l'impression que nous
« avions retirée d'une première lecture et qui s'est confirmée lorsque
« nous avons dû en faire l'appréciation. Deux prélats, dont l'opinion
« en pareille matière a une autorité éminemment compétente et res-
« pectable, dans leurs approbations, accordent au travail de notre
« compatriote le mérite et l'importance d'un excellent livre de lecture
« et d'éducation. — Il nous est permis de nous en féliciter à double
« titre, mais surtout à cause de cette tendance de tant d'écrivains et
« de lecteurs vers les productions littéraires propres à altérer les
« mœurs ou à fausser les croyances. »

PRÉFACE

DE LA PREMIÈRE ÉDITION.

—

Une des grandes plaies de notre siècle, c'est sans contredit l'affaiblissement du respect que les enfants doivent aux auteurs de leurs jours et à leurs supérieurs. Les plaintes retentissent de tous côtés, et l'on demande avec instance les moyens de sortir d'une situation qui, en s'aggravant, mettrait en péril la société elle-même.

Il est malheureusement assez rare que l'on prenne au sérieux l'éducation des enfants. Beaucoup de gens, soit ignorance de leurs devoirs, soit incurie, les abandonnent à eux-mêmes, ou se bornent à les envoyer dans une école, ne songeant pas que la grande tâche de l'éducation ne saurait être menée à bonne fin sans l'accord intime des parents et des maîtres.

A notre avis, la cause principale du mal se trouve dans les habitudes funestes que nous venons de signaler.

Le remède consiste donc à faire entrer les pères et mères dans une voie sagement tracée, au bout de laquelle ils puissent recueillir sans amertume les fruits de leur sollicitude pour leurs enfants.

Il existe un nombre considérable d'ouvrages d'éducation ; mais ceux-là mêmes qui en ont le plus grand besoin, les chefs de famille et les jeunes gens, ne les lisent jamais. C'est que ces œuvres s'adressent exclusivement aux instituteurs ; de plus, leur forme sévère ne satisfait que les esprits éclairés déjà, et qui, par cela même, ont un moindre intérêt à les connaître.

Sans doute nous avons aussi d'excellents livres de lecture qui ont pour objet le développement intellectuel et moral des en-

fants; mais il n'existe pas, ce nous semble, un cours de principes d'éducation ayant revêtu cette forme, et s'adressant aux enfants pour arriver, par leur entremise, au cœur de la famille.

Nous avons tâché de combler cette lacune dans la mesure de
nos faibles moyens d'action. Si notre but a été manqué, peut-être
aurons-nous éveillé la sollicitude des grands maîtres dans l'art
d'enseigner, et verrons-nous surgir une œuvre capitale destinée à
donner aux parents le goût de la saine et bonne éducation et aux
enfants une plus grande docilité à leurs avis.

Aujourd'hui l'on n'aime guère la science pour elle-même.
Pour arriver à se faire lire, il devient nécessaire de voiler la sévérité du fond sous les formes les plus attrayantes.

Nous avons donc essayé de faire une sorte de roman moral reproduisant les incidents de la vie ordinaire. Nous avons obtenu
ainsi un cadre tout naturel pour le développement d'un cours pratique d'éducation.

Pierre Valdey est un cultivateur comme il en existe sept ou huit
millions en France. Nous aurions pu trouver des situations vio-
lentes, qui auraient eu le privilège d'exciter la sensibilité et l'intérêt des esprits superficiels; mais nous avons préféré décrire
une de ces existences simples comme on en trouve partout.

Notre roman ne saurait être une fable inventée pour les besoins
d'une cause, mais c'est bien une histoire réelle. Nous n'avons eu
qu'à compulser les observations que nous avons recueillies pendant vingt ans; nous y avons trouvé des matériaux nombreux et
de bon aloi, puisqu'ils reposaient sur des faits indubitables.

Parmi les anecdotes que nous avons citées, il en est un certain
nombre qui sont connues de tous : nous n'avons pas cru que ce
fût un motif sérieux de les écarter. Nous voulions établir les conséquences d'un principe, et nous les avons appelées de préférence à notre aide, comme des témoins reconnus et admis déjà,
afin de donner plus de force à notre démonstration.

Nous sommes heureux de rendre ici un témoignage public de
reconnaissance et d'admiration à ceux qui ont été et seront toujours nos maîtres dans l'art si délicat d'élever les enfants. Nommer MM. Guizot, Villemain, Rendu, Barrau, de Gérando, Villemereux, Rapet, Théry, etc., Mgr Dupanloup, le Père Girard,

etc., c'est dire que tout ce qu'il y a de meilleur dans notre modeste essai est leur œuvre plutôt que la nôtre.

Puissions-nous mériter les suffrages de ceux que Dieu nous conserve encore : heureux si la droiture de nos intentions pouvait nous obtenir la faveur de quelques avis !

Nous sommes de l'école classique, nous en faisons l'aveu sans peine, malgré cette sorte de réprobation qui s'attache au culte des règles dans l'art décrire. Sans repousser la chaleur et le mouvement dans le style, sans faire le procès à l'imagination, nous nous sommes efforcé d'être simple et correct. Soutenu par la conviction qu'on ne saurait écrire avec trop de soins et de pureté, même pour l'enfance, nous avons choisi pour modèles, avec les maîtres que nous avons nommés, les écrivains du grand siècle : Dieu veuille que nous ayons pu les suivre de loin !

Il est au midi de la France un pays sillonné de hautes montagnes, et qui a le privilége d'être assez mal traité, surtout de ceux qui ne l'ont jamais vu. Enfant de cette terre agreste, mais peuplée de natures droites, énergiquement trempées, fidèles à la Religion et au Souverain, selon la devise du vieux Rouergue, nous avons tenu à honneur de la venger en faisant connaître quelques-unes de ses gloires. Au reste, des notices biographiques devaient naturellement entrer dans notre plan. Un instant même nous avions eu l'idée de faire une revue des principales illustrations de la France, mais notre cadre était trop restreint pour nous y arrêter.

On nous pardonnera d'avoir insisté sur l'amélioration du sort des instituteurs. Nous vivons au milieu d'eux depuis longues années; nous savons mieux que beaucoup de personnes les trésors de dévouement et de vertu qui sont renfermés dans leurs cœurs. Nous avons la conviction intime que, le jour où le Gouvernement aura le moyen de réaliser ses utiles projets, il sera fait un pas décisif vers l'amélioration morale et intellectuelle de nos populations.

H. DE LABONNEFON.

Bellac, le 1er mai 1865.

PRÉFACE

DE LA DEUXIÈME ÉDITION.

—

L'accueil bienveillant qu'a reçu *Pierre Valdey* nous engage à offrir aux écoles et aux familles une seconde édition de notre modeste travail.

Au lieu de prendre à la lettre les paroles flatteuses qu'un grand nombre de hauts personnages et plusieurs sociétés littéraires ont bien voulu nous adresser, nous n'y avons trouvé que des motifs de respectueuse reconnaissance et de plus un encouragement à compléter notre œuvre et à la rendre moins indigne des précieux suffrages qui lui ont été accordés.

Nous avons revu avec le plus grand soin tous les anciens chapitres, corrigeant les fautes d'impression, supprimant certains détails qu'on nous avait signalés comme inutiles, et ajoutant quelques passages essentiels.

Quinze chapitres nouveaux donnent à notre plan toute l'étendue qu'il nous semble comporter. Nous signalerons particulièrement ceux qui ont trait aux apprentis, aux ouvriers-patrons, à l'éducation spéciale des filles (histoire de Myette) et aux fruits de la bibliothèque. Nous les avons mûris pendant une année entière, et rattachés de notre mieux au corps de l'ouvrage. Enfin, nous nous sommes efforcé de donner plus de cohésion à tous les chapitres entre eux.

Après avoir minutieusement passé en revue tous les éléments qui composent le peuple de nos villes et de nos campagnes, après avoir vu confirmer nos maximes et notre morale par de vénérables et savants évêques, il nous a paru que *Pierre Valdey* contenait des règles sûres de conduite appuyées d'exemples destinés à en faciliter l'intelligence et l'application pour toutes les branches de nos populations agricoles ou industrielles.

Des craintes fort légitimes, à notre avis, nous avaient interdit de solliciter bien des recommandations précieuses. Les encouragements que nous a valu notre premier essai nous font espérer que cette deuxième édition ne sera peut-être pas indigne de quelques nouvelles faveurs.

Nous ne reviendrons pas sur ce que nous avons dit précédemment au sujet de l'influence extrême de l'éducation sur les destinées des peuples et des individus. Les paroles ci-après, qui terminent le dernier discours de la couronne (22 janvier 1866), résument avec une grande autorité tout ce que l'on peut dire de plus sage sur cette importante question. Nous ne saurions mieux faire que de les citer et d'engager les pères de famille comme les instituteurs et les institutrices à les méditer sans cesse :

« Lorsque tous les Français auront été éclairés par l'éduca-
« tion, ils discerneront sans peine la vérité, et ne se laisseront
« pas séduire par des théories trompeuses; lorsque tous ceux
« qui vivent au jour le jour auront vu s'accroître les bénéfices
« que procure un travail assidu, ils seront les fermes sou-
« tiens d'une société qui garantit leur bien-être et leur dignité ;
« enfin, quand tous auront reçu, dès l'enfance, ces principes de
« foi et de morale qui élèvent l'homme à ses propres yeux, ils
« sauront qu'au-dessus de l'intelligence humaine, au-dessus des
« efforts de la science et de la raison, *il existe une volonté su-*
« *prême qui règle les destinées des individus comme celles des na-*
« *tions.* »

H. DE LABONNEFON.

Rochefort, le 6 juillet 1866.

PIERRE VALDEY

OU LE BON FILS.

CHAPITRE Ier.

LE RETOUR DU SOLDAT.

> Dieu a affermi sur les enfants l'autorité
> de la mère.   (S. Paul.)

Par un beau soir du mois de mai, à l'heure où les
rayons mourants du soleil doraient encore le sommet des
hautes collines qui entourent Saint-Rome-de-Tarn, un
soldat, dont la tunique portait les insignes de sergent-
major, s'avançait d'un pas assez rapide vers le bourg,
malgré la fatigue d'une longue route. Sa taille était
moyenne et bien prise; son œil, noir et limpide, accu-
sait une rare énergie de caractère, tempérée par un grand
fonds de bonté. De longues moustaches brunes ombra-
geaient sa lèvre. Son teint bronzé annonçait un long
séjour en Afrique.

Arrivé auprès d'une croix de pierre, distante du bourg
d'un kilomètre, il s'assit, déposa son sac à terre, et
sentit le besoin de se recueillir. En apercevant la flèche
de la vieille tour, le faîte des premières maisons et la
fumée qui montait en longues spirales blanches vers le
ciel, il pensait à sa mère, qu'il allait revoir; à son père,
qui n'était plus; et lui, le soldat endurci à la douleur,
il pleurait!

Tout à coup le son argentin de la cloche annonce la prière du soir. Le sergent-major Pierre Valdey, qui avait un péu oublié dans le service militaire les pratiques religieuses, les retrouve spontanément. A cette voix bien connue, il se met à genoux sur le marche-pied de la croix et récite une courte prière.

Quand il se releva, le cœur plus léger, il vit debout devant lui un jeune garçon qui le regardait avec une vive curiosité. Pierre lui demanda des nouvelles de sa mère Marguerite, de son oncle Brunet, des voisins et des voisines, et, tout en causant, ils gagnèrent l'entrée du bourg.

Les villageois sortaient bien vite de leurs demeures, et prodiguaient à notre soldat de cordiales poignées de main ou de franches et vigoureuses accolades. Lorsque Pierre arriva auprès de sa maison, il était précédé et suivi d'un nombreux cortége d'enfants. Le chien du logis, Top, l'accablait de caresses, sautant, gambadant et faisant retentir le quartier, d'ordinaire si paisible, des éclats de voix les plus joyeux.

Marguerite, avertie par trente bouches à la fois, s'avançait vers son fils. Tous deux ouvrirent au même instant les bras, et se tinrent longtemps embrassés. La bonne mère riait et pleurait en même temps. Enfin, dominant son émotion, elle put lui adresser quelques paroles :

— Te voilà donc de retour, mon enfant?

— Oui, mère, et c'est pour ne plus vous quitter.

— Ah! que le Ciel t'entende!

— N'ayez plus de chagrin : j'ai mon congé définitif.

— C'est bien! mais ton père n'est plus là pour te recevoir et partager avec nous la joie de ton retour!

A ce douloureux souvenir, ils confondirent leurs larmes, et se sentirent à demi-consolés.

Quelques instants après, l'oncle Brunet, averti par la

rumeur publique, s'emparait de sa canne à pomme d'argent, quittait le café, oubliant de terminer sa partie de piquet, et courait à la maison aussi vite que ses vieilles jambes pouvaient le lui permettre. Il accueillit avec chaleur son neveu, et, comme un grand enfant, se montra fort satisfait des curiosités que Pierre étala à ses yeux émerveillés.

Après un dîner frugal, que les questions et les réponses des trois convives prolongèrent jusque bien avant dans la nuit, il fallut se séparer. Valdey embrassa sa mère et son oncle, leur souhaita une bonne nuit, et gagna sa chambre.

C'était une grande salle pavée en briques, décorée d'une cheminée ancienne, et donnant sur la rue par une fenêtre à croisillons. Les murs étaient blanchis à la chaux. Quatre vieilles chaises, une table à colonnes torses munie d'un pot à l'eau en faïence et d'un vieux miroir, un lit à l'ange garni de serge verte, enfin un coffre orné de nombreuses moulures, composaient tout l'ameublement.

Pierre s'assit sur le vieux meuble, et considéra tout ce qui l'entourait avec attendrissement. Il fit ensuite sa prière, dit un *De profundis* pour son père, dont il résolut de visiter pieusement la tombe le lendemain dès l'aurore, et se coucha. Il était sur le point de s'endormir lorsqu'un pas léger se fit entendre : c'était la mère Marguerite qui venait voir si son fils n'avait besoin de rien. Quoique sa sollicitude maternelle eût pourvu à tout, elle voulut encore ranger l'oreiller, les couvertures, les rideaux, et s'assurer que la fenêtre était bien close. Après avoir tout vu, elle embrassa son fils, et se retira en murmurant une fervente prière à l'Ange gardien et à la sainte Vierge.

CHAPITRE II.

LA VISITE AUX AUTORITÉS LOCALES.

> Nous devons honorer les princes, les
> magistrats, nos maîtres, etc.
> (*Catéchisme.*)

Le lendemain, après le déjeuner de famille, Valdey brossa sa plus belle tunique et son meilleur pantalon, fit reluire ses souliers, se rasa, lissa sa longue moustache, se donna le luxe d'une paire de gants de coton, et fit ses visites aux notables du bourg.

« A tout seigneur tout honneur », dit le proverbe : aussi commença-t-il sa tournée, comme il l'appelait, par la maison du maire, M. Dorat. Le premier magistrat de la commune était, dans ce moment, occupé à tresser une corbeille. Sans quitter son travail, il donna une poignée de main à Valdey, le fit asseoir, et ils causèrent comme de bons amis qui se revoient après une longue absence.

M. le maire était un homme gros et court. Ses petits yeux gris brillaient sous des sourcils d'un noir d'ébène, malgré ses soixante ans. On lisait sur son visage beaucoup de bonhomie mélangée d'un peu de malice. M. Dorat avait fait quelques études dans sa jeunesse au collége de Saint-Affrique, et nuançait volontiers sa conversation d'expressions plus ou moins latines. A ce travers près, c'était un brave homme, vif, alerte et plein de zèle pour le bien de ses administrés.

Madame Dorat, grande femme maigre, aux traits anguleux, au coup d'œil impératif, et fort diligente, malgré les irréparables outrages de la vieillesse, suspendit un instant ses travaux de cuisine, et s'empara du haut bout de la conversation. C'était un feu roulant de demandes auxquelles Valdey ne savait répondre qu'imparfaitement, tant elles étaient nombreuses et serrées. La vieille dame joignait le geste à la parole, et balançait avec une certaine raideur sa tête ornée d'un chapeau rond de satin noir bordé d'une large dentelle. Quant au reste de son ajustement, il consistait en une robe d'indienne à manches étroites, et dont la taille courte faisait ressortir d'une manière disgracieuse l'extrême longueur de la jupe.

Quelques malins prétendaient que Madame Dorat n'était pas étrangère aux décisions de son mari, surtout en matière de police.

Enfin, après bien des questions échangées de part et d'autre, on se dit au revoir, et Valdey s'achemina vers le presbytère.

M. le curé venait de dire la messe. En attendant son déjeuner, il s'amusait à sarcler une belle planche de renoncules. M. le curé de Saint-Rome était un grand vieillard, dont la chevelure blanche et l'air de dignité commandaient le respect.

Il tourna la tête en entendant des pas derrière lui, et n'eut aucune peine à reconnaître notre ami, qu'il serra dans ses bras avec une affection toute paternelle. Il le considéra ensuite avec un regard profond, et parut satisfait de son examen.

— Bien, mon enfant : je suis charmé de te voir.

— Merci, monsieur le curé : il me tardait aussi de vous rendre mes hommages respectueux. Merci pour les consolations que vous avez bien voulu donner à mon père dans sa dernière maladie, et à ma pauvre mère si douloureusement éprouvée, fit le jeune homme avec émotion.

— Toujours bon et sensible ! dit le curé. C'est bien : Dieu te bénira. Allons ! reprit-il en lui saisissant familièrement le bras, et pour faire diversion, je compte sur toi pour demain à dîner.

— Merci, monsieur le curé : c'est trop de bonté de votre part.

— Ta, ta, ta ! avise-toi de désobéir à celui qui t'a baptisé ! N'oublie pas de dire bonjour de ma part à la mère Marguerite et à ton oncle Brunet, que je ne vois guère, fit-il avec un sourire significatif. Amène-le avec toi demain..... N'y manque pas.

— Mais.....

— Allons ! allons ! pas de réplique.

Le bon prêtre reprit sa bêche, pendant que Valdey s'acheminait vers la maison du juge de paix.

M. Gély, juge du canton, était un homme de 55 ans. Ses traits réguliers, son air grave, sa taille haute et droite, une balafre qui lui découpait le front, sa chevelure blanche comme la neige, en faisaient un imposant vieillard. Il avait fait les campagnes du premier empire, et s'était retiré, au licenciement de l'armée de la Loire, avec le grade de capitaine et la croix de la Légion d'honneur.

Il prenait souvent un grand air protecteur; mais il se dérida devant notre ami, qu'il mit sur l'expédition de Constantine et des Portes-de-Fer.

— C'est de la petite guerre cela, disait le juge.

— Ah ! Monsieur, ce n'est ni Wagram ni Austerlitz; mais nous avons fait de notre mieux , reprit Valdey avec un air de dignité blessée.

— Calme-toi, jeune homme : je sais que vous avez du sang dans les veines aussi vous autres , et que les Français sont partout braves et généreux. Il ne vous a manqué que le grand Empereur pour égaler les anciens.

La conversation fut interrompue par l'arrivée de madame Gély. C'était une femme jeune encore. Sortie d'une vieille famille qui avait su conserver les meilleures traditions, elle partageait ses journées entre ses cinq enfants, son mari, le service des pauvres et celui des autels. Elle savait allier la dignité la plus parfaite à la grâce la plus touchante. Simple et modeste dans sa parure, elle évitait à la fois et les exigences trop serviles de la mode et l'affectation dans le mépris des usages reçus.

Madame Gély fit un gracieux accueil au soldat, qui se retira enchanté de cette réception.

CHAPITRE III.

LA VEUVE DE L'INSTITUTEUR.

> On ne peut être heureux qu'en faisant le bien.   (*Prov.*)

Après avoir été reçu par le notaire, l'adjoint et quelques autres notables, Valdey s'achemina vers une maison de modeste apparence, et heurta doucement à la porte massive qui en fermait l'entrée.

— Ouvrez ! fit une voix cassée.

— Bonjour, madame Roger.

— Ah ! bonjour, mon enfant, dit la vieille femme, en lui faisant signe de s'asseoir. C'est bien aimable à toi d'être venu rendre visite à la veuve de ton ancien instituteur.

— Comment pourrais-je oublier les soins que vous et votre digne mari n'avez cessé de me donner quand j'étais à l'école ? C'est vous, Madame, qui m'avez appris à lire, et.....

— Hélas ! j'étais bonne à quelque chose alors, tandis qu'aujourd'hui.....

— Vous n'êtes bonne à rien, c'est convenu ! reprit d'une voix grondeuse la vieille Brigitte en écartant les rideaux de son lit, et en se faisant un abat-jour de sa main pour mieux considérer le visiteur.

— Ah ! fit Pierre, qui avait reconnu la vieille mendiante..... Vous ici !

— Oui, moi ! moi qui ai pendant vingt ans exercé cruellement la patience de Madame Roger. Et, pour s'en venger, quand je n'avais plus la force d'aller quêter ma chétive nourriture de porte en porte, elle m'a donné asile, sans consulter ses ressources, à peine suffisantes pour elle-même. C'est comme ça qu'elle se venge..... ce cher agneau, fit-elle en sanglotant..... Et dire que je l'ai tant outragée !..... Ah ! quelle misérable créature suis-je donc ?

— Calme-toi, Brigitte, reprit la bonne dame ; laisse-là le passé : je te l'ai dit cent fois.

— Mais quand je pense.....

— Allons ! ne recommence pas. Avale cette tasse de lait chaud, et couvre-toi ; car les soirées sont fraîches, et tu pourrais t'enrhumer.

— Oh ! je serai toujours un vaurien, et vous un ange du bon Dieu, ajouta la vieille femme en grommelant, et en rentrant sous les couvertures ses longs bras décharnés.

— Ah ça ! trêve de compliments et de récriminations. L'un vaut aussi peu que l'autre !

Brigitte allait protester lorsqu'un regard de l'excellente dame l'arrêta tout court. La veuve de l'instituteur poussa la charité chrétienne jusqu'à poser ses lèvres pures sur le front de cet être si longtemps dégradé qui lui sourit comme l'enfant aux caresses de sa mère : il semblait qu'un reflet de l'âme de sa bienfaitrice était passé dans le cœur de la vieille mendiante.

Madame Roger, qui avait perdu tous ses enfants en bas âge, s'était attachée aux élèves de son mari avec la tendresse d'une mère.

A la mort du digne instituteur, qui ne lui avait laissé qu'une faible pension viagère, elle avait cherché avec un tact exquis les misères les plus cachées, et ses modiques revenus s'étaient multipliés entre ses mains.

— Puisqu'on ne vient plus ici, il faut bien que je sorte, se disait-elle. Comment supporter les misères de la vie, si l'on ne fait un peu de bien !

Là-dessus, la bonne vieille quittait sa maison en clopinant, car elle était boiteuse. Appuyée sur un bâton, ses lunettes sur le bout du nez, et l'aumônière suspendue à la ceinture, elle visitait les pauvres ; et lorsque ses modestes ressources ne pouvaient lui permettre de soulager toutes les misères, elle avait toujours une bonne parole, un sourire bienveillant et quelquefois une larme pour le malheureux.

Elle rentrait le cœur satisfait, n'ayant souvent qu'un morceau de pain à son dîner, et se disant, après sa prière du soir : « Bah ! j'aurai meilleur appétit demain, et puis il me reste une maisonnette, lorsque tant de gens ne savent, comme Jésus-Christ, lorsqu'il était sur la terre, *où reposer leur tête* ».

Un jour Brigitte était tombée malade dans un grenier à foin : Madame Roger l'avait fait transporter chez elle, et depuis bientôt six ans la traitait avec toutes les délicatesses de l'amour maternel.

La mendiante avait été d'abord insensible à tant de dévouement, et n'avait point ménagé les épithètes malsonnantes à sa bienfaitrice ; mais, gagnée par sa douceur, sa piété et sa tendresse, elle avait senti son cœur, si longtemps endurci par le vice, se ramollir au contact de cette charité si chrétienne. La reconnaissance avait élevé son âme, et Madame Roger avait eu le bonheur de la voir tomber repentante aux genoux du prêtre, qui l'avait réconciliée avec Dieu.

La veuve de l'instituteur continuait son œuvre avec la simplicité des chrétiens de la primitive Eglise.

Lorsqu'elle ne pouvait donner à sa chère malade les aliments nécessaires à son organisation ruinée par les excès comme par les privations, elle se décidait à recou-

rir aux bontés de Madame Gély, de Mademoiselle Bousquet et de Marguerite.

— Il le faut, disait-elle... : c'est pour ma chère Brigitte.
Cependant ce serait si bon de faire un peu de bien toute
seule !

Pierre quitta Madame Roger le cœur pénétré d'admiration pour tant de vertu, et désireux de lui venir en
aide autant que ses moyens pourraient le lui permettre.

CHAPITRE IV.

LA FILLE DU MAITRE DE PENSION.

> Comme on cultive les plantes, on a
> les fruits.   (*Prov.*)

Après déjeûner, Pierre et Marguerite allèrent rendre
visite à M. Bousquet, riche propriétaire qui demeurait à
deux kilomètres du bourg. Le digne vieillard et sa fille,
Mademoiselle Marie, qui était un type de grâce et de
bonté, les accueillirent avec bienveillance.

M. Bousquet, ancien maître de pension, était veuf, et,
depuis longtemps, il avait concentré toutes ses affec-
tions sur sa fille unique. Rien n'avait été épargné pour
lui donner une éducation variée et solide. Contre l'ordinaire des parents, M. Bousquet ne s'était point aveuglé
sur les mérites naissants de sa fille Il s'était appliqué à
jeter dans ce jeune cœur la semence de toutes les vertus.
Il était sans cesse en éveil, et saisissait l'apparition d'un
défaut avec l'habileté d'un maître consommé. Semblable
à l'avare qui ne dort que d'un œil, il ne perdait jamais
de vue son enfant, son cher trésor. Il s'appliquait à
former son cœur et son esprit avec une sollicitude que
rien ne pouvait lasser. Tant de soins avaient porté leurs
fruits. Sans être parfaite, Mademoiselle Marie pouvait

servir de modèle à toutes les jeunes filles de son âge.

Mademoiselle Bousquet s'empara de la mère Marguerite, et son père établit avec notre soldat une causerie intime. Il le questionna sur ses projets d'avenir, et le confirma dans la sage résolution de succéder à son père dans la culture de son patrimoine.

— Cette position est modeste, disait M. Bousquet ; mais on y trouve la santé, et, si l'on y joint le témoignage d'une bonne conscience, la tranquillité et le bonheur.

L'ancien maître de pension avait toujours eu les meilleurs rapports avec la famille Valdey. Il offrit un dîner frugal à ses deux hôtes, qui acceptèrent cette invitation toute cordiale.

En attendant l'heure du repas, M. Bousquet alla faire un tour de jardin avec Pierre, et lui montra sa magnifique collection d'arbres fruitiers, qu'il travaillait sans cesse à perfectionner au moyen de la greffe et de la taille.

Mademoiselle Marie et Marguerite s'acheminaient vers la cuisine, lorsque Mademoiselle Coralie Boccard, fille du receveur de l'enregistrement, vint à leur rencontre.

— Sois la bienvenue, lui dit Mademoiselle Bousquet, en lui prenant affectueusement les mains : tu dîneras avec nous, je l'espère.

— Merci, ma chère : j'accepte sans cérémonie, dit-elle en faisant sa plus gracieuse révérence.

La nouvelle venue fut conduite au boudoir, où elle déposa son ombrelle, son chapeau, son mantelet et ses gants.

— Veux-tu permettre que je descende à la cuisine pour surveiller notre dîner ? Je m'y rendais au moment de ta venue.

— Comme tu voudras, fit mademoiselle Coralie avec

une moue dédaigneuse. Ne pourrais-tu laisser ces baga-
telles à tes domestiques ?

— Mais, mon amie, aurais-tu oublié la fable qui a pour
tire *l'Œil du maître*, et les bons conseils qui nous ont été
donnés au pensionnat ?

— Je sais, je sais..... ; mais, dans ta position de for-
une, tu devrais te dispenser de ces détails.

— L'amour de l'ordre et du travail ne sauraient abais-
ser le caractère de personne : je me trouve fort bien de
la vie active que mon père m'a conseillée. Nous évitons
ainsi bien des fautes aux domestiques, et notre ordinaire
y gagne sous tous les rapports.

Mademoiselle Coralie se tut, non sans protester intérieurement contre ce système, incompatible, selon ses
idées, avec une brillante éducation. Elle suivit en fredon-
nant un air d'opéra et en chiffonnant avec distraction
son mouchoir brodé.

Après le dîner, Marguerite et son fils partirent très-
satisfaits de l'accueil qu'ils avaient reçu.

CHAPITRE V.

TRAVAIL ET BONNE CONDUITE.

> Tu mangeras ton pain à la sueur de
> ton front.   (*Genèse.*)
> La vertu est le fruit de la morale.
>   (CARON.)

Lorsque Pierre se fut reposé des fatigues de son long
voyage, il prit sa blouse de travail, attela son cheval au
tombereau chargé d'engrais, mit par-dessus une charrue,
et partit pour les champs. Il était suivi d'un journalier
et de sa mère Marguerite, qui conduisait, en filant sa
quenouille, un petit troupeau.

Notre soldat avait ajouté à ses connaissances pratiques une teinture d'agronomie. Après avoir semé les pommes de terre, qui étaient en retard, biné, sarclé les champs et la vigne, il prit à cœur de dessécher un lambeau assez considérable de terrain, qui n'avait encore produit que des ajoncs. Les journaliers branlaient la tête. — C'est de l'argent perdu, disaient-ils hautement !

Mais, lorsqu'ils virent que les tuyaux d'argile cuite placés à cinquante ou soixante centimètres de profondeur dans le sol, se reliant entre eux comme les branches d'un arbre pour se vider dans un tube principal, avaient assaini cette lande réputée stérile, et qu'une belle récolte était venue récompenser leurs efforts, ils changèrent de ton, et prirent la résolution d'utiliser à leur tour leurs terrains marécageux.

L'emploi de la chaux sur les terres froides ou acides lui permit d'obtenir du trèfle, de la luzerne, etc., et de substituer la culture du froment à celle du seigle.

En quelques mois, Valdey, dont le père n'avait compté que vingt brebis laitières, eut assez de fourrages pour en doubler le nombre. Top montra par ses gambades qu'il n'était nullement fâché de ce surcroît de travail. C'était un chien mouton actif, intelligent et fidèle. Il prenait dans les pacages la tête du troupeau, et savait maintenir les brebis gourmandes dans le devoir. Comme les fourrages artificiels, lorsqu'ils sont verts, ont la propriété funeste de météoriser les bêtes à laine et en général tous les ruminants, il fallait modérer la gloutonnerie des animaux, et leur marquer une ration inoffensive. Malgré la vigilance de la bergère et de son fidèle gardien, qui s'évertuait de son mieux à faire respecter la ligne de démarcation, il arrivait quelquefois que la luzerne ou le trèfle, surtout lorsqu'ils étaient humides, produisaient sur les brebis des effets alarmants.

Marguerite employait alors quelques gouttes d'alcali

(dont elle avait toujours, sous la main, une fiole préparée d'avance par le pharmacien) qui absorbaient
rapidement les gaz développés par les fourrages. Dans
les cas extrêmes, elle avait recours à une légère ponction
dans le flanc de la brebis malade : la guérison était ins-
tantanée.

Le lait des quarante brebis produisait vingt kilogrammes de fromage frais par semaine : ce qui donnait un
revenu de vingt-quatre francs.

Chaque samedi, Valdey attelait sa carriole, et portait
son fromage, avec celui de ses voisins, à Roquefort.

Ce village, dont le nom est si connu du monde entier,
est bâti en amphithéâtre à mi-côte d'une montagne qui
domine, à une hauteur de cinq cents mètres, la vallée
qu'arrose la petite rivière de Cernon, un des affluents du
Tarn. Il compte à peine quatre cents habitants. Une
ceinture de rochers formidables le menace sans cesse,
et le dérobe aux rayons du soleil pendant l'hiver. On y
remarque une grande caverne d'un accès difficile et dangereux. On l'appelle la *grotte des Fées*. Elle est ornée de
stalactites d'une taille colossale, et affectant les formes
les plus pittoresques.

Les célèbres caves sont construites presque entièrement de main d'homme, au village même, dans des
terrains éboulés à des époques fort anciennes. Elles sont
à plusieurs étages superposés, et adossés au flanc de la
montagne.

Les fromages, dont le poids varie, à l'état frais, de deux
à trois kilogrammes, sont saupoudrés de pain moisi
réduit en une poussière très-fine. Dès qu'ils ont été reçus
à Roquefort, on les couvre de sel pilé, qu'ils gardent
pendant huit jours. Au bout de ce temps, ils sont net-
toyés, et descendus dans les caves, où des femmes dites
cabanières, et dont le teint coloré est devenu proverbial,
les dressent de champ, par longues files, sur des tables

de bois, de quatre ou cinq étagères. On les fait successivement passer dans les diverses salles de la cave, où un air vif et légèrement humide les couvre de duvet. Les cabanières enlèvent, à mesure qu'elle se forme, cette excroissance, qui se vend dans le commerce sous le nom de *rebarbe*.

Lorsque les fromages ont séjourné à Roquefort pendant un espace de temps qui varie de quarante jours à quatre ou cinq mois, ils sont livrés à la consommation, au prix moyen de cent dix francs les cinquante kilogrammes.

Une grande partie des arrondissements de Milhau et de Saint-Affrique, qui comptent plus de deux cent mille brebis laitières, envoient leurs fromages à Roquefort. Aussi en prépare-t-on cinquante mille quintaux dans le village même, ce qui représente une valeur de plus de cinq millions.

Il existe en outre des caves dans les environs, où l'on s'occupe de cette industrie.

Lorsque notre sergent eut mis son patrimoine en bon rapport, il s'occupa de la moisson, ensuite de la vendange, et enfin de la cueillette des pommes de terre.

Dès que ces travaux furent terminés, il songea à faire la provision de bois à brûler.

— Duret, fit Pierre à l'un de ses voisins, viens m'aider pendant la semaine à faire lu bois.

— Je veux bien.

— Alors à demain.

Le lendemain, dès la pointe du jour, nos deux bûcherons, précédés du cheval qui traînait la carriole, se rendirent au taillis. Le journalier fut chargé de la conduite du bois à la maison.

Tout alla bien jusqu'au soir. Mais Duret qui, pendant le cours de la journée, avait fait de trop nombreuses visites à la bouteille, commençait à sentir sa raison troublée par les fumées du vin, et frappait sans ménagement le pauvre cheval. Au dernier voyage, il le maltraita avec tant de rudesse que la malheureuse bête, pour fuir les coups, qui pleuvaient sur son dos comme grêle, se jeta dans le ruisseau. Duret, au lieu de chercher les moyens de réparer sa faute, jurait à faire trembler, et n'épargnait ni le fouet ni les coups de pied.

Valdey, qui s'était attardé pour ranger les outils, survint fort à propos :

— Qu'est-ce donc que tout cela ? s'écria-t-il.

— Ah ! voisin, c'est ton cheval qui a voulu prendre un bain.

— Mais, malheureux, tu l'as roué de coups !

— Dame ! il le fallait bien ! Encore n'ai-je pu l'empêcher de me jouer le tour.....

— Allons, trêve de mauvaises plaisanteries ! dételons au plus vite, et tâchons de nous tirer d'affaire.

Ils se mirent à l'œuvre, et la nuit les surprit avant qu'ils eussent rechargé le bois.

— Maintenant que nous sommes hors de peine, ajouta Valdey, laisse-moi te dire que cet accident nous arrive par ta faute. Mon cheval pouvait y laisser la vie, et tes affaires n'en auraient pas été plus brillantes pour cela. Je vois avec regret que tu as la tête pleine de vin et vide de raison. Des hommes comme toi, qui se font un jeu des souffrances des animaux, sont d'ordinaire peu scrupuleux envers les hommes. Je ne veux point te renvoyer, puisque je t'ai loué pour la semaine; mais j'aurai l'œil sur toi. Si tu remets le pied au cabaret, c'est fini entre nous..... Tiens-le pour dit.

Duret, que cette aventure avait dégrisé, ne souffla mot, et suivit tout honteux la charrette, que Pierre conduisait avec précaution.

L'hiver survint, cette année-là, dès les premiers jours de novembre. Valdey, qui avait pris à la lettre le proverbe : *Ne renvoyez jamais au lendemain ce que vous pouvez faire la veille*, avait terminé ses travaux agricoles ; mais il ne restait pas oisif pour cela : il bottelait le fourrage, battait les haricots, les pois, les lentilles, etc., soignait les animaux, se rendait utile dans la maison, et tâchait de soulager Marguerite, dont la santé déclinait visiblement.

Chaque dimanche, on le voyait aller aux offices, donnant le bras à sa mère, et entraînant l'oncle Brunet un peu malgré lui.

Le soir, on causait auprès du foyer ; on lisait quelques bons livres pendant que l'hiver faisait sentir ses rigueurs.

CHAPITRE VI.

LA FÊTE DE NOEL.

Un Sauveur vous est né aujourd'hui.
(S. MATTHIEU.)

La terre était couverte d'un manteau de neige ; une bise aiguë sifflait à travers les jointures des fenêtres et des portes, et agitait avec violence les arbres de la vallée : c'était la veille de Noël.

Depuis neuf heures du soir, les cloches sonnaient de joyeux carillons. Toutes les cheminées du bourg étaient garnies de la bûche traditionnelle. On causait avec gaîté en faisant les apprêts du réveillon, et les enfants attendaient avec impatience l'arrivée du petit Jésus, qui devait distribuer des bonbons aux plus sages.

Il y avait aussi l'annonce d'une petite fête chez Valdey. Au coup de onze heures, Pierre, donnant un bras à Marguerite et l'autre à l'oncle Brunet, s'achemina vers l'église, que de nombreux fidèles avaient déjà envahie.

Des centaines de cierges faisaient étinceler le saint

monument de mille feux. La voix grave des hommes alternait avec celle des enfants et des jeunes filles : tous chantaient de ces cantiques d'une naïveté charmante qui laissent dans l'âme une impression si fraîche et si suave qu'on en est encore remué au seul souvenir. De temps à autre, le chant solennel du prêtre se faisait entendre , comme la voix d'un médiateur entre le Ciel et la terre , et il s'établissait à l'instant un religieux silence dans cette réunion de plus de mille chrétiens.

La messe de minuit commença au milieu des hymnes d'allégresse qui annonçaient la venue du Sauveur des hommes.

L'oncle Brunet, le sceptique, fut ému lui-même lorsque de longues files de chrétiens allèrent s'agenouiller à la table sainte. Valdey n'avait eu garde d'omettre ce devoir, si doux au cœur du vrai fidèle, et l'on vit le soldat d'Afrique, à côté de sa mère , courber humblement la tête après avoir reçu son Créateur caché sous les voiles eucharistiques.

La cérémonie finit trop tôt au gré de la foule, qui regagna sans bruit son logis, où l'attendait le godiveau et la piquette mousseuse.

CHAPITRE VII.

MALADIE DE LA MÈRE MARGUERITE.

Dieu donne la santé et la maladie.

Quelques jours après , Marguerite , qui cherchait en vain à dissimuler son malaise , éprouva un étourdissement subit, et fut obligée de s'aliter.

Pierre s'empressa de recourir au médecin , qui reconnut un commencement de congestion cérébrale, et pratiqua sur-le-champ une abondante saignée. La malade

éprouva un mieux sensible. Elle ouvrit les yeux, et les
porta avec une ineffable expression de tendresse sur son
fils, dont le cœur éprouvait une cruelle torture, mais
qui s'efforçait de dévorer ses douleurs, et de prodiguer à
sa mère les soins les plus affectueux.

— Mon enfant, articula péniblement la malade, va prévenir Louise Dubreuil.

— Oui, mère, j'y cours.

Quelques instants après, une jeune fille entrait dans
l'alcôve de la cuisine, et se jetait en pleurant au cou
de Marguerite.

C'était une belle et grande jeunesse que Louise Dubreuil. Elle avait perdu ses parents dès son bas âge ;
mais une vieille tante lui avait servi de mère, et avait
pris soin de son éducation. Depuis la mort de cette parente, elle était seule au monde, et n'avait de consolation que dans la pratique de ses devoirs religieux et dans
la tendresse filiale qu'elle portait à Marguerite, sa cousine à un degré éloigné et sa marraine.

La mère Valdey accueillit sa filleule avec un sourire
de résignation à la volonté de Dieu.

Pierre et Louise rivalisaient d'ardeur auprès de la
chère malade, qui les considérait d'un œil maternel, et
leur recommandait moins d'empressement.

Le lendemain, les souffrances avait diminué ; tout
danger immédiat avait disparu ; mais, selon la prédic-
tion du docteur, Marguerite avait la moitié du corps
paralysé.

Pierre fut obligé de louer une servante pour faire le
ménage et garder le troupeau. Il passait la meilleure
partie de son temps auprès de sa mère, dont il devi-
nait les moindres désirs. Louise lui venait en aide,
et tous deux s'efforçaient de lui faire oublier sa triste
position.

CHAPITRE VIII.

LE PROJET DE MARGUERITE.

La vertu est plus précieuse que l'or.
(LHOMOND.)

Deux mois se passèrent ainsi : l'état de Marguerite était toujours le même. Louise, aidée de la servante, l'habillait, et Valdey, emportant dans ses bras la pauvre paralytique, l'établissait dans un vaste fauteuil au coin du foyer.

Cependant Marguerite s'était éprise d'une vive affection pour sa filleule. Elle avait remarqué aussi que les vertus de la jeune personne avaient fait une heureuse impression sur le cœur de Valdey.

Un soir que celui-ci tisonnait le feu à côté de sa mère :

— Mon ami, lui dit-elle, j'ai un mot à te dire.

— Parlez, mère ; j'écoute.

— Tu vois que ma santé ne s'améliore point, et que l'entretien d'une servante diminue un peu trop nos ressources.....

— Allons ! bonne mère, ne pensez pas à cela.

— Si, mon enfant : j'y pense, et je crois avoir trouvé le remède à cette situation.

— Dites toujours, mère.

— Ce serait de te marier.

— Moi ! fit Pierre avec l'accent d'une vive surprise.

— Oui, toi. Qu'y a-t-il d'extraordinaire en cela ?

— Je n'y avais nullement songé !

— Soit ; mais tu as vingt-huit ans, un coin de terre, ta réputation d'honnête homme, et je ne crois pas que tu éprouves de l'éloignement pour l'état de mariage.

— Après, mère.

— Tu connais Louise Dubreuil ?

— Oui, sans doute, fit-il avec une vive rougeur.

— C'est une excellente fille.

— Je ne dis pas non.

— Elle a de la santé, quelque agrément, un peu de bien au soleil, et surtout beaucoup de vertu.

— D'accord.

— Eh bien ! veux-tu dire : Oui ?

Pour toute réponse, Valdey se leva, prit la main de sa mère, et la baisa respectueusement.

— Mais, dit-il, lorsque l'émotion fut un peu calmée, êtes-vous sûre de Mademoiselle Dubreuil ?

— C'est mon affaire cela, petit, ajouta-t-elle avec un fin sourire.

Le lendemain, Louise, selon sa coutume, vint aider à la toilette de la mère Marguerite, qui, après avoir fait signe à Pierre de sortir, la fit asseoir auprès d'elle.

— Petite, dit-elle, j'ai fait un projet.

— Lequel, marraine ?

— Devine.

— C'est peut-être de faire un pèlerinage à Notre-Dame de Ceignac ?

— Non, ma fille : c'est fini pour moi !

— Oh ! marraine, chassez donc ces idées tristes..... Mais je ne devine pas du tout !

— Il faut donc que je te le dise ?

— Dame ! oui, si vous voulez que je le sache.

— Je veux marier mon fils.

— Ah ! fit Louise d'un accent qui trahit quelque émotion.

— Et je désire te consulter sur le choix de ma bru, dit-elle avec un regard qui plongea jusque dans les derniers replis du cœur de la jeune fille.

Après un moment de trouble, elle répondit :

— Mais, marraine, mon avis n'a que faire ici.

— Tu te trompes, enfant..... : il faut à mon fils une femme pieuse, bonne, douce, et qui ne regarde pas la vieille Marguerite comme un pénible fardeau.

— Oh ! quant à cela, ce serait bien mal !

— Il faut à Pierre une personne laborieuse, qui n'ait guère d'autre vanité qu'une propreté extrême, qui aime sa nouvelle famille de tout cœur.....

— Cela s'entend.

— Et cette femme, je l'ai trouvée.

Louise leva ses grands yeux bleus sur le visage de la vieille marraine, qui reprit :

— Il s'agit de savoir si elle consent à mon projet.

— Elle serait bien difficile, dit-elle avec naïveté et si bas qu'on eut peine à l'entendre.

La position devenait embarrassante. Marguerite rompit enfin le silence :

— Mon enfant, dit-elle, aimes-tu la vieille paralytique ?

Pour toute réponse, Louise se leva d'un bond, l'entoura de ses deux bras, et l'accabla de marques de tendresse.

— Veux-tu être ma fille ?

Louise sentit ses jambes se dérober sous elle, et cacha sa tête dans le sein de la mère Valdey.

— Va voir M. le curé, et tu me diras ensuite si je puis compter sur toi.

Un serrement de main à peine sensible lui répondit.

— Calme-toi, mon enfant, et causons d'autre chose si nous le pouvons.

Quelques instants après, la jeune fille rentrait dans sa chambre, étincelante de propreté et de bon goût.

Un lit à flèche, garni de rideaux blancs comme la neige et d'une courte-pointe brodée au crochet, une armoire de noyer verni, quatre chaises de paille, une petite table de toilette, un Christ d'ivoire, deux vieilles gravures représentant une madone et le bon roi saint Louis, son patron : tel en était l'ameublement simple et modeste.

En entrant, elle se jeta à genoux, et répandit son âme devant le crucifix de sa mère, dont les conseils lui eussent été si précieux à ce moment. Elle demanda à Dieu la grâce de connaître sa sainte volonté, fit un retour minutieux sur elle-même, et prit le chemin du pres. bytère.

Le bon curé la reçut avec son affabilité ordinaire. Comme il était au courant des projets de la mère Valdey, il n'eut aucune peine, en voyant l'embarras de Louise, à deviner le motif de sa visite. Il prit charitablement les devants, la loua de sa démarche, et donna son approbation aux désirs de Marguerite.

Le vieillard lui adressa ensuite quelques avis dictés par son dévouement aux vrais intérêts de ses ouailles et par son expérience, et la renvoya le cœur satisfait.

— Dieu le veut ! disait la pieuse fille : que sa sainte volonté s'accomplisse !

Le soir du même jour, les deux jeunes gens venaient s'agenouiller devant le fauteuil de la mère Marguerite, qui, tenant ses mains tremblantes sur leur tête, et levant les yeux au Ciel, disait :

— Mes enfants, vous êtes fiancés devant Dieu : aimez-vous saintement et soyez bénis.

L'oncle Brunet assistait à cette scène patriarcale. Il fut ému de son imposante simplicité ; il se leva, et se découvrit avec respect.

En se rasseyant, le menton appuyé sur la pomme de sa canne, il marmottait à part lui :

— C'est bien ! c'est un beau couple, sage et honnête : ces enfants méritent d'être heureux.

CHAPITRE IX.

LE MARIAGE.

> Et Dieu dit : « Homme , voilà ton épouse » ; à la
> femme : « Voilà ton mari... » Et il institua le
> mariage.   (*Genèse.*)

Trois semaines après , un nombreux cortége se diri-
geait vers la mairie du bourg.

Louise était vêtue d'une robe blanche de mousseline.
Autour de sa taille svelte était enroulée une écharpe de
la même étoffe. De sa tête gracieuse, couverte d'un bonnet de dentelle surmonté d'une couronne d'oranger en
fleurs, se détachait un voile de tulle qui descendait jusqu'à terre, et qui la dérobait aux regards d'une foule cu-
rieuse et empressée. Elle s'appuyait sur le bras de l'oncle
Brunet, qui était radieux. Le brave homme avait tiré du
fond de son armoire, où la poussière et les vers l'avaient
fort endommagé , son habit marron à boutons dorés,
son gilet de satin, et son pantalon bleu, dont les goussets
étaient ornés d'une profusion de clefs de montre et de
breloques d'or.

Pierre suivait dans un costume simple et modeste,
donnant le bras à Marguerite, et réglant son pas sur le
sien.

M. le maire, vêtu de son plus bel habit , ceint de l'é-
charpe tricolore, le nez orné d'une paire de lunettes, les
reçut avec un bienveillant sourire. Il ouvrit gravement
le Code, lut les articles relatifs aux devoirs du mariage,
et, après le cérémonial ordinaire, les déclara unis pour
la vie.

Il donna ensuite une accolade paternelle à la jeune

épouse, qui reçut en rougissant les félicitations de sa nouvelle parenté.

On prit enfin le chemin de l'église.

Deux siéges destinés aux jeunes époux avaient été préparés dans le sanctuaire.

La mère Marguerite, assise dans son feuteuil, et les proches parents entouraient Louise et Valdey.

La nef était envahie par la foule des curieux.

Le digne curé, revêtu du surplis et de l'étole, s'avança vers les deux jeunes gens, qui courbèrent respectueusement la tête à son approche.

— « Mes chers enfants, leur dit-il, dans cette même enceinte, il y a quelques années à peine, vous avez été portés pour recevoir le sacrement qui confère le titre et les droits de fidèle. Lorsque l'âge de raison est venu, vous avez renouvelé les vœux du baptême au pied de cet autel, et vous avez été admis à la table sainte.

« Votre conduite a toujours été celle de bons et fervents chrétiens, j'aime à le dire, et vous vous êtes préparés par une vie exemplaire aux grâces du sacrement que vous allez recevoir. Le mariage, vous le savez, est un lien sacré, d'institution divine, et l'on ne doit point embrasser cet état dans des vues purement humaines. On doit s'en rendre digne par la prière et par un redoublement de zèle dans l'exercice de toutes les vertus.

« Vous savez, mes chers enfants, qu'il impose l'obligation d'une mutuelle tendresse, et qu'il exige le support réciproque dans les misères de la vie.

« Si Dieu vous donne des enfants, faites qu'ils reçoivent une éducation chrétienne. Gardez-vous d'être faibles dans la répression de leurs défauts naissants, et secondez de tout votre pouvoir le développement des semences de vertu que vous aurez jetées dans leurs jeunes cœurs. Ne leur donnez jamais que de bons exemples, car ils sont portés à l'imitation dès leur plus tendre enfance, et il est important qu'ils n'aient sous les yeux que de bons modèles. Prêtez-vous un mutuel secours dans l'accomplissement de tous vos devoirs. C'est ainsi que vous arriverez au terme de cette existence, riches de mérites, et que vous obtiendrez la couronne qu'il destine à ses élus.

« Que le Dieu d'Abraham, d'Isaac et de Jacob vous comble de ses plus abondantes bénédictions ! »

Ces quelques paroles, dites avec une touchante solennité par le pieux ecclésiastique, causèrent une vive impression à tous les assistants, et surtout aux jeunes époux, qui se promirent de ne jamais en perdre le souvenir. Ce fut d'une voix émue qu'ils prononcèrent la formule sacramentelle.

La messe du mariage commença et finit dans le plus profond recueillement. Pierre et Louise priaient avec ferveur, et demandaient à Dieu la grâce de bien remplir les nombreux et difficiles devoirs qui leur étaient imposés. Marguerite joignait ses prières à celles de ses enfants, et laissait passer son âme tout entière dans son regard maternel.

CHAPITRE X.

DE QUELQUES USAGES DU PAYS.

Renoncez aux amusements dangereux.

Lorsque le cortége sortit de l'église, des coups de pistolet firent retentir les airs, tandis qu'une foule considérable se pressait pour le voir défiler.

A peine les nouveaux époux furent-ils arrivés dans la maison qu'une jeune fille de six ans, suivie d'un essaim de jeunes compagnes de son âge, toutes vêtues de blanc et couronnées de fleurs, débita son compliment avec beaucoup de grâce et de naturel. Elle fut embrassée et fêtée par tous les assistants, ainsi que sa charmante suite, qui fit le meilleur accueil à d'immenses cornets de dragées.

Dès que les dernières lueurs du crépuscule eurent fait place aux ombres de la nuit, Pierre et Louise allèrent mettre l'étincelle au feu de joie que les voisins avaient préparé. Selon la déplorable coutume du pays, tous les vieux pistolets ou fusils qui dormaient d'un profond sommeil, dévorés par la rouille et gorgés de poussière, furent mis au jour pour la circonstance. Pierre essaya de faire cesser un jeu qui était plein de dangers : ses instances furent inutiles.

On venait de se mettre à table lorsque, après un coup de feu, un cri déchirant se fit entendre. Un malheureux venait d'être cruellement blessé par une arme qui avait fait explosion entre ses doigts. Le médecin fut appelé, et jugea l'amputation de la main nécessaire.

Cet accident attrista tout le bourg, et la joie des convives en fut singulièrement refroidie.

Pierre et Louise quittèrent la table, et allèrent prodiguer leurs consolations et leurs soins à la victime d'une fatale imprudence.

L'oncle Brunet tonna contre la déplorable faiblesse des parents qui laissent tirer des coups de feu à des mains inexpérimentées, et souvent avec des armes hors de service.

Cependant, après la première émotion, comme l'homme est un peu oublieux de sa nature, la gaîté revint sur le front des invités : selon l'usage, les loustics firent voler beaucoup d'assiettes, prétendant que chaque têt assurait une année de bonheur aux jeunes mariés.

Nous passerons sous silence plusieurs usages ridicules dont le bon sens commence à faire justice.

CHAPITRE XI.

SUITES DE L'INTEMPÉRANCE.

L'ivrognerie est un vice dangereux et abrutissant.

Valdey et Louise étaient occupés à faire leur prière du soir lorsqu'un cri de détresse mit en émoi tout le quartier. Pierre se leva d'un bond, et s'élança vers la porte. Il courait au jardin d'un pas rapide et inquiet lorsqu'un appel désespéré : « Au secours! au secours! » retentit de nouveau. Il s'aperçut alors avec effroi qu'un homme était tombé dans le puits. Sans calculer le danger auquel il s'exposait, il y descendit avec toute la rapidité possible, en s'accrochant de son mieux aux aspérités de la muraille. Il était temps : la voix ne se faisait plus entendre, et rien n'apparaissait à la surface de l'eau.

Pierre, éclairé par les flambeaux que les garçons de la noce avaient apportés, plongea résolûment dans cette eau glaciale. Louise se sentait défaillir ; la voix expirait dans son gosier, et le sang se glaçait dans ses veines. Elle se jeta à genoux, et adressa au Ciel une fervente prière.

Au bout de quelques instants, qui parurent un siècle à la jeune femme surtout, Valdey reparut tenant entre ses bras le corps d'un homme privé de sentiment, mais enlaçant son sauveur comme dans un étau.

— Des cordes ! s'écria-t-il d'une voix haletante.

Quelques moments après, il était hissé sur la margelle du puits, accompagné de son fardeau.

Louise, pâle comme un fantôme, levait au ciel ses yeux humides de larmes, et joignait ses mains avec l'élan de la plus vive reconnaissance.

L'oncle Brunet, qui était accouru, eut à peine jeté les yeux sur le noyé qu'il s'écria :

— Tiens, c'est La Grêle !..... C'était bien la peine de risquer sa vie pour ce drôle-là !

— Allons ! mon oncle, un peu plus de charité chrétienne, reprit Valdey avec un accent de doux reproche.

En même temps il transporta le malheureux auprès de Marguerite, que son infirmité avait retenue à la cuisine, et qui avait conservé sa présence d'esprit au milieu de l'émotion générale.

Elle fit mettre le noyé dans un bon lit. On le tourna un peu sur le côté et on le frictionna sans relâche avec de l'eau-de-vie. On insufflait de l'air dans ses narines, et on essayait même de lui faire avaler quelques gouttes de liqueur.

Le médecin, qui avait été appelé sur-le-champ, fit continuer les frictions, et, voyant que le malade ne donnait aucun signe de vie, il se résolut à faire brûler quelques lambeaux d'amadou sur le creux de l'estomac, pendant qu'on chatouillait le nez et la plante des pieds avec une brosse légère.

Enfin La Grêle commença à donner quelques marques d'existence. Il ouvrit les yeux, promena un regard incertain sur la foule qui l'entourait, et fit entendre des sons inarticulés. Quelque temps après, il avait recouvré ses sens, et tout danger avait disparu.

Pierre, après avoir changé d'habits, était venu se joindre à ceux qui donnaient leurs soins à La Grêle.

— Oh çà ! fit l'oncle Brunet, qui attendait avec impatience le moment favorable pour lancer son mot, quelle idée avais-tu d'aller piquer une tête dans le puits ?

— Monsieur, dit le patient d'un air confus, je tirais de l'eau, et j'ai été entraîné par le baquet.

— C'est que ta mauvaise tête, d'ordinaire si vide, se trouvait plus lourde que le reste du corps, hein ?

1***

— Peut-être bien, fit le garçon avec naïveté.

— Hé, pendard ! tu avais pompé de ton mieux, au détriment de ton service ?

— C'est un peu vrai, hélas !

— Morbleu ! mon garçon, songe bien que, pour avoir pris trop de vin, tu as failli te noyer, et causer peut-être la mort d'un homme qui vaut mieux que toi. Voilà où conduit l'habitude de boire sans raison !

— Mon oncle, reprit Valdey, laissez ce pauvre malheureux, qui est bien assez puni de sa faute par la terrible leçon qu'il vient de recevoir, et qui, j'en ai l'espérance, se corrigera. Qu'en dis-tu, La Grêle ?

— Je dis que je suis un misérable qui ne valais guère la peine d'être repêché.....

— Laisse donc, mon ami : je n'ai fait que remplir le plus simple devoir, et tu en aurais fait autant à ma place.

— Dame ! oui, on aurait essayé et fait de son mieux. Allez, monsieur Pierre, je n'oublierai jamais que ma vie vous appartient, et que vous pouvez en disposer dans l'occasion.

— J'accepte ton offre, mon ami, et je veux user du droit que tu me donnes en exigeant ta promesse de ne plus te griser. Cela te va-t-il ?

— Oh ! oui, je vous le promets devant Dieu, fit La Grêle en joignant les mains.

Valdey lui donna une étreinte cordiale, et l'on se sépara.

La Grêle gagna son lit en marmottant :

— C'est vrai, cela : si j'avais bu avec modération, j'aurais évité de prendre ce bain glacé..... (brrr... ! faisait-il en frissonnant à cette idée)... dans lequel j'ai failli périr. Enfin il suffit ; la leçon est rude : on en profitera, c'est dit ! Et puis le patron ne m'a-t-il pas appelé son ami ?... C'est ça qui donne du cœur ! Allons ! La

Grêle..., pas de bêtises... : il ne faut plus y revenir, c'est promis !

Le lendemain, le cortége de la noce suivit les époux à la messe d'actions de grâces.

CHAPITRE XII.

LE· PRÉ DE BARRES.

> L'homme gâte souvent les meilleures
> traditions.

Après un modeste déjeuner qui termina la noce, Marguerite appuyée sur le bras de Louise lui montra, dans le plus grand détail, le mobilier, le linge et les provisions de ménage. La jeune femme n'eut qu'à continuer ses bonnes habitudes, et la maison fut toujours un modèle d'ordre et de bonne tenue.

Pierre de son côté vaquait aux travaux agricoles et le temps s'écoulait sans apporter de changement dans ces existences calmes, laborieuses et chrétiennes.

Cependant les austérités du carême firent place au grand jour de Pâques.

A l'issue des offices, la jeunesse du bourg, précédée de deux ménétriers et du drapeau de la mairie, se rendit en dansant dans une terre qui, de temps immémorial, porte le nom de *pré de Barres*.

On préluda par un rigodon des plus animés à l'élection du *cap déjouvèn* ou capitaine de la jeunesse. Le vote eut lieu, comme d'habitude, par acclamation. Le nouveau chef reçut trois saluts du drapeau, et l'on exécuta en chantant, autour de lui, une ronde échevelée.

Le *cap dé jouvèn*, tenant le drapeau d'une main, s'avança alors seul au milieu du pré de Barres ; il se tourna successivement vers les quatre points cardinaux, et, d'une voix haute, adressa à ses concitoyens l'invitation de comparaître le lendemain dans la lice afin de disputer les honneurs du drapeau.

Les danses reprirent leur cours ordinaire. Enfin, à la nuit, les jeunes gens rentrèrent dans le bourg, et firent une ovation à M. le maire, qui les accueillit cordialement, et leur offrit son meilleur vin, ce qu'ils n'eurent garde de refuser.

L'horloge vibrait encore du dernier coup de minuit, lorsque le *cap dé jouvèn*, précédé des ménétriers, commença les aubades sous les fenêtres des jeunes filles pour les convier à la danse. Mais c'étaient des soins et du temps perdus, car le digne curé y avait mis bon ordre et, depuis bien des années, on n'en voyait guère au bal qu'un très-petit nombre de médiocre valeur morale ou étrangères à la paroisse.

Dès les premières lueurs de l'aube, les jeunes gens parcouraient le bourg, faisant de fréquentes libations, et ne se mettant guère en peine de suivre les conseils du maire et du curé. C'était souvent à qui ferait le plus de folies, tant on avait hâte de se dédommager des longues semaines de pénitence qui venaient de s'écouler. Comme toujours, les enfants suivaient en grand nombre ; et, s'il se proférait quelque parole malsonnante, ils la recueillaient avec une déplorable avidité.

À trois heures, la foule se dirigea vers le pré de Barres, car le moment de la lutte approchait.

Les célibataires d'un côté, les hommes mariés de l'autre, étaient en présence.

Mais, avant d'être admis dans les rangs de ces derniers, une cérémonie bizarre était accomplie. Un grand nombre de gaillards avinés entouraient le récipiendaire, le coiffaient d'un immense tricorne, l'affublaient d'une jaquette jaune, et chantaient à tue-tête une chanson grotesque. Chacun des refrains était suivi de trois sauts, que l'on faisait faire au patient au milieu des cris et des éclats de rire d'une foule nombreuse.

Après cela, le nouveau marié était reçu, et il avait le droit de prétendre aux honneurs de la lice.

Ce ridicule usage est tellement cher aux habitants de Saint-Rome que, si quelqu'un voulait s'y soustraire, on le poursuivrait à outrance jusqu'à ce qu'il eût *sauté*, comme on dit dans le pays. Nous avons été témoin oculaire de bien des scènes, quelquefois tragiques, engendrées par cette coutume, qui paraît un reste des fêtes du moyen âge.

Valdey, qui connaissait son monde, se présenta de lui-même, tout en faisant intérieurement ses réserves. En voyant sa bonne volonté, on lui fit grâce de tout.

Enfin le jeu de barres allait commencer. Les champions, vêtus à la légère, malgré l'air vif et piquant de la saison, préludaient au combat par une danse où les deux camps étaient confondus. Le vin coulait à flots, et il était à craindre que le jeu ne devînt une bataille, en cas de contestation, ce qui malheureusement n'est pas rare.

Le *cap dé jouvèn* et le chef des hommes mariés, qui n'était cette année-là autre que Pierre, tenant en commun le drapeau, étaient les juges du camp. Ils donnèrent le signal, et le jeu commença.

Un célibataire de chétive corpulence n'ayant pu retenir prisonnier un adversaire qui, abusant de sa force, l'avait emporté triomphalement au milieu des siens, causa une grande rumeur. Les deux partis, l'œil en feu et le geste plein de menaces, se précipitèrent à grands cris vers les juges du camp. Valdey, qui voulait exclure de ces joutes tout danger, et substituer l'adresse à la force brutale, fit donner gain de cause à la jeunesse.

Les rivaux se séparèrent en se lançant des regards de défi, et se promettant une éclatante revanche.

Hélas ! un malheureux père de famille, ayant voulu

répéter le tour précédent, vit fondre sur lui une avalanche du camp rival. Dans la mêlée, il fit une chute, et se fractura la jambe en deux endroits. Il fut relevé à demi-mort, et la foule s'écoula silencieuse vers le bourg.

Valdey profita de cette douloureuse circonstance pour faire entendre quelques paroles de sagesse; mais ce fut sans beaucoup de succès, car le peuple a un attachement fanatique pour un usage qui n'est plus qu'un reste méconnaissable des anciens tournois.

Le mardi de Pâques, on avait presque oublié le malheur de la veille. On renouvelait le jeu de barres dans un autre pré, situé au-dessous du bourg, sur les rives pittoresques du Tarn.

Afin de donner plus d'attrait à cette réunion, on trouva plaisant de s'emparer d'un certain Gillet, et de le monter sur un âne, parce que, étant un jour, selon sa malheureuse habitude, plongé dans l'ivresse, il avait été battu par sa femme. Voilà donc Gillet placé à califourchon sur la pauvre bête qui était à demi-écrasée sous son poids. Selon l'usage, le patient avait la face tournée du côté de la queue, dont l'extrémité, placée entre ses mains, lui tenait lieu de bride. Un chapeau tricorne, un rideau jaune qui le couvrait tout entier, des chambrières de fer pour étriers, tel était son accoutrement. Un forgeron, trouvant sans doute que l'homme n'était point assez dégradé, le barbouilla de suie, à la grand joie des enfants qui suivaient l'ignoble mascarade. Hélas! que d'allusions indécentes, que de gros mots, que de jurons proféraient ces hommes avinés et le patient lui-même, qui, la tête alourdie par les fumées du vin et le verre sans cesse aux lèvres, faisait entendre les paroles les plus coupables et les éclats d'un rire de stupide satisfaction!

Pierre, outré des conséquences désastreuses pour la morale publique de cette déplorable farce, alla trouver M. le maire pour le prier d'y mettre fin. Le magistrat se gratta la tête, et répondit qu'il serait dangereux de lutter ouvertement contre des usages séculaires, quelque fâcheux qu'ils soient.

— Voulez-vous me permettre d'agir en votre nom ? lui dit Valdey.

— Je le veux bien, mon ami; mais c'est une imprudence de ta part que de vouloir arrêter des ivrognes : autant vaudrait lutter contre les inondations du Tarn.

— Je sais que ces gens-là n'entendent guère raison, mais j'essaierai.

Il essaya en effet, et réussit à faire honte à quelques-uns, tant la parole d'un homme de cœur a de force et de pouvoir.

— Songez, leur disait-il, que vous vous abaissez au niveau des malheureux privés de raison, par ces grossières bouffonneries qui vous rendent le jouet de votre famille elle-même. Quel respect doivent avoir les enfants de ce malheureux Gillet pour leur père, que vous accablez sous leurs yeux de dégoûtantes avanies ? Hélas ! ils sont déjà les premiers à rire de vos honteuses folies ! Craignez que les vôtres à leur tour ne foulent aux pieds les devoirs qu'ils sont tenus de vous rendre ! Et puis est-ce bien le moment de se divertir lorsqu'un de nos camarades gémit sur un lit de douleur de vos fautes d'hier ? Allons ! mes amis, rentrons chez nous, occupons-nous de nos devoirs et de nos travaux : c'est ce que nous avons de mieux à faire.

Valdey recueillit bien des quolibets pour son intervention courageuse. Plus d'un *Cela ne te regarde pas*, accompagné de jurons effrayants, lui fut adressé; mais le soldat d'Afrique ne s'en émut en aucune sorte. Sa contenance ferme et énergique sans provocation et son caractère digne et obligeant finirent par le laisser maître du terrain. Il eut enfin le plaisir de voir la foule s'écouler

sans bruit, et les mauvais plaisants, honteux de cet abandon, se retirèrent aussi à leur tour.

CHAPITRE XIII.

NAISSANCE D'UN FILS.

> L'enfant est un dépôt dont les parents doivent
> rendre compte à la société et à Dieu.

Une année s'est écoulée depuis le mariage de Pierre :
Louise est sur le point de devenir mère ; elle redouble
de prières et d'aumônes pour attirer sur elle et sur son
enfant les bénédictions du Ciel. Marguerite et son fils
prient à leur tour, et attendent avec une satisfaction
mêlée de crainte cet événement tant désiré.

Enfin un petit garçon vient au monde, et la jeune mère
oublie tout en l'embrassant.

Voyez-vous, mes amis, Marguerite assise dans son fauteuil tenant le nouveau-né entre ses bras débiles, qui
ont recouvré quelque vigueur par un élan de tendresse ?
La voyez-vous élever son petit-fils vers le ciel, et appeler
sur la frêle créature les bénédictions du Dieu de miséricorde, de puissance et d'amour ?

Valdey et Brunet, debout, la tête découverte, et la
jeune femme, transfigurée par le sentiment de la mater-
nité, tous considèrent cette scène avec attendrissement
et respect, parce qu'ils savent que la bénédiction de la
mère donne des fondements inébranlables à la maison,
selon la parole des livres saints.

Le lendemain, il fallut s'occuper des apprêts du baptême. L'oncle Brunet devait être parrain, Marguerite
marraine, et le nouveau-né se nommer Alphonse.

Le vieux célibataire ne songeait point sans un certain
effroi aux exigences du curé, qui s'aviserait peut-être de

lui demander le catéchisme et les prières. Ce fut dans ces idées un peu inquiétantes qu'il s'achemina vers l'église en soutenant de son mieux les pas mal assurés de sa sœur Marguerite.

Le petit cortége fut assailli par les cris de *Compère le vilain! Commère la vilaine !* et, selon l'usage, Brunet, qui tenait à la main un sac de dragées et une poignée de gros sous, en inonda une foule de gamins, qui se pressant, se bousculant, se battant, et jurant à qui mieux mieux, se disputaient cette aubaine. L'oncle riait de tout son cœur à la vue de cette scène, pendant que Marguerite haussait les épaules, et que Pierre fronçait le sourcil.

Le bon curé accueillit la famille Valdey avec un paternel sourire :

— J'ai baptisé le père : je vais baptiser le fils, dit-il, et tout cela est loin de me rajeunir.

— Puissiez-vous en faire autant au petit-fils! reprit Valdey en s'inclinant avec respect devant le vénérable ecclésiastique.

— Mon ami, ce serait trop demander au bon Dieu.

— Nous espérons bien vous conserver pendant de longues années : la paroisse a besoin de vous.

— Mon enfant, Dieu n'a besoin de personne pour faire le bien. Il suscite, quand il lui plaît, les instruments dont il veut faire usage. Au reste, la vie la mieux remplie n'est pas la plus longue. Mais que la volonté de Dieu soit faite !

Brunet espérait en être quitte ainsi ; mais, après la cérémonie, le curé adressa au parrain et à la marraine une courte allocution sur les devoirs qu'ils avaient à remplir envers le nouveau-né :

— Vous devez surtout, dit-il en jetant un regard particulier au vieux célibataire, ne donner que de bons exemples à votre filleul, et ne jamais négliger vos devoirs de chrétien.

— Nous y voilà ! murmura Brunet.

— On se fait un épouvantail de la pratique religieuse.
Qu'on secoue la paresse d'esprit et le respect humain,
qui sont d'ordinaire les causes principales de l'éloignement qu'on éprouve à l'égard du service de Dieu, et l'on
verra que cette parole du Sauveur : « Mon joug est doux ;
« venez à moi, vous tous qui êtes chargés, et je vous sou-
« lagerai... » aura son accomplissement à la lettre.

Après la signature de l'acte de baptême, on reprit le
chemin de la maison. La foule des gamins, semblable à
une fourmilière troublée dans ses travaux, s'agitait, se
démenait, et n'épargnait point les vociférations. Pierre,
que ce spectacle avait attristé, empêcha l'oncle Brunet
de renouveler ses largesses, et, s'adressant à cette cohorte
indisciplinée :

—Enfants ! ce que vous faites là est inconvenant. Ces-
sez ces clameurs importunes, qui vous font ressembler
bien plus à des démons qu'à des chrétiens. Si vous m'en
croyez, vous viendrez chez moi, et nous partagerons à
l'amiable les sous et les dragées.

Deux ou trois mauvais garçons firent la moue à ces
paroles ; mais la grande majorité accepta son offre bien-
veillante, et le suivit. Il en prit occasion pour glisser
quelques nouveaux conseils.

CHAPITRE XIV.

CROQUIS D'ÉDUCATION PHYSIQUE ET D'HYGIÈNE.

Intelligence saine dans un corps sain.

Louise, comme une bonne mère, nourrit elle-même
son enfant. D'après les conseils de Marguerite, elle chercha de bonne heure à lui donner des habitudes de propreté. Elle renonça à l'usage déplorable du maillot, qui

a l'inconvénient d'emprisonner de faibles et délicates organisations dans une sorte d'étau, et laissa son enfant se développer en toute liberté.

Le petit Alphonse fut vacciné dès l'âge de trois mois. Il prenait un grand nombre de bains; surtout à l'époque de la dentition, malgré les anathèmes des commères du voisinage.

Au lieu de lui donner de temps en temps des gâteaux, des sucreries, etc., on ajoutait à sa nourriture ordinaire des aliments simples, substantiels, et propres à donner au corps la force et la santé.

Toujours frais, rose, d'une propreté parfaite, l'air épanoui, parce qu'on ne donnait qu'une satisfaction légitime aux exigences de la nature, il faisait la joie et l'orgueil de ses parents.

La vigilance de Louise et de Marguerite ne se ralentissait aucunement ni le jour ni la nuit.

Dès que le jeune enfant put marcher, on entourait ses pas d'une sollicitude extrême. Pierre éleva autour du foyer une balustrade en bois pour éviter les accidents occasionnés si souvent par le feu. Il établit aussi une claire-voie à la porte de la cuisine, qui donnait sur la cour.

Valdey se disait un jour :

— Il ne suffit pas d'empêcher les enfants de se cogner contre les murailles ou les pavés, de les garantir des dangers du feu, etc.; mais il me semble utile de ne rien laisser autour de notre habitation qui puisse porter atteinte à leur santé et à la nôtre.

Là-dessus, il se mit avec ardeur à nettoyer la basse-cour. Il débarrassa ainsi la maison des miasmes putrides engendrés par le fumier, et d'une mare qui, de temps immémorial, recevait les égoûts de l'évier. Il fit changer souvent la litière des animaux, creusa au fond du jardin des cloaques destinés à recevoir les engrais qu'il

couvrit soigneusement d'herbes inutiles, de plâtras
ou de chaux, et enfin dé.terre, faisant ainsi ce que les
agronomes appellent un *compost*.

Pour éviter le danger des chutes, il sabla les allées
du jardin et la cour elle-même, pendant que, de son
côté, Louise coiffait.le jeune garçon d'un bourrelet
protecteur.

Depuis longtemps, les chambres et la cuisine surtout
avaient acquis une teinte brune provenant des émana-
tions de toute sorte absorbées par.les enduits. Pour
enlever à sa maison cette cause d'insalubrité, Pierre fit
passer un lait de chaux sur les murailles.

— Cela donne plus de santé au corps et de gaîté à
l'esprit, disait-il, à peu près comme de changer de linge
tous les dimanches. Et puis, lorsque le logis est agréable,
on songe moins au cabaret.

Et Pierre avait raison.

Dès qu'Alphonse fut en état de faire quelques pas
avec assurance, son père et sa mère l'exercèrent à de
petites courses, le recevant alternativement dans leurs
bras et récompensant ses efforts par un mot d'amitié ou
par une caresse. Après quelques mois d'exercice, le
petit bonhomme courait, sautait, gambadait, se roulait
sur le sable ou la pelouse sous les yeux de ses parents,
qui le voyaient se développer avec bonheur.

Malgré toutes les précautions qu'on prenait afin d'é-
viter au *babi* toute sorte d'accidents, il arriva quelquefois que, déjouant la surveillance dont il était l'objet, il
fit des chutes qui amenèrent des contusions plus ou
moins graves. Alors on recourait à l'eau fraîche et aux
frictions pour rétablir la circulation du sang. Si ces
moyens ne suffisaient point, et que le mal eût son siége
à la tête, on essayait des bains de pied additionnés d'un
peu de cendre chaude.

Quant aux légères coupures, on se contentait de laver

la plaie, de rapprocher les bords de la blessure, et de la couvrir d'un morceau de taffetas d'Angleterre, dont on avait toujours sous la main une bonne provision.

Alphonse eut à subir les maladies du jeune âge, entre autres la rougeole. Sa mère n'eut garde de l'exposer au contact de l'air extérieur, et l'obligea, malgré sa résistance, à garder le lit : aussi cette indisposition n'eut-elle aucune gravité.

La petite vérole enlevait de temps à autre quelques jeunes enfants, et même des grandes personnes qui avaient dédaigné le préservatif ordinaire ; mais le petit Valdey, qui avait reçu la vaccine de bonne heure, fut exempt des funestes atteintes du mal.

A mesure que l'enfant prenait de l'âge, son père l'habituait à une vie dure et laborieuse pour lui donner un tempérament fort et robuste. Louise, de son côté, le faisait lever de bon matin, coucher de bonne heure, et dormir sur un lit de paille fraiche. Elle ajoutait à ce régime une nourriture simple et frugale : aussi le jeune garçon avait-il une santé florissante.

— Comment faites-vous donc, dit un jour madame Cordier à la jeune mère, pour donner à votre enfant cet air joyeux, cette vigueur et ces joues vermeilles ?

— Madame, répondit Louise, Alphonse mange du pain bis, des légumes et de la grosse viande ; il boit de l'eau rougie, a ses habitudes réglées, couche sur la dure, prend beaucoup d'exercice, et surtout ne fait jamais que la volonté de ses parents.

— Hélas ! dit la pauvre dame avec découragement, je voudrais bien que mon Hippolyte eût la force de se soumettre à ce régime ; mais il est si délicat que je n'ose essayer.

Après le départ de Madame Cordier, Marguerite, qui avait gardé le silence là-dessus par politesse, ajouta :

— Il est fâcheux que notre bonne voisine ait le cœur si

faible pour son jeune garçon. Elle ne lui refuse rien : le pauvre enfant quitte lorsqu'il lui plaît son édredon pour se traîner avec dégoût au milieu d'un grand nombre de jouets ; il est presque toujours renfermé dans un boudoir, et se nourrit de friandises : aussi a-t-il une figure pâle, amaigrie, des yeux éteints, des membres grêles et sans vigueur. Et ne dit-on pas avec juste raison qu'une intelligence saine n'habite guère qu'un corps sain et vigoureux ?

CHAPITRE XV.

UNE VICTIME DE L'IMPRUDENCE.

> Un instant d'oubli nous prépare
> des remords éternels.

Un jour que Marguerite s'applaudissait d'avoir entouré son foyer d'une grille protectrice, on entendit dans une maison voisine des cris de détresse poussés par une voix d'enfant.

— Courez chez Levieux, ma fille, dit-elle à Louise.

Celle-ci lui remit le petit garçon entre les bras, et s'élança vers la maison indiquée. Elle ouvrit avec précipitation, et fut frappée d'épouvante à la vue du spectacle qui s'offrit à ses yeux : une jeune fille de trois ou quatre ans courait éperdue dans la cuisine au milieu d'un jet de flammes qui consumaient ses habits. Louise la reçut dans ses bras, et, la roulant avec rapidité dans une couverture qu'elle enleva d'un lit à portée de sa main, réussit à éteindre le feu.

La jeune femme appela vainement à son aide : personne ne donna signe de vie dans la maison. Alors elle emporta l'enfant chez elle, et s'empressa de la dépouiller de ses vêtements à demi-calcinés. Elle dut procéder avec un soin extrême, car la pauvre victime, qui poussait des gémissements lamentables, était cruellement brûlée.

Brunet était entré sur ces entrefaites; il alla chercher le médecin, tout en maugréant contre l'incurie de la mère Levieux.

Le docteur ordonna l'application de l'eau fraîche aux blessures les plus graves et la pommade à l'huile d'olive mélangée d'eau de chaux à celles qui présentaient moins de danger.

A ce moment, semblable à une trombe, la mère Levieux s'élança dans la maison en criant d'un accent plein de désespoir : « Ma fille ! ma fille ! » Ses traits étaient bouleversés; elle avait ses habits en désordre, l'œil hagard, et elle tendait les bras à son enfant qui essayait de lui sourire au milieu de ses cruelles souffrances.

D'une main tremblante d'angoisses, elle écarta les linges mouillés qui couvraient le corps de la pauvre petite, et, après avoir contemplé d'un œil désespéré les ravages du feu, elle poussa un cri déchirant, et s'évanouit.

Dès qu'elle fut revenue à elle-même, elle pressa le médecin de questions :

— Dites-moi, mon bon docteur, que ma fille n'est pas en danger !

La malheureuse mère fixait sur lui des yeux suppliants, et attendait son arrêt, les mains jointes, avec des déchirements affreux dans le cœur.

Le médecin, qui avait constaté des lésions d'une haute gravité sur le corps de la jeune enfant, dit simplement :

— Nous essaierons de la sauver.

A cette réponse, la mère se tordit au milieu des sanglots.

— Ah ! disait-elle, pourquoi ai-je abandonné mon enfant ? pourquoi ai-je causé si longtemps à la fontaine ?

Dieu me punit de ma négligence. Hélas ! je ne l'ai que trop mérité !

L'oncle Brunet marmottait à part lui :

— C'est vrai cela. Ces commères trouvent agréable de mettre sous clef leurs enfants, et d'aller bavarder à la fontaine, au four, au ruisseau !...,. Et puis les malheurs arrivent ! Elles ont beau crier, se désespérer, s'arracher les cheveux... : le mal est fait, et souvent il est irréparable. Pauvres enfants !

On emporta la petite fille avec des précautions extrêmes dans la maison de Levieux. Malgré les soins dont elle fut l'objet, elle expira au milieu de souffrances atroces.

Quelques jours après cette terrible leçon, il arrivait un nouveau malheur. Une bonne femme du bourg, ne voulant pas contrarier son enfant, le laissait s'amuser auprès d'une chaudière en ébullition. Le petit malheureux y tombait, et mourait le lendemain des suites de ses brûlures.

Hélas ! il arrive souvent qu'on se prépare de cruelles douleurs et des regrets éternels par une coupable incurie, sans compter qu'il faut répondre de sa négligence à la justice des hommes et au grand Juge, qui ne laisse rien d'impuni.

CHAPITRE XVI.

CROQUIS D'ÉDUCATION INTELLECTUELLE AU FOYER DOMESTIQUE.

> Ce n'est pas du tout la culture de l'esprit qui gâte les enfants ; mais la source du mal est dans le cœur.   (P. GIRARD.)

Les soins du corps n'occupaient qu'une partie de la sollicitude de la famille Valdey : l'objet principal c'était la culture de l'esprit et du cœur du jeune enfant. Qui donc est venu apprendre à une mère les moyens ingénieux qu'elle emploie pour l'éducation de son enfant? Elle trouve dans son amour les plus admirables inspirations, et nous ne saurions mieux faire que de la prendre pour modèle.

L'enfant tient à peine la tête droite sur ses délicates épaules que, au son de voix de celle qui lui a donné la vie après Dieu, il tourne son regard vers elle, et lui sourit. Déjà le doux sentiment de la reconnaissance produit un commencement d'amour. S'il éprouve la faim, la soif, la douleur, il l'appelle de ses cris ; il comprend qu'elle est son refuge, et souvent il se tait uniquement parce qu'il se sent entre les bras maternels.

Mais le petit Alphonse s'est développé. Bien des idées commencent à poindre dans sa tête. Il est muet encore : cependant, si sa mère lui dit : « Où est papa? Où est grand'mère ? » il les montre du doigt en souriant. Il essaie de parler, et son langage n'est encore qu'une suite de syllabes n'ayant aucune signification apparente, mais qui ne laissent pas que d'avoir un sens pour lui.

Louise et Marguerite lui montrent les objets les plus familiers ou les personnes qu'il connaît, et en répètent le nom devant lui. Rien ne lasse leur persévérance. Elles se font enfants avec le bambin, imitent son langage par excès de dévouement, et partagent même ses jeux. Lorsque le petit arrive à prononcer assez bien le nom qu'on lui demande, une caresse, telle que les mères savent seules les faire, le récompense de ses efforts. Comme s'il avait compris la joie que donne son succès, il s'essaie de lui-même à la parole, et, le soir, avant de s'endormir, ou sur les genoux de ses parents, comme le matin à son réveil, c'est un babil qui porte dans le ménage la plus douce gaîté.

Alphonse réussit enfin à prononcer quelques noms. Il

emploiera bientôt les qualificatifs, et formera des phrase,
comme : *Papa, moi promener ! Maman, moi boire !*
Ses parents, à mesure qu'il prend de l'âge, et que son
intelligence se développe, l'exercent à la conjugatson des
temps simples et à la construction de petites phrases pour
l'habituer à un langage correct.

Son premier travail de mémoire a été de retenir quelques noms. Sa prière sera son second exercice, et elle
consistera d'abord à joindre les mains en prononçant :
« Jésus, Marie, Joseph ! »

Au retour des champs, Pierre s'occupait aussi de l'instruction de son fils. Un de ses moyens favoris c'était de
montrer tour à tour des images d'animaux domestiques,
et ensuite les animaux eux-mêmes, en répétant plusieurs
fois leur nom. Aussi, dès qu'on indiquait un animal vivant ou son image, le petit le dénommait avec une satisfaction évidente.

Lorsqu'Alphonse sut parler avec quelque facilité, ses
parents exercèrent sa mémoire en lui faisant réciter sa
prière et quelques pièces de vers courtes, simples, et
n'exprimant que des idées en rapport avec son âge. Ils
donnaient une satisfaction légitime à la curiosité du
jeune enfant, qui ne tarissait point, et voulait savoir le
nom, l'usage, le pourquoi et le comment de tout ce qui
l'entourait.

Alphonse apprit de bonne heure à compter avec les
doigts, et, à l'âge de cinq ans, il commençait à lire. Au
lieu de lui imposer des exercices de lecture souvent très-
fastidieux, on avait habilement secondé son penchant
naturel à vouloir tout connaître, et sans effort on avait
obtenu des résultats propres à faciliter la tâche de l'instituteur.

Alphonse connaissait le nom et les services des animaux domestiques, le nom et les usages des plantes
communes, des meubles, des étoffes, des ustensiles, etc.

Il avait appris à réfléchir avant de risquer une parole. Lorsqu'il était pressé de questions, il répondait avec sang-froid à ceux qui lui reprochaient son silence :

—Je cherche : papa m'a dit qu'il valait mieux me taire qué dire une sottise.

Pierre et Louise n'avaient reçu qu'un bon enseignement primaire. Ils se sentaient incapables de faire seuls l'éducation de leur enfant ; mais ils étudiaient avec soin ses aptitudes, ses penchants, ses petits jugements, ses actes, et le préparaient de leur mieux à l'enseignement de l'école. Ils n'oubliaient pas surtout que la culture de l'esprit a pour but essentiel de servir à l'ennoblissement du cœur.

CHAPITRE XVII.

QUELQUES SUITES DE L'IGNORANCE.

> Rien n'est plus dangereux qu'un ignorant ami,
> Mieux vaudrait un sage ennemi.
> (LA FONTAINE.)

Quelques voisins de notre ami Pierre étaient loin d'attacher de l'importance à l'instruction de leurs enfants. Un jour qu'il se rendait à la vigne, il rencontra François Lauret et lia conversation avec lui.

— Pourquoi n'envoies-tu pas ton fils à l'école ?

— A quoi bon ? Quoique je ne sache pas lire, je gagne ma vie tout aussi bien qu'un autre, et mes enfants feront comme moi.

— Mon ami, cela n'est pas raisonnable. Nous vivons dans un temps où il est bon de savoir quelque chose, ne fût-ce que pour n'être pas obligé de livrer ses secrets au premier venu. Et puis, il est dangereux quelquefois de ne pas savoir lire.

— Bah! bah! Tu vas trop loin, voisin.

— Je désire que tu n'aies jamais à souffrir de ton dé-faut d'instruction. Mais, dis-moi, comment va ta vieille mère?

— Elle est encore un peu souffrante, mais j'espère que cela ne sera rien. Le médecin la croit hors de danger.

Ils en étaient là de leur conversation, lorsque le fils aîné de Lauret arriva auprès d'eux tout essoufflé et le visage en feu.

— Vite, père, dépêchez, car grand'mère dit qu'elle va mourir !

Lauret, quoique d'un naturel un peu grossier, aimait tendrement sa mère. Il fut atterré par cette nouvelle et reprit avec rapidité le chemin du bourg.

Valdey lui tendit la main en silence, et le suivit.

Ils virent, en entrant, la maison toute remplie de bon-nes femmes du voisinage qui poussaient des exclamations sans fin et s'empressaient, avec plus de bon vouloir que d'utilité réelle, autour de la pauvre malade, en proie à d'effrayantes convulsions.

— Ah! mon Dieu! Qu'est-il donc arrivé, s'écria Lauret en se précipitant vers sa mère?

— Hélas, lui répondit sa femme, les larmes aux yeux et en se tordant les mains avec désespoir, elle est dans l'état où tu la vois, depuis que je lui ai fait boire le re-mède ordonné par le médecin.

— Le malheureux! il voulait donc tuer ma mère!

Le docteur entra sur ces entrefaites et fut bien surpris de trouver sa malade sur le point de rendre l'âme, après l'avoir laissée, deux heures auparavant, en voie de gué-rison. Au lieu de répondre aux menaces de Lauret, il chercha, de concert avec Pierre, qui seul avait conservé quelque sang-froid en cette circonstance, à découvrir la cause du funeste incident qui était survenu.

— Tenez, dit la femme Lauret en l'apostrophant,

voilà votre potion de malheur qui a causé tout le mal!

— Comment, malheureuse! Vous avez fait boire à votre mère le contenu de cette fiole, où je vois un reste de laudanum?

— Mais, oui, c'est bien ainsi que vous l'aviez ordonné?

— Mais, non! si vous aviez pris la peine de lire l'étiquette, vous auriez vu que c'était pour un autre usage que j'avais prescrit le laudanum et nullement sous forme de boisson.

—Ah! voici une fiole pareille..... Malheureuse que je suis, je me serai trompée!

— Hélas! oui, ma bonne femme; il fallait lire l'étiquette.

— C'est que..... c'est que je ne sais pas lire, dit-elle en baissant honteusement la tête.

Pendant cette explication, la malade avait des crises continuelles. Le médecin ne perdit pas une minute et réussit enfin à neutraliser en partie les effets du poison. Lorsque la mère Lauret eut recouvré ses esprits, Valdey dit à son voisin :

— Qu'en penses-tu? est-il inutile de savoir lire?

— Je vais envoyer mes enfants à l'école. La leçon ne sera pas oubliée, fit-il avec un profond soupir et d'une voix émue.

Il tint parole ; mais nous devons ajouter à regret que la vieille grand'mère eut sa santé tellement ébranlée par cette secousse, qu'elle tomba dans un état de marasme qui devait la conduire rapidement au tombeau.

En reprenant le chemin de sa vigne, Pierre rencontra plusieurs cultivateurs illettrés et profita de la circonstance pour leur faire comprendre la nécessité de donner de l'instruction à leurs enfants.

— Voulez-vous, disait-il, que je vous prouve l'utilité de la lecture et de l'écriture par d'autres faits?

— Volontiers, nous écoutons.

— Jean Fournil, vous le savez, est un maçon entre-prenant, laborieux et économe. Il occupe une demi-douzaine d'ouvriers, mais chaque fois qu'il lui faut arrêter un compte, ils ont ensemble quelque différend : aussi, malgré sa probité si bien établie, les meilleurs se voient-ils dans la nécessité de le quitter, parce que sa mémoire ne peut suffire à garder fidèlement tant et de si nombreux détails. Ces jours-ci, voulant soumissionner une entreprise considérable, il a été obligé de s'adresser à quelqu'un qui sût écrire pour déposer son offre. Mais l'écrivain a révélé le chiffre de son rabais, et Fournil a vu avec dépit les travaux adjugés à un autre.

Je vais vous citer un troisième fait, bien autrement grave.

Un seigneur anglais se trouvant du côté des vain-cus dans une lutte contre les troupes de Cromwell, cher-cha un refuge auprès de lord Sinclair. Celui-ci le fit déguiser en laboureur et l'envoya dans un de ses domai-nes, après avoir adressé des instructions par écrit à son fermier. Ce dernier tournait et retournait en tous sens la lettre de son maître, mais ne pouvait en déchiffrer un mot.

— Allons trouver le juge de paix, se dit-il ; c'est un homme grave et discret ; il est des amis de lord Sinclair et il m'expliquera les ordres qui me sont adressés. Ah ! si je savais lire !

Le juge, qui avait reçu la mission de rechercher le fu-gitif, dissimula habilement ses impressions et renvoya le fermier, sans qu'il se doutât de rien.

Quelques heures après, le malheureux seigneur était saisi et conduit à Londres. Son procès ne fut pas long : Cromwell le fit condamner à mort et décapiter dans les 24 heures.

Que d'erreurs, de cruelles méprises et de malheurs

irréparables arrivent tous les jours, sans autre cause que l'ignorance !

Les vignerons, frappés de ces récits, se promirent d'envoyer exactement leurs enfants aux écoles, regrettant de ne pouvoir seconder l'instituteur et l'institutrice, à l'exemple de Valdey.

— Mes amis, ajouta ce dernier, ne désespérez nullement d'apprendre un jour à lire et à écrire vous-même.

— Allons donc, Pierre, vous moquez-vous ? Il n'y a point d'école pour des barbons comme nous, et puis nous sommes durs comme des enclumes.

— Qui sait si dans quelque temps nous n'aurons pas une bonne école d'adultes ?

— Je serai des premiers inscrits, dirent à l'envi tous ces bons cultivateurs.

Quant à Pierre, il se frottait les mains de satisfaction et voyait la régénération de sa commune dans un avenir prochain.

CHAPITRE XVIII.

CROQUIS D'ÉDUCATION MORALE A LA MAISON PATERNELLE.

> L'éducation morale est une œuvre de cœur dirigée
> par l'esprit.　　　　(Ab. POULLET.)

Après avoir donné au corps et à l'esprit tous les soins qu'ils réclament, les Valdey s'occupaient aussi, avec la plus vive sollicitude, de l'éducation morale de leur enfant.

— Faisons de lui un bon chrétien, disait Marguerite, et nos efforts auront obtenu le succès le plus complet.

Et la vieille grand'mère avait raison, car le titre de chrétien nous fait une obligation rigoureuse de connaître et de remplir tous nos devoirs envers Dieu, envers nos semblables et envers nous-mêmes.

Alphonse commençait à peine à balbutier qu'il savait le nom de son Créateur, et répondait à cette question de sa mère : « Où est le bon Dieu? » en montrant le ciel de son petit doigt.

Pierre avait élevé un petit autel, orné d'un crucifix et d'une statue de la sainte Vierge. Lorsque le printemps ramenait, avec le réveil de la nature, les exercices du mois de Marie, la famille Valdey couvrait l'autel de branches de verdure entremêlées des plus belles fleurs écloses à la chaude haleine de ces climats méridionaux. Pierre allumait quelques cierges, et faisait une pieuse lecture suivie d'une courte prière, à laquelle répondaient Marguerite et Louise. Le petit garçon conservait de cet acte religieux une impression tellement vive que, s'il entrait dans la chambre où se faisaient ces saints exercices, il allait spontanément se mettre à genoux sur le marchepied de l'autel, en marmottant les quelques syllabes de prière qu'il avait pu retenir.

— Les enfants sont portés vers l'imitation, disait Louise : ne donnons à notre Alphonse que de bons exemples, si nous voulons que son éducation fasse son bonheur et le nôtre.

Lorsqu'un mendiant s'arrêtait devant la maison Valdey, il était charitablement accueilli. On le faisait asseoir auprès du foyer, on lui adressait une bonne parole, et le bambin n'avait pas de plus grand bonheur que de lui offrir sa nourriture en y ajoutant un mot gracieux accompagné d'un sourire.

— Maman dit que c'est pour l'ami du petit Jésus; mange ! lui disait-il en frappant des mains avec une joie enfantine.

— Dieu vous bénisse ! mon petit Monsieur, lui répondait le pauvre.

Et les deux mères jetaient un regard d'amour sur le
jeune enfant, et, le reportant vers le Ciel, lui demandaient de ratifier cette bénédiction.

Un jour, l'oncle Brunet, croyant s'apercevoir que son
filleul ne parlait pas assez distinctement, s'amusait à lui
apprendre des jurons, que l'enfant répétait volontiers,
au grand ébahissement du vieillard, et malgré la vive
opposition de Marguerite.

Valdey entra sur ces entrefaites. Il gronda sévèrement
l'enfant, et le mit en pénitence. L'oncle, singulièrement
mortifié, prit sa canne, et courut au café répandre sa
mauvaise humeur. Il joua, perdit, et rentra le soir avec
un visage renfrogné.

— Il faut que je fasse une querelle à mon neveu : cela
fera passer ma colère, dit-il..... Ah çà ! Pierre, tu m'as
rompu en visière tantôt ?

— Je conviens, mon oncle, que j'ai été un peu vif ; mais,
en pareille occasion, le silence est une lâcheté.

— Parbleu ! la belle affaire ! je m'amusais avec le petit, et, pour une bagatelle, tu l'as sévèrement puni, sans
m'épargner moi-même indirectement. Au fait, si quelqu'un avait tort, c'était moi.

— C'est juste, reprit Valdey en souriant, et vous auriez
mérité les arrêts.

— Allons donc ! pour quelques mots qui délient la
langue à merveille, tu es bien sévère, monsieur le phi-
losophe !

— Mon cher oncle, dit Pierre d'une voix grave, vous
savez que ma mère, Louise et moi, nous nous efforçons
de donner à notre enfant une bonne éducation. J'aime-
rais mieux qu'il fût mort s'il devait avoir la malheureuse habitude de proférer des paroles au moins impo-
lies, et qui ne sont d'ordinaire que l'annonce de plus
graves désordres.

— Bah ! à cet âge, cela ne laisse pas de trace.

— Vous avouez implicitement que les jurons sont condamnables, et qu'il faudrait plus tard se défaire de cette mauvaise habitude : n'est-il pas plus commode et plus sensé de ne pas la laisser prendre ? Pourquoi faire aujourd'hui ce qu'il faudrait condamner demain, même d'après votre aveu ? Maintenant que l'arbre est jeune et tendre, donnons-lui une bonne direction, et tâchons de la lui conserver.

Permettez-moi d'ajouter encore un mot, mon cher oncle :

Veuillez avoir la bonté de ne plus emmener le petit au café : il ne peut y recevoir que des impressions fâcheuses.

— Alors tu me condamnes moi-même ?

— Je ne porte aucun jugement sur vous. Je sais seulement que ces lieux de réunion ne valent rien du tout pour personne, et je désire que mon fils n'y remette jamais les pieds.

— Allons ! allons ! fit Brunet en s'en allant, j'avais la tête pleine d'excellentes répliques, et tout s'est fondu comme la neige aux rayons du soleil.

Le brave homme oubliait qu'il n'existe pas de bonnes raisons pour une mauvaise cause.

A mesure que l'enfant grandissait, ses parents jetaient dans son cœur des semences de religion et de vertu en rapport avec son âge. Dès qu'un défaut venait à poindre, trois regards vigilants étaient fixés sur lui, et saisissant le moment favorable, essayaient de l'extirper avant qu'il n'eût le temps de jeter de profondes racines.

L'oncle Brunet venait de temps à autre enrayer ce système d'éducation. Si le bambin était en pénitence, il le délivrait en grondant contre cette sévérité qu'il traitait d'intolérable.

— Est-ce que, à l'âge de trois ans, on peut juger de ce que l'on fait ?

— Mon ami, reprenait Marguerite, mais c'est justement

pour l'apprendre qu'on punit certaines actions, et qu'on en récompense d'autres.

— Et puis, ajoutait Valdey, comment se fait-il que l'enfant se cache lorsqu'il veut s'approprier certains objets, ou qu'il a commis une faute?

— Bah ! bah ! disait le vieillard, comme ceux qui sont à bout d'arguments sérieux, vous voulez toujours avoir raison, vous autres. Si j'avais un fils, je le laisserais se développer à sa guise; et ce n'est que lorsqu'il aurait atteint l'âge de dix à douze ans que je m'occuperais sérieusement de lui.

— Mon oncle, l'expérience a condamné ce système, que vous avez trouvé tout fait dans le livre de Jean-Jacques. Semblables à un sage cultivateur qui préfère donner de bonne heure de nombreux labours pour favoriser la culture du bon grain et empêcher le développement des mauvaises herbes, au lieu de les laisser croître en liberté, nous livrons les plus rudes combats aux défauts naissants du petit, et nous entourons de soins toutes les bonnes aspirations de son esprit et de son cœur. Vous savez les fruits amers que produisent les gâteries : il faut une semaine pour guérir les suites des complaisances d'un jour.

Rien ne lassait la sollicitude des Valdey. Ils avaient compris de bonne heure qu'un enfant est un dépôt dont les parents doivent un compte rigoureux à la société, à la patrie et à Dieu même, auquel ils en répondront âme pour âme. Ils s'efforçaient de développer le germe de tous les bons sentiments, et d'arracher du cœur de leur jeune fils les racines des mauvais penchants qui, par la négligence de bien des pères et des mères, deviennent des vices intolérables. A la sensualité, ils opposaient une nourriture simple et frugale; à la cupidité, les délices de l'aumône, de la générosité, de l'amour du prochain. Au lieu d'exhiber à tout venant les succès du petit, on se contentait de l'encourager dans la voie du bien et des progrès par une bonne parole, par des récompenses proportionnées aux résultats qu'on avait obtenus.

Nous montrerons dans la suite de cette histoire les détails de ce système et ses conséquences.

CHAPITRE XIX.

LES DEUX JUMEAUX.

> Dieu bénit le père et la mère d'une nombreuse famille.　　　(*Bible.*)

Un matin, le vieux Brunet prenait sa canne avec saisissement. D'un coup de poing il enfonçait son chapeau jusque sur le nez, et s'enfuyait de la maison.

— Deux jumeaux, disait-il, c'est trop fort ! Les bénédictions de Jacob se réalisent du côté le plus fâcheux.

Le brave homme était absorbé tellement qu'il ne vit point venir M. le curé.

— Qu'avez-vous donc, mon ami ? lui dit le bon prêtre.

— Ah ! ce que j'ai ! morbleu !..... Nous avons deux jumeaux chez nous, une fille et un garçon !..... Notre famille court à grands pas vers une ruine certaine !

— Et qu'en dit Pierre ?

— Pierre ! il prétend que sa charrue le tirera d'affaire.

— Et Marguerite ?

— Hé, morbleu ! elle est de l'avis de son fils.

— Allons ! allons ! homme de peu de foi, qui donne à naître donne à paître. Celui qui prend soin du moindre brin d'herbe n'oubliera pas un bon chrétien et un bon père comme Valdey dans la distribution de ses grâces.

— Tout cela c'est bon à dire; et si vous étiez chargé d'une nombreuse famille.....

— Mon ami, ne suis-je pas le père de dix-huit cents paroissiens et le vôtre en particulier? Le peu que je possède n'est-il pas à quiconque en a besoin ?

— C'est pourtant vrai cela, dit Brunet d'un ton radouci.

Le digne curé, passant son bras sous celui du vieillard, l'entraîna, tout en causant, au presbytère. Il fit avec lui quelques parties d'écarté, n'oublia pas la cerise à l'eau-de-vie, et gagna si bien ses bonnes grâces que le vieil oncle rougit de son égoïsme, revint à de meilleurs sentiments, et reprit le chemin de la maison d'un air paterne.

Sa colère s'évanouit tout à fait lorsqu'on lui montra les deux chérubins dormant côte à côte d'un paisible sommeil. Il les embrassa, et remit son chapeau dans sa pose naturelle.

Valdey, Marguerite et la jeune mère elle-même riaient de son équipée, et c'était à qui lui adresserait la meilleure plaisanterie.

M. Bousquet voulut être parrain du petit garçon, qui reçut le nom de Camille. La petite fille eut Mademoiselle Bousquet pour marraine, et se nomma Eugénie.

Louise, avec le secours d'une chèvre, nourrit ses deux enfants. Aidée de Marguerite, qui pouvait encore coudre et tricoter, elle les tenait toujours propres et décents.

Les jumeaux se développèrent au milieu des soins que tous les membres de la famille leur donnaient à l'envi. Le système qui avait si bien réussi pour Alphonse produisit cette fois encore les meilleurs résultats. C'était un plaisir de voir l'aîné donner une main à chacun des deux enfants, et guider leurs pas mal assurés sous les yeux des grands parents.

CHAPITRE XX.

LA SALLE D'ASILE.

Laissez venir à moi les petits enfants.
(*Ev. de* SAINT JEAN.)

Cependant une bonne nouvelle se répandit dans le bourg. M. Bousquet, de concert avec M. le maire et M. le curé, avait établi quatre sœurs de Saint-Joseph pour avoir soin des pauvres, des malades, et enfin pour diriger une salle d'asile.

En quelques semaines, un local, composé de deux vastes salles meublées des objets nécessaires, d'un préau couvert et bien sablé, d'une cour avec un jardin, fut prêt pour cette destination.

Les sœurs arrivèrent, et furent installées par les bienfaiteurs de l'œuvre.

Louise s'empressa de leur donner ses trois enfants qui, habitués à l'obéissance, à la politesse, à la propreté, n'eurent qu'à continuer leur vie de famille.

En peu de jours cent enfants des deux sexes peuplèrent les gradins de la nouvelle école. Cette fourmilière eut beaucoup à faire pour se plier aux exigences des bonnes sœurs quant à la propreté et à la discipline. C'étaient, dans les premières semaines, des cris, des luttes, des gros mots, des habitudes de malpropreté, de nature à décourager un zèle moins ardent que celui des saintes filles.

Valdey regretta presque d'avoir donné les trois petits à la salle d'asile durant cette période si fâcheuse de l'organisation. Cependant la discipline finit par avoir le dessus, et les enfants, heureux de la sollicitude maternelle dont ils étaient l'objet, captivés par le charme des exercices qui les instruisaient en les amusant, éprouvèrent un vif attrait pour la nouvelle école.

.. Mais il fallait éviter un écueil, celui de vouloir faire des enfants de l'asile des petits savants, et de retarder au delà de six ou sept ans leur entrée à l'école primaire.

—Vous devez, disait M. Bousquet à la directrice, borner votre enseignement à la récitation des prières, à quelques notions d'instruction religieuse, de lecture, de calcul oral et de choses usuelles. Souvenez-vous que le but essentiel de la salle d'asile c'est de rompre les enfants aux bonnes habitudes, et de les préparer à recevoir avec fruit l'enseignement primaire. Aller au delà c'est méconnaître la pensée de l'institution, c'est la dénaturer, au grand dommage des intérêts de tous.

Les enseignements qu'on s'efforçait de leur donner trouvaient des pierres d'achoppement dans le sein de beaucoup de familles; mais, chez les moins estimables elles-mêmes, la plupart des pères et des mères furent rappelés à des sentiments plus conformes aux lois de la religion et de la politesse, par la conduite ou les remarques naïves de leurs enfants. Il y avait beaucoup à faire; mais on pouvait constater un commencement d'amélioration qui n'échappa nullement à la perspicacité des fondateurs de l'œuvre et qu'ils se promirent d'entourer aussi de toute leur sollicitude dans les écoles primaires.

CHAPITRE XXI.

UN NOUVEL HABITANT DU BOURG.

> La politesse attire et séduit; la grossièreté
> repousse et révolte.   (VIGÉE.)

M. Vimal, qui avait dirigé l'école publique du bourg depuis la mort de M. Roger, venait de donner sa démission. C'était un bon vieillard, capable et dévoué, mais manquant de méthode et d'énergie : aussi ses élèves laissaient-ils à désirer sous le rapport de l'instruction et de la discipline.

Un nouveau directeur avait été nommé depuis quelques semaines. Tout ce qu'on avait appris de lui, c'était que M. Bousquet l'avait fait agréer à M. le maire et à M. le curé, et que ces trois messieurs en faisaient le plus grand éloge. On disait aussi qu'il se nommait M. Bonami.

— Le nom promet, dit l'oncle Brunet à cette nouvelle : nous verrons si l'étiquette est véridique ou menteuse.

Quant à Madame Dorat, elle faisait l'entendue, et ne tarissait pas au sujet du nouvel instituteur, dont elle ne savait guère que le nom.

Quelques jours avant la fin des vacances, la maison d'école, qui jusque-là avait été hermétiquement close, eut ses fenêtres toutes grandes ouvertes, et l'on s'aperçut qu'elle avait un nouvel habitant.

M. l'instituteur, car c'était lui, avait endossé une redingote noire, un gilet et un pantalon de même couleur. Il portait un chapeau à haute forme, et se risquait enfin dans la rue.

—Tiens ! dit une maligne commère, il est tout de noir habillé, comme dit la chanson.

— Non, voisine : il a une cravate blanche, qui, avec son jabot, le fait ressembler à une pie.

— Taisez-vous, mauvaises langues, dit une troisième : s'il vous entend, quelle idée aura-t-il de notre pays ?

Pendant que les coups de bec pleuvaient sur son dos, l'instituteur arrivait en face des commères, les saluait avec une exquise politesse, et leur demandait la maison de M. le maire.

Celle qui s'était donné le plus carrière à son égard, flattée des attentions dont elle était l'objet, se leva, lui

fit sa plus belle révérence, et lui servit de guide jusqu'à
la porte de M. Dorat.

M. Bonami la remercia, et la laissa tout orgueilleuse
des quelques paroles bienveillantes qu'il lui avait adressées avec le tact d'un habile observateur.

Madame Dorat reçut le nouvel instituteur en l'absence
de M. le maire. Elle n'eut garde de faire mentir sa réputation de grande parleuse, et sut bientôt l'histoire de
M. Bonami d'un bout à l'autre. Ce dernier se prêtait de
la meilleure grâce au véritable interrogatoire qu'on lui
faisait subir.

— Quel âge avez-vous, monsieur l'instituteur ?

— J'ai trente ans, Madame.

— C'est le bel âge cela. Saint-Rome n'est pas votre
premier poste ?

— Non, Madame : j'étais placé dans l'arrondissement
de Rodez depuis ma sortie de l'école normale, et je
compte douze ans d'exercice.

— Peste ! si jeune ! alors vous avez débuté à dix-
huit ans. Etes-vous marié ?

— Je suis célibataire, Madame.

M. Dorat, qui rentrait à ce moment, délivra notre instituteur de l'inquisition de sa chère moitié.

— Soyez le bienvenu, dit-il en lui tendant la main.
Vous voudrez bien accepter notre dîner sans façon,
n'est-ce pas ? Nous ferons plus ample connaissance en
dégustant le vin de Saint-Rome, qui n'est pas sans
valeur.

— Vous êtes bien bon, monsieur le maire, répondit le
jeune homme en s'inclinant, mais.....

— Allons ! c'est dit : pas de résistance : nous boirons
à votre réussite une bouteille de vin....; et il est bon, dit
le brave homme en se rengorgeant : personne n'en a de
pareil.

M. Bonami salua en guise d'acquiescement, et reprit

le cours de ses visites. Il vit M. le curé, qui l'accueillit
avec son affabilité ordinaire.

— Vous avez une grande et noble tâche, Monsieur. Ce
n'est pas trop de douze ans d'expérience pour venir à
bout de discipliner les enfants du bourg, et de leur donner une bonne éducation.

— Avec l'aide d'en haut et vos bons conseils, j'espère y parvenir, monsieur le curé.

— L'autorité locale vous aidera de tout son pouvoir.
M. Bousquet, président du comité, vous donnera des
renseignements et des avis précieux, fondés sur une
longue et fructueuse expérience.

— J'aurai l'honneur de le consulter dès aujour-
d'hui.

Pour abréger, nous dirons que M. Bonami reçut partout les égards qui lui étaient dus, et qu'il parut satisfait
du résultat de ses visites.

En attendant l'heure de vaquer aux travaux de la
cuisine, Madame Dorat, qui grillait d'en conter aux bonnes femmes du voisinage, s'était campée fièrement au
milieu de la rue, ses mains en demi-cercle appuyées
sur les hanches, et le tablier retroussé. En un clin d'œil,
un essaim de commères l'avait entourée, et c'était un
feu roulant de questions et de réponses à faire croire au
passage d'un corps d'armée. Madame Dorat n'avait eu
garde de laisser à d'autres le haut bout de la conversation. Elle dominait le tumulte de sa voix criarde et de
son geste plein de vivacité. Au bout d'un quart d'heure
impossible à décrire, le conciliabule s'était enfin apaisé,
et causait avec un certain calme.

— C'est qu'il est tout à fait bien, ce Monsieur !

— Il est blond.

—' Il a les yeux bleus.

— Il est bel homme.

— Il parle avec grâce et facilité.

— Il est plein de politesse.

— Dieu veuille qu'il discipline un peu nos vauriens !

— Bah ! reprit une autre en guise de péroraison, il fera notre affaire.

— Je le crois bien, dit une jeune espiègle : il vous a appelée Madame......

Tels étaient les propos des plus mauvaises langues du bourg, qui s'étaient senties désarmées en un instant par un salut et un mot gracieux.

Le soir du même jour, Valdey, qui avait reçu la visite de M. Bonami, disait à sa famille :

— Bonne nouvelle ! je crois que cette fois nous serons assez heureux pour avoir un instituteur digne de ce beau titre.

CHAPITRE·XXII.

MORT DE MADAME ROGER. — OUVERTURE DE L'ÉCOLE.

Elle était mûre pour le Ciel.

Le lendemain, M. Bonami se fit un plaisir de rendre ses devoirs à Madame Roger. La bonne dame était cassée de vieillesse et accablée d'infirmités. Depuis deux ans, Brigitte était morte, après avoir racheté ses anciens torts par une fin chrétienne, en bénissant la digne veuve qui l'avait recueillie. Celle-ci pouvait à peine faire quelques pas hors de sa maison ; mais cependant elle retrouvait un reste de vigueur dès qu'il s'agissait de venir en aide aux malheureux, qu'elle avait toujours chéris avec la tendresse d'une mère.

— Au reste, disait-elle à l'instituteur, je n'ai plus rien à faire sur la terre maintenant : Madame Gély et les bonnes sœurs ne laisseront point mes pauvres sans consolation ni secours.

Quelques jours après, Madame Roger s'éteignait, sans se-cousse, entre les bras des bonnes sœurs et de Louise Valdey, qui lui avaient fait la promesse de ne point oublier ses chers amis.

Toute la paroisse assistait à ses funérailles, et c'était un concert unanime d'éloges au sujet de cette existence toute de dévouement, et qui avait fait l'admiration du bourg pendant plus d'un demi-siècle.

M. le curé annonça l'ouverture de l'école pour le lendemain de la Toussaint.

— « Mes bons amis, dit-il à ses ouailles, mettez au plus vite vos enfants entre les mains de M. l'instituteur. Prê-tez-lui main-forte pour le maintien de la discipline. N'allez pas les retirer dès que la belle saison sera venue, car vous leur feriez perdre ainsi tout le fruit des leçons de l'hiver, et ce serait à recommencer. Le bon sens et l'expérience de tous les jours vous le disent hautement : une maison qui n'est point achevée se détériore rapide-ment par l'action des orages et de la gelée; si l'on tarde à lui donner les soins qu'elle réclame, elle finit par tom-ber en ruines, et l'on perd ainsi son argent et sa peine. De même, l'instruction simplement ébauchée laisse des traces fugitives dans l'esprit. Le temps les efface bientôt, et nous voyons la plupart des garçons et des filles qui oublient jusqu'à leurs notions de lecture. Il en est autre-ment d'une instruction sérieuse : elle résiste aux outra-ges des années, et porte des fruits durables tant pour l'es-prit que pour le cœur.

Je profiterai de cette circonstance pour vous dire en-core une fois : Surveillez vos enfants avec la plus tendre sollicitude, gardez-vous de compromettre par votre fai-blesse ou votre conduite l'autorité que vous tenez des lois et de Dieu même. Dites bien à M. l'instituteur que vous

l'admettez en partage de tous vos droits sur vos enfants.
Que chacun de nous s'efforce de remplir dignement sa
tâche, et désormais, je l'espère, nous verrons la tranquillité extérieure nous donner l'assurance que la paix règne
aussi dans vos âmes. »

CHAPITRE XXIII.

L'ÉLÈVE-MAITRE.

> L'élève-maître doit avoir en germe les
> qualités de l'instituteur.

Quelques jours après l'ouverture de l'école, M. Bousquet réunissait autour d'une table servie avec abondance
et simplicité tout à la fois une dizaine de convives,
parmi lesquels on remarquait les autorités locales,
M. Bonami et notre ami Valdey. Mademoiselle Marie en
faisait les honneurs avec sa grâce habituelle.

Après le dessert, la conversation devint générale.
M. Bousquet, qui désirait connaître l'instituteur à fond,
l'amena habilement à lui faire dire les motifs qui l'avaient
conduit à l'école normale.

— Comme vous le savez, Messieurs, dit celui-ci, je dois
le jour à une famille de cultivateurs des environs de
Milhau. Je suis l'aîné de dix enfants.

— Et vous adressez régulièrement à votre père le
fruit de vos petites économies, ajouta M. Dorat en clignant de l'œil.

— Ah ! Monsieur, dit le jeune homme en rougissant,
il faut bien qu'à mon tour je lui rende une partie des
sacrifices qu'il s'est imposés pour me faire donner
quelque éducation !

— Bien ! mon ami, dit le curé : Dieu vous bénira,
j'en suis convaincu.

M. Bonami reprit avec un peu d'embarras :

— « Avant l'époque de ma première communion, j'étais singulièrement dissipé, et ma bonne mère me considérait bien des fois avec une vague inquiétude, se demandant de quelle manière cela finirait.

« Mais, lorsque M. le curé m'eut fait comprendre l'importance de l'acte solennel que j'allais bientôt accomplir, je vis bien qu'il fallait changer de conduite, et rompre avec mes turbulents camarades. Je pris du goût pour l'étude, et je vis avec bonheur se dissiper graduellement les nuages qui avaient tant de fois assombri le front de ma mère, dont l'éducation a été assez soignée, et que Dieu a douée d'une intelligence plus qu'ordinaire et d'une solide piété.

« Quant à mon père, il était dur à la peine, sobre et d'un caractère fort tranquille. Il songeait à faire de moi un cultivateur, et je crois bien que les visées de ma mère n'allaient guère au delà.

« Cependant M. Crozat, notre instituteur, charmé de ma conduite et de mes progrès, me confiait souvent la direction de ses plus jeunes élèves. Je prenais au sérieux mes fonctions de moniteur, et je m'efforçais d'exercer aussi bien que possible mes jeunes camarades sur les éléments de la lecture, du calcul oral et de l'écriture; M. Crozat se réservait toujours les leçons de catéchisme.

« Lorsque j'eus atteint l'âge de quatorze ans, il fut décidé que je dirigerais mes études en vue de l'école normale, et que j'entrerais dans une des meilleures pensions de Rodez.

« L'enseignement avait beaucoup d'attrait pour moi. J'aimais les enfants, et j'espérais, avec le secours d'en haut et des bonnes leçons, conquérir le titre d'instituteur.

« Au moment où j'allais partir, ma mère, baignant mon visage de ses larmes, me dit : « Songe, mon enfant,

« que ton père va se mettre à la gêne pour te donner
« les moyens d'atteindre le but qui fait l'objet de tes
« désirs. Nos faibles ressources nous interdisent d'en
« faire autant pour les autres membres de la famille :
« c'est à toi d'acquitter cette dette, et de nous venir en
« aide lorsque tu le pourras. »

« Je le lui promis de grand cœur. »

— Et vous avez tenu parole, dit Pierre Valdey.

— « J'ai fait ce que j'ai pu, répondit modestement le
jeune homme...... Mon père me conduisit chez M.
Vallée, directeur d'une importante école de Rodez. C'était
un homme aux traits fortement accentués, maigre, brun,
silencieux et en apparence extrêmement froid. Lorsqu'il
était préoccupé, ce qui arrivait souvent, il se promenait
à grands pas, la tête penchée sur la poitrine, trahissant
un monologue continuel par son geste et le mouvement
des lèvres.

« J'eus le cœur bien gros à son aspect ; mais, au bout
de quelques jours, je me fis à cette nature excellente
au fond, honnête jusqu'au scrupule et dévouée à ses im-
portantes fonctions Sous une extrême modestie, M. Vallée
cachait une capacité et une intelligence rares.

« A cette époque, M. Vallée avait deux instituteurs
adjoints : le premier était un homme aux cheveux gris
taillés en brosse. Il avait une taille moyenne, et une
grosse tête pleine de sens. Son œil annonçait une grande
finesse d'observation et, disons le mot, un grain de
malice gauloise. Il avait débuté bien jeune dans l'enseignement, et conquis tous ses titres de capacité sans autre
secours qu'une volonté de fer mise au service d'une intelligence peu commune. Il parlait d'un ton doctoral
avec ses élèves, qui l'avaient surnommé Socrate. On le
désignait sous le nom de M. Romain. Il était universellement estimé, et l'école lui devait une partie de sa
bonne réputation.

« Le second adjoint , M. Fontaine, était un jeune blondin de dix-neuf ans , fraîchement émoulu des écoles. Il
voyait tout en beau, ne soupçonnait jamais le mal, et
ne trouvait dans les roses que doux parfum et brillantes
couleurs. Son visage épanoui annonçait une âme encore
vierge du souffle des passions. Au bruit de son rire argentin , on se disait involontairement : « Cette nature
« franche et loyale ne s'est jamais blessée dans les rudes
« sentiers de la vie ».

« M. Fontaine, bienveillant et sensible jusqu'à l'excès,
faisait ses délices d'être avec les élèves, qui avaient pour
lui une affection toute fraternelle. Préférant la vérité à
ses intérêts, il réparait de toute son âme les erreurs inévitables de l'inexpérience et de la jeunesse; mais, dès
qu'il s'agissait du travail ou de la discipline, il était inflexible, et son œil, d'ordinaire si limpide, lançait des
éclairs à la moindre résistance aux lois du devoir.

« Je m'étais attaché naturellement à ce jeune instituteur.

« Après deux années d'études, je fus déclaré admis-
sible à l'école normale, et je conquis le titre d'élève-
maître, qui me donnait droit à une bourse du département.

« A la rentrée des classes, je me rendis avec exactitude
à l'appel de M. le directeur. C'était un homme capable,
vif et intelligent. Il ne prisait de l'éducation que les connaissances du domaine exclusif de l'esprit. Lorsqu'il surprenait dans nos rédactions quelques éclairs de sensibilité,
il nous lançait des sarcasmes qui pénétraient comme une
lame d'acier dans les derniers replis du cœur, et auxquels
sa voix aigre et son geste moqueur donnaient un nouveau degré de malice.

« Je fus obligé de reployer une à une toutes mes illu-
sions, et je vécus dans une froide réserve.

« A la fin du trimestre, on nous donna un nouveau

directeur, excellent homme, fort capable et fervent chrétien.

« La visite de l'inspecteur d'académie et celle des inspecteurs généraux étaient un énergique stimulant pour nos études et notre tenue. Lorsque venait l'époque des examens, nous redoublions de zèle et d'ardeur. Ces messieurs étaient d'ordinaire pleins de bienveillance et d'affabilité. Malgré notre jeunesse, il nous était facile de voir un plan habilement conçu et exécuté dans leur manière de poser les questions. En quelques demandes simples et nettement formulées, ils avaient parcouru le cycle de nos petites connaissances, et pouvaient juger à la fois de la méthode de nos maîtres et de nos progrès.

« Je suivis assez bien les cours de l'école normale, et, après deux ans de travaux, on voulut bien m'accorder un brevet.... »

— Supérieur ? ajouta M. Bousquet.

— Je ne puis le nier, dit M. Bonami ; mais il est bien des instituteurs qui n'ont que le brevet élémentaire, et qui sont plus capables et plus dignes que moi.

— Ta, ta, ta! vous l'avez obtenu parce que vous le méritiez, fit M. le maire; mais dites-nous un mot de vos débuts comme instituteur.

CHAPITRE XXIV.

L'INSTITUTEUR.

> Il n'est pas de fonction plus sublime ni
> plus sacrée après celle du prêtre.

M. Bonami reprit :

« En sortant de l'école normale, je me trouvai à la tête de soixante élèves.

« J'avais fait, à l'école annexe, un léger apprentissage

de l'art d'enseigner. Je connaissais assez bien les méthodes et les principes d'éducation. J'avais senti dans mon âme une étincelle de ce feu sacré qui est l'indice d'une vocation réelle.

« Mais, lorsque je me trouvai, à l'âge de dix-huit ans, aux prises avec les difficultés de ma situation, je fus tenté de céder au découragement.

« Il me semblait entendre encore les paroles que nous avaient répétées si souvent notre second directeur et notre aumônier :

— « Le maître, disaient-ils, c'est le *père des âmes*, « selon Quintilien. Platon veut qu'on range l'école « *parmi les grandes fonctions de l'Etat*, car il n'en est pas « de *plus sublime* et de *plus sacrée*. Cicéron ajoute que *le* « *plus grand, le plus noble service qu'on puisse rendre à la* « *patrie, c'est de se vouer à l'éducation de la jeunesse.* Sé-« nèque appelle les instituteurs les *magistrats de la fa-* « *mille.* »

« Et, comme si ces grands hommes de l'antiquité profane étaient demeurés au-dessous de la vérité, un Père de l'Eglise, l'illustre saint Jean Chrysostôme, les élève si haut qu'il est impossible d'aller au delà : jugez-en, Messieurs, par ces paroles : « *Cette magistrature*, dit-il, « *surpasse autant en élévation les magistratures civiles que* « *le ciel est élevé au-dessus de la terre, et je ne dis pas encore* « *assez* ».

« Auprès de telles paroles, je me trouvais bien petit; mais, me souvenant que rien n'est parfait ici-bas, et qu'avec une volonté ferme on peut réaliser quelque bien, je repris un peu de courage.

« Le cœur remué de sentiments divers, je courus me jeter au pied des autels. Après avoir longtemps prié, je me relevai plus tranquille, et je commençai mon œuvre avec l'espérance d'obtenir quelques succès. »

— Et votre école, comment l'avez-vous organisée en débutant?

— « Je conservai provisoirement l'ancienne classification des élèves. Je leur donnai des compositions, et, au bout de quelques heures d'un examen sérieux, j'avais réussi à former trois divisions assez nettement tranchées.

« Après avoir distribué le temps et le travail de manière à occuper tous mes élèves à la fois et pendant toute la durée de la classe, j'écrivis chaque jour le programme de mes leçons, que je préparais avec le plus grand soin.

« Je m'occupais sans doute du bien-être des enfants, mais j'ai toujours accordé à l'esprit et au cœur surtout la plus large part dans l'éducation.

« J'ose espérer, messieurs, que vous ne me ménagerez point vos conseils et vos bonnes visites, et soyez convaincus de ma docilité à les mettre à profit ! »

— Bien, monsieur, dit le curé en se levant pour aller auprès d'un malade qui venait de le faire appeler ; je vois que nous nous entendrons à merveille.

Le bon prêtre lui tendit une main que M. Bonami serra avec respect, et il sortit le cœur satisfait.

—Et l'expérience, comment l'avez-vous acquise? reprit, un moment après, M. Bousquet?

— Comme toujours, Monsieur, à mes dépens. J'ai fait bien des ingrats ; mais le proverbe : « *Fais ce que dois, advienne que pourra* », au bout duquel apparaît la justice de Dieu lui-même, m'a toujours réconforté le cœur.

Le jeune instituteur avait souri à la question précédente.

— Allons ! dit M. Dorat, qui flairait quelques maladresses de jeune homme, convenez que, parmi vos épreuves, il en était qui avaient leur côté plaisant.

— C'est chose inévitable au début de toute carrière. Mais c'est assez abuser de vos moments : veuillez me permettre, Messieurs, d'aller préparer ma classe de demain.

— A la bonne heure, pensait notre ami Valdey; voilà qui s'appelle se tirer d'affaire avec habileté.

Après le départ de ses convives, M. Bousquet se disait, comme pour résumer ses remarques : « M. Bonami est doué d'une constitution saine et robuste ; il a de l'intelligence, du savoir, du tact, du dévouement, des sentiments élevés et religieux... : nous avons fait décidément une bonne acquisition ».

CHAPITRE XXV.

LES BONS PARENTS.

> L'éducation est l'art de façonner et
> de manier les esprits.　　(ROLLIN.)

Cependant, Alphonse était parvenu depuis longtemps au grade de moniteur général dans la salle d'asile. Il avait appris les premières notions de lecture, de calcul oral et de catéchisme. Ses parents s'étaient fait un rigoureux devoir de joindre leurs soins à ceux des religieuses. Son éducation était toujours leur grande affaire.

Dès qu'il eut atteint l'âge de sept ans, Valdey le conduisit à l'école, et le confia sans restriction à la sollicitude éclairée de M. l'instituteur.

Il fut convenu entre eux qu'un petit livret contenant le sommaire des travaux du jour et les notes disciplinaires serait remis à l'enfant. Chaque soir, le père lisait avec attention le livret, faisait écrire les devoirs sous ses yeux et réciter les leçons. Lorsque cette double tâche était remplie, on demandait à l'enfant un résumé des lectures et des récits du jour.

On avait organisé un système de punitions et de récompenses qui venait en aide à celui de l'école. Alors, soit à la maison, soit en classe, l'enfant était sûr d'être réprimandé ou puni s'il faisait mal, et d'obtenir un mot d'encouragement ou une récompense s'il faisait bien.

Lorsqu'Alphonse avait rendu un compte assez exact des leçons de l'école, et particulièrement des anecdotes que M. Bonami leur racontait en grand nombre, son père venait en aide à l'instituteur, et faisait ressortir, à son exemple, le côté moral de chacune d'elles.

Pierre, Marguerite et Louise y joignaient de nouveaux récits, que le petit savourait avec un religieux silence, les coudes appuyés sur les genoux de ses parents et les yeux fixés sur le visage du conteur. C'est ainsi que sa mémoire s'enrichit successivement d'une multitude d'histoires morales, des épisodes les plus saillants de la Bible, de quelques observations curieuses sur la géographie, etc., souvent au profit de son cœur.

L'oncle Brunet aimait aussi à conter ; mais sa sœur lui imposait d'ordinaire silence :

— Tes histoires, lui disait-elle, ont besoin d'être passées au crible des convenances et du bon goût. Tu es plus disert, mon ami, sur les gaudrioles que sur les traits édifiants.

Et le vieil oncle, qui avait toujours respecté Marguerite comme une mère, se contentait du rôle d'auditeur, ou s'amusait avec les deux jumeaux, qui étaient devenus ses favoris.

Ces deux petits, vifs, alertes, gracieux, pleins de gentillesse, se disputaient les genoux du vieillard, qui souriait à leurs innocents ébats. Alphonse avait le caractère calme et sérieux de sa mère. Il était loin de la pétulance de Camille qui, léger, svelte, l'œil éveillé et les jambes sans cesse en mouvement, portait une animation extrême dans le ménage.

La petite Eugénie, que les maladies particulières à l'en-

fance avaient plus rudement éprouvée, quoique vive et
alerte, avait une santé délicate. Elle était souvent accro-
chée aux jupons de sa mère, et avait le privilége de s'asseoir tour à tour sur les genoux de ses parents.

Dès que l'heure des repas sonnait, les enfants se lavaient les mains, récitaient à haute voix le *Benedicite*, et
se mettaient à table avec ordre. Ils attendaient en silence
qu'on les servît, n'oubliant jamais, et pour cause, de
dire : « Merci, papa ; merci maman ! » dans l'occasion.
Ils évitaient de fatiguer les parents par leurs exigences,
et montraient un visage propre et serein. Après les grâces, on se lavait les mains et le visage, et la récréation
commençait sous l'œil maternel.

Les enfants se couchaient de bonne heure. Quelques
minutes auparavant, ils faisaient une courte prière aux
pieds du crucifix, embrassaient leurs parents, et s'en
allaient au lit avec le plus profond silence.

Louise aidait sa fille à se déshabiller ; Alphonse rendait le même service à Camille en attendant que ce dernier pût se suffire à lui-même.

Quelques instants après, vous auriez vu trois petits
lits de fer contenant chacun une charmante créature
toute rose, et qui semblait sourire aux anges du bon
Dieu.

Dès que le soleil avait doré de ses rayons le sommet
des collines d'alentour, les enfants de Valdey étaient
debout, s'habillaient en silence, se lavaient les mains et le
visage, brossaient leurs habits, faisaient une courte prière,
et, après avoir mangé la soupe aux choux et au pain
bis, allaient aux écoles.

CHAPITRE XXVI.

ORGANISATION DE L'ÉCOLE PRIMAIRE.

> La prospérité d'une école dépend en
> grande partie de l'organisation.
> (PINET.)

Un matin, vers sept heures et demie, aux dernières vibrations de la cloche d'appel, le comité fit son entrée dans la maison d'école.

— Messieurs, dit l'instituteur en saluant avec grâce et dignité, soyez les bienvenus. Merci de l'honneur que vous nous faites.

M. Bousquet, M. le maire, et M. le curé répondirent par un cordial serrement de main, accompagné d'une bonne parole.

Quelques instants après, les élèves arrivaient par groupes dans la cour sablée et propre, et s'amusaient avec décence sous les yeux du maître.

A huit heures moins dix minutes, le surveillant général agita la cloche. Aussitôt les enfants quittèrent leurs jeux pour se ranger le long des murailles de la cour, non sans jeter un coup d'œil rapide sur leurs mains et sur leurs habits.

L'inspection de propreté se fit avec soin. La plupart des enfants avaient une excellente tenue. Quelques-uns cependant eurent la confusion de se voir réprimandés et d'être obligés de se laver en présence de l'autorité locale.

Les élèves firent ensuite leur entrée avec le plus grand ordre, tête nue, en chantant à l'unisson des couplets d'un rhythme vif et entraînant.

L'instituteur, debout sur l'estrade, la sonnette à la

main, leur fit exécuter avec ensemble diverses évolu-
tions, et enfin la prière commença dans un religieux
silence.

En attendant, les membres du comité jetaient un coup
d'œil sur le matériel.

— M. Bonami a cent vingt élèves, disait M. Bousquet, et notre salle d'école n'a que 11 mètres de long
sur 9 de large, soit 99 mètres carrés : c'est à peine suffi-
sant pour les exercices, et d'une hygiène douteuse, puisque la température, au lieu de varier de 15 à 17°, monte
jusqu'à 22°.

— Nous avons fait exécuter des vasistas, des ventila-
teurs, et, sur vos réclamations, les tas de fumier ont été
éloignés de l'école, dit M. le maire.

— Je vois avec plaisir, ajouta M. le curé, que le
mobilier a reçu de notables améliorations : une belle
estrade, des tables nombreuses, solides et bien disposées, des tableaux noirs pour chaque section, un boulier
compteur, une bibliothèque, des cartes géographiques,
un tableau de système métrique, même une collection
de poids et de mesures, des images du Christ, de la
sainte Vierge et de l'Empereur : rien d'essentiel ne
paraît manquer. Vous faites bien les choses, M. Dorat !

— Hé ! M. le curé, le budget municipal est maigre.
Sans la bourse de M. Bousquet, il manquerait ici la
moitié des objets que vous avez si complaisamment
énumérés.

— Comme toujours, notre président est bon et charitable, fit le digne ecclésiastique.

— Ne parlons point de cela, messieurs : ce n'est guère
la peine.

— Libre à vous, M. Bousquet, de l'oublier ; mais la
commune s'en souviendra, et nous aussi.

La prière venait de finir, et les enfants attendaient
avec calme les ordres du maître.

Le comité fit son entrée dans la salle d'école. Les élèves se levèrent par un mouvement d'ensemble, sans attendre le signal : les leçons de politesse avaient porté leurs fruits, car cet acte de convenance était spontané.

— Asseyez-vous, mes petits amis, dit le président en leur faisant signe de la main.

Les écoliers obéirent, et saluèrent avec respect.

— Voulez-vous nous dire un mot de votre organisation, M. l'instituteur ? demanda M. Bousquet.

— Volontiers, M. le président. J'ai formé trois divisions, comme le conseille le savant et honorable M. Villemereux. La troisième est aux éléments ; la seconde voit les premières notions des matières obligatoires ; la première s'occupe des mêmes branches de connaissances convenablement développées.

— Professez-vous tous les cours en personne ?

— Je vois tous les élèves au moins une fois par jour ; mais j'ai formé un groupe de moniteurs, qui me suppléent en partie, dans la troisième division surtout. J'ai adopté le mode mixte, formé du simultané et du mutuel.

— Et les parents, de quel œil le voient-ils ?

— La création des moniteurs m'a causé partout bien du chagrin. « *Je ne veux pas que mon fils perde son temps* « *à faire la classe aux autres*, disaient les uns. — *Pour-* « *quoi l'instituteur n'enseigne-t-il pas tout seul ? Le* « *payons-nous pour autre chose ?* » reprenaient les autres.

— Cependant je vois qu'ils ont fini par se taire, dit le curé.

— Oui, monsieur. J'ai écouté leurs doléances avec beaucoup de sang-froid, essayant de leur faire entendre raison. Le cordonnier Jacques revenant seul plusieurs fois à la charge, j'ai fini par lui dire : « Mon ami, que « répondriez-vous au forgeron s'il prétendait vous im- « poser ses idées pour la confection de vos chaussures,

« à vous qui êtes le plus habile ouvrier du pays ? —
« Parbleu ! me dit-il en se rengorgeant, je le renverrais
« à sa forge. — Hé bien ! mon ami, revenez à vos sou-
« liers, que vous faites si bien selon les règles de votre
« état, et laissez-moi faire la classe selon les règles du
« mien. » — Le brave homme ne dit mot, se pinça
l'oreille, tourna les talons, et depuis ce moment je suis
tranquille.

— Les moniteurs sont-ils satisfaits de leur rôle ?
ajouta M. Bousquet.

— Ils s'acquittent avec plaisir de leur tâche. Au reste
je leur fais une classe supplémentaire. Nous avons
ajouté au programme des notions d'arpentage et de
dessin linéaire.

CHAPITRE XXVII.

ENSEIGNEMENT DE L'ÉCOLE PRIMAIRE.

> Faites appel à l'intelligence
> plutôt qu'à la mémoire.

— Ayez la bonté de nous dire un mot sur votre enseignement, fit l'ancien maître de pension, qui était
profondément versé dans ces matières.

— Il m'a été impossible, faute d'appareils, d'enseigner
la gymnastique à mes élèves. Je me borne à les exercer
à la course, à la lutte, au saut, à la natation pendant
l'été, etc.

— Vous aurez tout ce qu'il faut, M. Bonami, je vous
le promets.

— Allons, je vois bien que M. Bousquet veut compléter son œuvre, reprit M. Dorat. Qu'il en reçoive mes
remerciements au nom de la commune.

— Et de l'école, ajouta M. Bonami pendant que M. le curé approuvait du geste.

M. Bousquet n'eut pas l'air d'avoir entendu, et reprit :

— Dites-nous vos principes en ce qui concerne la méthode et les procédés.

— Vous allez en juger par vous-mêmes, Messieurs.

En même temps il les pria de s'asseoir, et pendant trois heures, il les captiva en déployant avec habileté ses moyens d'éducation.

Après l'examen, il s'établit une causerie intime.

— J'ai remarqué, dit M. Bonami, que les leçons orales laissent des traces profondes. Celles qui sont confiées uniquement aux hasards de la lecture ou de la mémoire s'effacent au contraire avec rapidité.

— Les mères de famille n'emploient aucun livre, et elles réussissent à mettre dans l'âme de leurs enfants une multitude d'enseignements précieux. A l'exemple de ma bonne mère, et d'après les conseils des maîtres, j'ai constamment parlé à l'élève, et, par des séries de questions aussi naturelles que possible, j'ai souvent réussi à lui faire trouver les vérités qui étaient l'objet de la leçon.

— L'écolier en éprouve une vive satisfaction, et ne les oublie guère, n'est-ce pas?

— On voit bien que vous avez longtemps enseigné, Monsieur le président !

— Je suis charmé des réponses que les enfants ont données sur le catéchisme et l'histoire sainte, dit M. le curé. Je vois avec plaisir que vous expliquez le sens grammatical des passages un peu difficiles, et que les élèves répondent avec assurance et netteté.

M. Bonami s'inclina.

— Et la lecture? dit M. Dorat. J'ai vu avec intérêt que vous faites rendre compte du sens des mots, des phrases, et que vous demandez en outre un petit résumé.

—Nous nous occupons aussi de la prononciation, des repos, et surtout du but moral ou intellectuel de la leçon.

— Quant à l'écriture, dit M. Bousquet, les cahiers sont propres, bien tenus, et le cours en est régulier. On remarque avec satisfaction que vous donnez une grande importance à l'expédiée.

—Je suis bien aise, ajouta Pierre qui était venu rejoindre le comité, de trouver dans votre école quelques notions d'agriculture.

— Le calcul m'a vivement intéressé, reprit M. Dorat. Poser un petit nombre de questions tellement disposées qu'on voie le programme du cours avec netteté, c'est épargner beaucoup de temps, et nous donner la mesure exacte des résultats obtenus.

— Quant à la pratique, ajouta M. le curé, il est difficile qu'un élève n'ait point une idée juste des meilleurs procédés, lorsqu'on lui a donné l'habitude de résoudre toutes sortes de problèmes, ainsi que nous venons d'en être témoins. En effet, débuter comme ceci pour enseigner les règles de trois : « 2 agneaux coûtent ensemble 6 fr. : combien coûteront 5 agneaux?... » puis élever les difficultés à mesure que l'écolier donne des réponses satisfaisantes, c'est mettre en jeu sa raison d'une manière simple, facile et d'une logique rigoureuse : les résultats ne peuvent être douteux.

— Pour la grammaire, et je l'ai vu avec plaisir, vous suivez les errements du P. Girard; et cette branche de connaissances est ici un véritable cours éducatif de langue maternelle, dit M. Bousquet. J'aime fort l'usage des cartes pour l'histoire et la géographie. En faisant apprécier les faits historiques sous le rapport de la morale, de la civilisation, etc., on forme tout à la fois et l'esprit et le cœur de la jeunesse.

La géographie, qui se borne à une sèche nomenclature de noms, ne mérite point le nom de science; mais les descriptions qui nous font connaître la religion, les mœurs, les usages des peuples, les productions du pays, son commerce, son industrie, ses beaux-arts, etc., sont autrement utiles et agréables.

—Nous allons vous quitter, Monsieur l'instituteur, ajouta le président du comité. Ce soir nous nous occuperons spécialement de l'éducation morale.

CHAPITRE XXVIII.

MORALE PRATIQUE DE L'ÉCOLE.

> La saine morale se déduit
> des principes religieux.

Dès que les membres du comité furent revenus à l'école, M. Bonami leur déroula avec netteté ses moyens d'action sur le cœur de ses élèves :

— Chaque branche de connaissances, dit-il, me fournit l'occasion de moraliser ma petite jeunesse. L'enseignement religieux m'en donne les règles; et, quant à la pratique, j'emploie les récits de l'histoire, les anecdotes attachantes puisées aux meilleures sources, destinées à faire goûter le devoir et à inspirer l'horreur du mal. Voyez plutôt, messieurs. — Alphonse Valdey?

— Présent, monsieur.

— Dites-nous quel est le commandement de Dieu qui nous fait une obligation de sanctifier le dimanche?

— C'est le troisième, qui est ainsi conçu : *Le dimanche tu garderas en servant Dieu dévotement.*

— Dieu n'a-t-il pas châtié quelquefois d'une manière visible les infracteurs de cette loi ?

—Il a ordonné qu'on lapidât un homme qui s'était permis de ramasser du bois le jour du sabbat.

— N'y a-t-il pas aussi des faits où la main de la Providence se montre d'une manière　　naturelle?

— Oui, Monsieur, comme dans l'histoire des deux cultivateurs, par exemple.

— Racontez-là, mon ami.

— « Jacques Durand était un brave cultivateur qui se faisait un devoir rigoureux d'assister aux offices du dimanche, et de s'abstenir de toute œuvre servile. Son voisin Philippon au contraire travaillait selon son bon plaisir, ne tenant nul compte de la loi de Dieu. Un dimanche matin que Jacques se rendait à l'église du village, il le trouva dans une luzernière fauchant avec ses trois domestiques et ses deux fils. — Holà, père Philippon, lui dit-il, tu fais là une mauvaise besogne ! Laisse ta faux, et viens à la messe, crois-moi. — Nenni : le temps est beau, je veux en profiter..... Et il travailla jusqu'à la nuit.

« Cependant, vers dix heures du soir, lorsque tout le monde était déjà couché, un orage épouvantable éclata sur la commune. La luzerne de Philippon fut entraînée par les eaux, et il perdit tout son fourrage. — J'ai eu tort de mépriser les conseils de Jacques, dit-il. Dieu m'a puni avec justice : je profiterai de la leçon. »

— Et vous en concluez?

— « Que Dieu ayant défendu de travailler le dimanche par son troisième commandement, il punit quelquefois dans ce monde ceux qui lui désobéissent. »

— C'est une méthode excellente, M. Bonami, dirent d'une voix unanime les membres du comité.

M. l'instituteur continua : — Veuillez bien répondre aux questions suivantes, M. Pierre Fabre : quels sont les devoirs que nous sommes obligés de remplir envers nos parents ?

— Nous devons les honorer, les aimer et les secourir dans leurs besoins.

— Quel est le commandement de Dieu qui nous l'ordonne ?

— C'est le quatrième : *Tes père et mère honoreras afin que tu vives longuement.*

— Dieu a-t-il puni d'une manière éclatante quelques fils coupables ?

— Cham a été maudit pour avoir manqué de respect à Noé. Absalon est mort suspendu par les cheveux à un arbre à cause de sa révolte contre David.

— Racontez-nous une histoire plus récente.

— Jean Bruno était un épicier riche et avare. Il délaissait son père dans sa vieillesse au point que le pauvre homme fut obligé d'aller mourir à l'hôpital. La conduite de ce mauvais fils indigna ses nombreux clients : presque tous l'abandonnèrent. Les marchandises finirent par se gâter ; son banquier fit faillite, et Bruno fut ruiné complétement. Ses enfants, au lieu de lui venir en aide, allèrent s'établir à l'étranger, et le malheureux eut pour dernier asile la cellule même où le vieillard avait rendu le dernier soupir. « Dieu est juste, dit-il : j'ai abreuvé « d'amertume la vieillesse de mon père : à mon tour « mes enfants m'ont renié, et j'ai perdu toute ma for- « tune. »

— Quelle conclusion tirez-vous du précepte et des exemples cités ?

— Qu'il faut aimer et respecter nos parents si nous ne voulons nous exposer à des châtiments inévitables, quelquefois même dans cette vie.

— C'est bien. — M. Ricome (Louis), veuillez nous raconter un trait de piété filiale.

— « Bertrand avait un père dur, brutal et malheureusement adonné à l'ivrognerie. Bien des fois il fut victime des plus mauvais traitements ; mais, au lieu de se révolter, il redoublait de marques de respect et d'attachement.

« Dès que Bertrand eut atteint sa quinzième année, il fut placé en qualité de domestique dans une bonne maison. Son exactitude à remplir ses devoirs, sa piété, sa politesse et son caractère lui valurent l'amitié de son maître, qui lui donna un salaire de plus en plus élevé. Ce jeune garçon envoyait ce qu'il gagnait à ses parents pour les aider à vivre. Lorsque ceux-ci furent devenus vieux et infirmes, ils le rappelèrent auprès d'eux. Son maître essaya vainement de le retenir. — « Mon père « et ma mère ont besoin de moi : je dois me rendre à « leur appel, disait-il. — Mais mon ami, vous n'en « recueillerez que des mauvais traitements, et vous per- « drez votre avenir. — Dieu me donnera le courage de « remplir les devoirs qu'il m'a imposés. — Il est impossible de dire les souffrances que le pauvre Bertrand fut obligé de supporter dans la maison paternelle, en échange de son travail et de son dévouement. Mais Dieu le récompensa. Après la mort de ses parents, il épousa une fille vertueuse, qui lui apporta du bien. Il vécut heureux et tranquille jusqu'à une vieillesse très-avancée. »

— Quelle conclusion en tirez-vous ?

— Que celui qui observe avec fidélité le quatrième commandement de Dieu en reçoit tôt ou tard la récompense par une heureuse et longue vie.

— A votre tour, M. Jules Charpin....., qu'est-ce que la probité ?

— C'est la vertu qui nous fait respecter le bien des autres.

— Quel est le commandement qui nous ordonne d'être probes ?

— C'est le septième : *Les biens d'autrui tu ne prendras ni retiendras injustement.*

— Dieu n'a-t-il pas châtié d'une manière éclatante ceux qui sont assez malheureux pour mépriser cette loi ?

— Il a fait lapider l'israélite Achan pour s'être

approprié quelques dépouilles de Jéricho. Il a ordonné à des anges de battre de verges Héliodore, qui voulait s'emparer des trésors appartenant au temple de Jérusalem.

— Dites-nous une histoire où la probité a été récompensée.

— « Un soldat, ayant rendu un grand service au maréchal de Villars , en reçut pour récompense une bourse pleine d'or. Dès qu'il en eut visité le contenu, il s'empressa de se rendre après du maréchal, et lui dit : « Excellence, voici un beau diamant que j'ai trouvé « parmi les pièces d'or que vous m'avez données ; je « viens vous le restituer.— C'est bien, mon ami, ta pro- « bité mérite cette récompense : garde-le, je t'en fais « cadeau de bon cœur. »

— C'est bon. Au suivant , M. Edouard Ramon....., dites-nous une anecdote qui établisse que l'improbité reçoit aussi le châtiment qu'elle mérite.

— « Un habitant du Languedoc étant venu à Paris, vers la fin du siècle dernier, pour y acheter une charge importante , déposa cinquante mille livres entre les mains d'un ami. Lorsqu'il eut terminé son affaire , il redemanda le dépôt. Le Parisien fit l'étonné et prétendit qu'il n'avait rien reçu. Le méridional, au désespoir, alla trouver M. de Sartines, lieutenant de police, et lui conta sa malheureuse situation.

— « Vous n'avez, dites-vous, reprit le magistrat, ni reconnaissance ni billet ?

— « Non, Monsieur : j'étais sans défiance. Je n'ai d'autre témoin que sa femme, et je ne puis y compter.

— « Entrez dans ce cabinet, et attendez que je vous appelle.

« Il envoie chercher le dépositaire infidèle, qui arriva aussitôt.

— « Je viens d'apprendre, lui dit avec sévérité M. de

Sartines, que vous avez reçu en dépôt cinquante mille
livres, et que vous refusez de les rendre.

— « Personne ne m'a confié un tel dépôt, répondit cet
homme.

— « Soit ; mais j'ai quelques raisons de m'en assurer.
Asseyez-vous·là, et écrivez ce que je vais vous dicter :
« Je vous prie, ma chère épouse, de remettre au porteur
« de ces lignes la somme de cinquante milles livres , que
« j'ai reçues de M. X*** ». Il lui fallut obéir, et écrire le
billet.

« Quelques moments après, un agent sûr et fidèle
rapportait la somme.

« Le traître se jeta aux pieds de M. de Sartines, qui,
pour achever de le confondre, fit paraître l'autre, à
qui il remit le dépôt en lui recommandant de mieux
choisir ses amis.

— « Quant à vous, dit-il en s'adressant au voleur,
vous achèverez de régler vos comptes avec la justice. »

— Le précepte et les exemples cités prouvent....?

— Que Dieu nous ordonne de respecter le bien
d'autrui, et que ceux qui osent manquer à la probité
en sont d'ordinaire cruellement punis.

— C'est assez, mes bons amis, reprit M. Bousquet en
se levant. J'exprime ici l'opinion du comité local en
vous félicitant d'être placés sous l'habile direction de
M. Bonami. Profitez de ses leçons, et vous serez à coup
sûr un jour d'excellents fils, de bons citoyens et de
bons chrétiens.

— Vos bonnes paroles, lui dit l'instituteur, sont pour
moi surtout un précieux encouragement, que je m'efforcerai de mériter par mon zèle et ma sollicitude pour les
élèves qui me sont confiés.

CHAPITRE XXIX.

LES DIVERS PETITS ÉCOLIERS.

> L'éducation des enfants est le premier devoir
> des pères et des mères.   (BONNIN.)

Les deux jumeaux atteignirent enfin l'âge de sept ans, et durent quitter la salle d'asile. Le petit garçon fut confié à M. Bonami, et sa jeune sœur entra chez Mademoiselle Dumont, une des institutrices du bourg. C'était une personne de quarante ans, capable et dévouée. Ne désirant que le bien, elle n'avait pas hésité un instant à remplacer les méthodes et les procédés vicieux par les moyens les plus propres à favoriser le développement intellectuel et moral de ses élèves. Elle avait habilement profité des bons avis de M. Bousquet, et elle ne dédaignait point de faire appel aux conseils de M. Bonami. Mademoiselle Dumont avait un caractère bon sans faiblesse, ferme sans dureté, élevé sans orgueil et grave sans affectation. Sa conduite avait toujours été exemplaire. Ses études dépassaient de beaucoup la limite de ce qu'elle devait enseigner. Enfin elle avait un sentiment profond de ses devoirs envers Dieu, envers les autorités, envers elle-même et envers les enfants, qu'elle aimait d'une affection toute maternelle.

Comme on l'avait pratiqué pour Alphonse, des livrets furent mis entre les mains des nouveaux écoliers. Chaque soir, au retour des travaux de la campagne, Valdey lisait les notes à haute voix, distribuait avec la plus rigoureuse justice l'éloge ou le blâme, faisait réciter les leçons, écrire les devoirs, et ne laissait jamais endormir sa vigilance.

La vivacité de Camille exerça bien des fois la patiente tendresse de ses parents et la vertu du maître ; mais, à force de sollicitude et de fermeté, on venait à bout de le contenir.

Eugénie, douce et laborieuse, charmait sa maîtresse, qui la citait pour un modèle à ses compagnes. Rendue en classe avant l'heure, comme ses frères, elle savait toujours ses leçons, et elle avait terminé son ouvrage manuel à l'heure de la sortie. Ses devoirs étaient éclatants de propreté et de bonne tenue. Sa mère avait réussi à lui inspirer une si grande répugnance pour le désordre et la malpropreté, qu'une petite tache d'encre au bout de ses doigts l'attristait sérieusement, et qu'un accroc à sa robe la mettait en larmes.

Il n'en était pas de même de la plupart des autres écoliers des deux sexes. M. Bonami et Mademoiselle Dumont étaient souvent obligés de faire sortir plusieurs d'entre eux qui oubliaient de saluer en entrant. Lorsqu'on faisait l'inspection de propreté, il fallait plusieurs baquets d'eau afin de nettoyer les mains et les visages. Les habits et les chaussures appelaient bien des coups de brosse.

Beaucoup de parents étaient fort aises que l'instituteur et l'institutrice voulussent bien donner de bonnes habitudes à leurs enfants ; mais il en était quelques-uns qui trouvaient mauvais de recevoir indirectement des leçons de propreté, d'ordre et de politesse. Les familles Gillet, Levieux, Duret et Graillon se faisaient remarquer par leurs propos scandaleux et par les allures fâcheuses de leurs enfants.

M. Bonami et Mademoiselle Dumont, encouragés par l'autorité locale, déclarèrent avec fermeté à ces mauvais parents qu'ils rempliraient leur devoir jusqu'au bout, et ne s'en laisseraient détourner par aucune considération.

Ces gens-là s'en dédommagèrent en déblatérant contre

eux. Ils ne perdaient aucune occasion de les tourner en ridicule devant leurs enfants, sans réfléchir que ce funeste exemple devait porter des fruits amers.

CHAPITRE XXX.

LA VISITE DE MONSEIGNEUR AFFRE.

Il passait en faisant le bien.
(Ev.)

Un jour que les écoliers prenaient leurs ébats à l'entrée de Saint-Rome sous la surveillance de l'instituteur, deux personnages à pied, venant de Saint-Affrique, s'arrêtèrent au milieu de la joyeuse troupe, qui forma le cercle immédiatement. Un de ces messieurs était vêtu d'un habit ecclésiastique, sans autre marque distinctive. L'autre, déjà sur le déclin de la vie, était le père du premier.

M. Bonami préparait sa classe du soir. Ayant levé les yeux sur les deux visiteurs, il s'écria :

— Ah ! Monseigneur, quelle joie pour Saint-Rome ! Votre bénédiction, s'il vous plaît.

Le digne prélat étendit la main sur la jeunesse de l'école qui, à l'exemple de l'instituteur, s'était prosternée. Il les bénit, et voulut embrasser les plus sages, auxquels il distribua des médailles.

Ces enfants, charmés de la bonté toute paternelle de Mgr Affre, car c'était lui, le futur martyr des barricades, poussèrent avec énergie en son honneur des vivat qui durent retentir dans l'âme de l'illustre prélat et de son excellent père.

Ce dernier prit familièrement le bras de M. Bonami, et ils entrèrent ainsi dans le bourg, précédés d'une longue file d'écoliers.

Le lendemain, Alphonse eut l'honneur de servir la

messe au prélat, et s'en montra digne par sa bonne conduite.

L'archevêque reçut ensuite les autorités et les notables,
et annonça son intention de passer une semaine à Saint-
Rome. Les jours suivants, il rendit ses visites. Il poussa
la condescendance jusqu'à pénétrer dans les plus humbles réduits. Valdey, qui était à peu près de son âge, et
avec lequel il avait joué dans son enfance, le vit entrer
dans sa modeste demeure. Le prélat bénit cette famille
vraiment chrétienne, causa un moment avec la vieille
Marguerite, embrassa les enfants, adressa quelques sages
conseils à l'oncle Brunet, et sortit en emportant les cœurs
de tous ceux qui l'avaient approché.

Mgr Affre honora les écoles de sa visite. Il distribua
des récompenses aux élèves qui avaient le mieux pratiqué leurs devoirs envers Dieu et envers leurs parents,
et fit partout des heureux.

Avant son départ, il constitua une pension viagère à
deux vieillards dignes d'intérêt, et répandit d'abondantes
aumônes.

L'Archevêque de Paris refusa modestement les honneurs que le bourg voulait lui rendre. Il célébra la
grand'messe un dimanche, et partit le lendemain, son
bréviaire sous le bras, avec son père. Il avait dit : « Au
revoir ». Hélas ! cette parole ne devait point se réaliser.

CHAPITRE XXXI.

LES VEILLÉES D'HIVER.

> Le discours est l'ombre des actions.
> (DÉMOCRITE.)

L'hiver était revenu, amenant avec lui son cortége de
glaces et de frimas.

La mère Marguerite, dont les forces déclinaient de
jour en jour, avait perdu l'usage de la main gauche.

—Ah ! disait la pauvre femme, je suis un être inutile maintenant : je n'ai que faire ici-bas !

— Que dites-vous ? reprenait Valdey. Appelez-vous être inutile de veiller sur les enfants, de les reprendre, de les instruire de leurs devoirs, et de leur donner tous les jours de bons exemples ? Après cinquante années de travail, vous avez gagné deux fois votre retraite, comme nous disions au régiment.

Et là-dessus il entourait sa mère de ses bras, et lui fermait la bouche par une caresse.

De son côté, Louise avait redoublé d'activité tant au dedans qu'au dehors. Elle était aidée dans les travaux de l'intérieur de la maison par la petite Eugénie, qui trouvait du temps pour les devoirs de classe et pour les soins du ménage. La jeune fille était sans cesse en mouvement, l'oreille toujours ouverte, et jetant un coup d'œil rapide à la grand'mère pour exécuter ses moindres désirs, parfois même avant qu'ils eussent été formulés. Fallait-il mettre le couvert : la toile cirée était déroulée bien vite ; les verres, les assiettes, etc., arrivaient sur la table comme par enchantement ; le vin était tiré, la carafe remplie d'eau, et puis le charmant lutin allait se camper une seconde devant Marguerite en lui disant :

—Voilà, grand'mère ; nous avons fini.

La petite ménagère obtenait une caresse, un sourire de satisfaction, comme récompense de son activité, demandait un nouveau travail, faisait une pirouette, chantait une roulade digne d'un rossignol, et partait comme un trait.

— Allons ! se disait l'aïeule en soupirant, mon temps est passé; il faut bien en prendre son parti ; mais c'est un plaisir que de voir remuer les jambes et les bras de cette enfant.

Eugénie veillait avec la sollicitude d'une petite maman à la toilette de ses frères. Lorsqu'ils faisaient une tache ou un accroc, vite elle s'emparait d'un morceau de savon ou d'une aiguille, et réparait le tout de son mieux avec beaucoup d'adresse.

—Merci, petite sœur, disaient-ils en l'embrassant avec effusion : tu nous évites une remontrance et un chagrin à notre bonne mère.

—C'est bon ! c'est bon ! reprenait l'excellente enfant, mais il faut être plus soigneux une autre fois.

Lorsque la nuit était venue, les trois écoliers faisaient leurs travaux de classe, et récitaient leurs leçons.

Après le souper, il arrivait souvent que le maire, le curé, l'instituteur et d'autres notables se réunissaient autour du foyer de Pierre. Alphonse lisait le journal à haute voix. On causait rarement politique; mais, en revanche, les besoins du pays sous le rapport religieux, moral, intellectuel, agricole, etc., étaient passés en revue. Chacun disait son mot, développait ses idées, répondait aux objections, et, de ces causeries intelligentes, calmes et polies, il sortait des enseignements pour tous. Les enfants écoutaient en silence, et en faisaient leur profit.

C'est ainsi que dans ces réunions furent décidées des tentatives pour améliorer le rendement de la vigne par une taille mieux entendue et par des engrais végétaux enfouis tout verts au pied des ceps ; l'importation de diverses espèces de pommes de terre ; la greffe à l'écusson, à l'embryon, à l'œil dormant ; l'emploi de la chaux et du drainage sur les terres froides et acides, du plâtre sur les fourrages artificiels, etc., etc.

Chacun s'en revenait après avoir formé des projets utiles au bien de tous. Le lendemain, de nouvelles discussions faisaient jaillir des flots de lumière sur des questions en apparence épuisées, et amenaient les meilleurs résultats.

Pendant ce temps, Louise et Eugénie travaillaient à la couture ou au tricot, et la vieille Marguerite oubliait ses douleurs , les heures s'écoulant sans qu'on y prît garde.

Au moment du départ, Eugénie offrait à la petite assemblée un broc de piquette mousseuse, avec une grâce tout enfantine, qui lui valait plus d'une tape amicale sur la joue.

Avant de se coucher, les enfants demandaient des éclaircissements sur les matières traitées dans la réunion, et Valdey profitait des *pourquoi* et des *comment* des questionneurs pour les initier à une foule de connaissances.

Un simple incident appelait pour toute une soirée la conversation sur un point de morale ou sur tout autre sujet.

Un soir, M. le curé, en rentrant chez Pierre, fut témoin d'une rixe entre deux jeunes gens. Les coups pleuvaient dru comme grêle, et résonnaient d'une manière effrayante. Les malheureux n'épargnaient ni les jurons ni les blasphèmes. Le digne vieillard, qu'ils reconnurent à sa lanterne, leur fit prendre la fuite, mais il se promit d'avertir les parents , et d'engager M. le maire à redoubler de vigilance. Tous les assistants blâmèrent cette facilité déplorable de beaucoup de pères et de mères qui laissent volontiers toute liberté à leurs enfants pour les sorties de nuit, sans s'enquérir de leur conduite et des compagnies qu'ils fréquentent. Le cabaret, le café en prennent quelques-uns ; les autres vont dans des soirées où des causeries rarement innocentes, des danses , des réveillons , etc., leur donnent des habitudes de gourmandise , de paresse et parfois , hélas ! de légèreté dans les mœurs ! Si même la sollicitude des parents est éveillée, il est rare qu'ils sachent se faire obéir.

Voyez-vous cette pauvre femme qui s'en va furtivement chercher son fils dans une de ces réunions malsaines ?

— Viens, mon Jacques, lui dit-elle : ton père veut se coucher ; et il n'attend plus que toi.

— Tout à l'heure ! répond le jeune homme d'un ton bourru.

— Tiens ! dit un mauvais garçon, il n'est pas sevré le petit Jacques : il a besoin de lisières !

Cet ignoble sarcasme soulève des éclats de rire qui mettent la pauvre mère au supplice.

Le fils, poussé par une détestable honte, voulant montrer qu'il est un homme, lui manque de respect, refuse de la suivre, et, lassé de ses instances, il arrivera jusqu'à la menace ou à quelque chose de plus affreux peut-être ! Il obtient l'approbation ironique de quelques méchants qui ont secoué le joug de l'obéissance et du respect ; mais, s'ils méditent les effrayantes paroles des livres saints, ils reculeront sans doute devant les conséquences de leur conduite :

« L'homme qui manque de respect à son père se voue à l'ignominie, et celui qui exaspère sa mère sera maudit du Seigneur. — La bénédiction d'un père consolide la maison, mais la malédiction de la mère l'ébranle jusque dans ses fondements. »

Quant à Valdey, où irait-il chercher des distractions lorsque tout lui sourit autour de son foyer ? Sa mère, sa femme, ses enfants, quelques visites d'amis de temps à autre, quelques bons livres...., que lui faut-il de plus ? La paix du cœur sans doute ? Mais il la possède, puisqu'il s'efforce de remplir tous ses devoirs d'homme, de père et de chrétien.

CHAPITRE XXXII.

L'INCENDIE.

> Faites aux autres ce que vous voudriez
> qu'on vous fît à vous-même.　(*Ev.*)

Par une rude soirée de cet hiver, au moment où la société habituelle était réunie chez M. le curé, le terrible cri : *Au feu! au feu!* retentit soudainement. Le tocsin joignit ses notes lugubres aux roulements du tambour.

En un instant tous furent debout, et se précipitèrent vers le théâtre de l'incendie.

C'était une vieille maison habitée par un pauvre célibataire, Jean Loudun, déjà d'un âge avancé. Il ne possédait pour toute fortune que son logis, un mobilier très-modeste et ses outils de serrurier.

Déjà les flammes, qui avaient trouvé un aliment facile dans un tas de fagots et dans les boiseries vermoulues, sortaient avec un éclat et un bruit sinistres par les lucarnes du grenier. Tout à coup le toit s'affaissa, et l'on s'aperçut avec terreur que le malheureux vieillard n'était point sorti de la maison. Une angoisse mortelle dominait la foule qui, les bras pendants et faute de direction, regardait les progrès du feu, et ne songeait nullement à sauver le pauvre serrurier, ni à préserver les maisons du voisinage.

Le maire, l'adjoint, le curé, l'instituteur, Valdey et M. Bousquet, en arrivant auprès de ce lieu de désolation, organisèrent sur-le-champ les secours et luttèrent avec énergie contre le fléau destructeur.

Louise et ses trois enfants se mirent à la chaîne. Tous les seaux du bourg furent requis , et passèrent de main en main pour être vidés sur le foyer de l'incendie.

Valdey, en face du péril qui menaçait Jean Loudun, se saisit d'une échelle, l'appuya contre une fenêtre, et essaya d'entrer dans la chambre à coucher, qui paraissait avoir moins souffert que le reste de la maison. Dès qu'il eut ouvert, après avoir brisé un carreau pour faire jouer l'espagnolette, une fumée noire et épaisse jaillit au dehors, et le courageux citoyen recula instinctivement. Mais, sentant que les moments était précieux, il revint à la charge, s'élança au fond de l'alcôve, chercha au reflet des plus sinistres lueurs le malheureux incendié, le trouva à demi-mort dans son lit, et le chargea sur ses épaules. Il fut aidé dans son œuvre de sauvetage par M. Charpin et par M. l'instituteur, qui tous deux l'avaient courageusement suivi. Ces trois hommes de cœur descendirent l'échelle sous une pluie de feu et d'ardoises brûlantes.

Le bon curé et le digne M. Bousquet, qui allaient de groupe en groupe donner des encouragements et des conseils, accoururent auprès du vieillard incendié, qui ne donnait aucun signe de vie. Les dames Charpin et Valdey, frissonnantes de terreur, les avaient précédés, et, tout en prodiguant au malheureux Loudun les soins les mieux entendus, jetaient à la dérobée des regards d'attendrissement aux citoyens généreux dont la chevelure brûlée; le visage et les mains noircies, les habits en lambeaux, attestaient des périls auxquels ils venaient d'échapper.

Le vieux serrurier fut transporté dans la maison de Pierre, qui était une des plus voisines. Le curé aurait bien voulu prendre cette charge pour lui, mais il dut y renoncer dans l'intérêt du malade.

Aucun de ces hommes généreux ne voulut quitter le lieu du sinistre. On les voyait debout sur des pans de muraille à demi-écroulés, jeter de l'eau sur l'incendie, essayant surtout de préserver les maisons voisines.

A force de dévouement et de courage, on parvint à isoler le feu et à s'en rendre maître. Les autorités locales ne rentrèrent chez elles que lorsqu'il fut complétement éteint.

A quelque chose malheur est bon, dit le proverbe : aussi M. Bousquet, profitant de la circonstance, insista pour l'achat d'une pompe à incendie sur les fonds communaux, et proposa l'organisation d'une demi-compagnie de sapeurs-pompiers. Il se chargea de fournir de ses deniers cinquante casques et autant de sabres ou d'objets de buffleterie. Le curé voulut donner le drapeau, le maire deux tambours, et les autres notables durent acheter les paniers de toile goudronnée destinés à alimenter les pompes.

CHAPITRE XXXIII.

LA SOUSCRIPTION.

> Celui qui donne est plus heureux
> que celui qui reçoit.   (*Prov.*)

Cependant le malheureux Loudun avait repris ses sens ; mais il était cruellement brûlé, et souffrait de cuisantes douleurs. Des compresses de pomme de terre râpée furent d'abord étendues sur sa poitrine, qui était médiocrement maltraitée. Le médecin, qui avait été mandé sur-le-champ, prescrivit la pommade faite avec de l'huile d'olive, un peu de cire et de l'eau de chaux. Quant aux jambes, où les brûlures étaient assez graves, on les tint constamment dans l'eau froide ou entourées de linges que l'on mouillait sans cesse.

Louise, aidée de son mari et des conseils du médecin et de Marguerite, comblait de soins le vieillard, qui ne savait comment lui témoigner sa gratitude. Madame Gély et les religieuses eurent beau lui offrir leur concours; l'excellente femme refusa de partager la tâche laborieuse qu'elle avait entreprise.

Enfin Jean Loudun, guéri de ses blessures, alla contempler les restes informes de sa maison. Tout son avoir était anéanti, car le pauvre homme n'avait jamais voulu consentir à s'adresser aux compagnies d'assurances.

Il revint chez Valdey le cœur gros et les larmes aux yeux.

— Consolez-vous, mon ami, dit Pierre : Dieu y pourvoira.

Mais le vieux Loudun, cachant sa figure entre ses mains débiles, lui répondit en pleurant :

— Je suis ruiné, sans asile, sans pain et sans moyen d'en gagner !

— Allons donc ! et ne sommes-nous plus là ?

— Je ne saurais sans indiscrétion m'asseoir plus longtemps à votre foyer. Vous avez peu de fortune vous-même et une nombreuse famille à soutenir.

— J'ai un quatrième enfant, c'est vrai ; mais le petit Joseph fera comme les autres : il travaillera pour gagner sa vie. En attendant, nous avons encore du pain dans la huche, et puis j'ai mon idée.

— Ne pourrait-on la connaître, cette idée, fit le vieux Brunet d'un ton bourru, en tirant Pierre à l'écart ?

— Volontiers, mon oncle : il s'agit d'une souscription en faveur du pauvre incendié.

— Voudrais-tu en recueillir le produit toi-même ?

— Sans doute.

— Ce n'est donc pas assez d'avoir fait de la maison un hôpital, il faut encore que tu deviennes frère quêteur ?

— Ah ! çà, parlez-vous sérieusement ?

— Mais, dit le vieillard irrité, pourquoi non ? As-tu songé aux rebuffades et aux quolibets qui t'attendent ? Tu sais bien qu'il est souvent plus facile d'emporter une redoute d'assaut que d'affronter une méchante langue ou un mauvais vouloir. Crois-moi, laisse à d'autres cette tâche et mêle-toi de tes affaires.

— Mon oncle, la vue de Loudun soutiendra mon courage et Dieu fera le reste. En attendant, pour vous punir d'avoir voulu paraître plus méchant que vous n'êtes au fond, vous allez me donner trois napoléons en or ?

— Allons donc, tu n'auras rien !

— Bien vrai ?

— Oui, oui !

— Bah ! nous verrons bien.

Et Pierre avait raison. Le vieillard finit par s'exécuter de bonne grâce en marmottant :

— Au fait, puisque je n'ai pas le courage de faire le bien à mes risques et périls, est-ce une raison pour blâmer un cœur généreux et loyal que je suis forcé d'admirer malgré moi ?

Pierre alla voir M. le curé et lui demanda son avis au sujet de la souscription. Le digne ecclésiastique trouva l'idée d'autant meilleure qu'elle lui était aussi venue à l'esprit. Pour donner un salutaire exemple, il tira de son bureau une pièce de 50 fr. qui formait le plus clair de son avoir et la mit dans un sac de toile, à côté des 3 pièces d'or de l'oncle Brunet.

— Mon ami, ajouta le bon prêtre en serrant affectueusement la main à Pierre, il n'est pas juste que je me croise les bras ici, lorsqu'il y a une bonne action à faire : *part à deux*, dit-il en souriant.

— Merci, monsieur le curé ; j'en étais sûr d'avance.

Ils sortirent aussitôt et s'acheminèrent vers la demeure de M. Bousquet, qui leur donna 400 fr., et leur dit en riant : « Je vous attendais depuis le jour de l'incendie ». M. le maire offrit trois beaux louis de 20 fr. ; M. Charpin, qui était riche, donna un billet de banque de 200 fr. ; l'instituteur, malgré sa médiocre position, donna une pièce de 10 fr.

— Je ne suis pas riche, dit-il, mais je tâcherai de réparer la brèche que je fais à ma dette filiale.

— C'est bien, mon ami, ajouta M. le curé : Dieu ne laissera pás votre offrande sans récompense.

Mademoiselle Dumont, qui appartenait à une famille aisée, put se donner le doux plaisir d'une souscription de 40 fr. Enfin, en peu de jours, les deux quêteurs, malgré quelques refus médiocrement polis, recueillirent 2,000 fr., qui suffirent à reconstruire, meubler, garnir de provisions de ménage et d'outils de serrurier la maisonnette de Loudun.

Le brave homme ne pouvait en croire ses yeux. Il ne savait assez louer Dieu et remercier ses bienfaiteurs de cette œuvre qui avait singulièrement amélioré son sort.

Quant à Valdey, pour *faire quelque chose* en faveur du vieillard, comme il disait modestement, il voulut payer les frais de l'assurance contre l'incendie.

Quelques semaines après, M. Charpin était reconnu lieutenant et Valdey sous-lieutenant d'une demi-compagnie de pompiers, presque tous anciens militaires.

Enfin, un dimanche matin, une belle pompe était essayée, à la grande satisfaction de tous les habitants du bourg.

Si les événements avaient eu l'initiative de cette excellente mesure, on avait du moins profité des leçons de l'expérience.

CHAPITRE XXXIV.

LA DÉSOBÉISSANCE PUNIE.

> De toutes les habitudes du jeune
> âge, la plus nécessaire à former,
> c'est l'obéissance (Mme NECKER).

L'hiver avait encore une fois cédé la place au printemps.

Un jour, Camille, qui avait des accès de paresse, au lieu de suivre son frère à l'école, s'était planté tout droit devant la boutique d'un cordonnier. L'ouvrier, battant la semelle en cadence, chantait des chansons comiques à la grande joie des badauds.

L'oisiveté est la mère de tous les vices, dit le Sage, et Camille en fit l'épreuve à son tour.

Gillet, le voyant dans cette disposition d'esprit, lui proposa de faire l'école buissonnière.

— Viens, Camille : allons chercher des nids.

— Non, il faut que j'aille en classe.

— Bah ! on a commencé depuis longtemps, et tu n'échapperas point aux arrêts.

— C'est vrai cela, et papa fera comme M. l'instituteur...

— Hé bien ! puisque tu dois être puni tout de même, donne-toi du bon temps !

Le jeune Valdey, retenu surtout par la crainte de causer du chagrin à ses parents et au maître, ne se rendait point encore aux instances de l'astucieux Gillet, qui reprit :

— Tu n'as donc pas de courage !... Je vois bien que tu n'es qu'un poltron, va !

— Un poltron, moi ! fit Camille rouge d'indignation.

— Oui , toi ! Si tu n'avais pas peur, tu viendrais et
bien vite!

Ce dernier mot décida de la défaite du malheureux
enfant qui , au lieu d'écouter les remords de sa conscience , obéit à son amour-propre perfidement surexcité,
et suivit son compagnon.

Nos deux écoliers arrivèrent dans un taillis, après une
demi-heure de marche, par un soleil ardent, qui les
mit tout en nage. Ils commirent l'imprudence de boire de
l'eau très-fraîche, ce qui amena un enrouement subit et de
la faiblesse dans tous les membres. Ils se remirent néan-
moins, et parcoururent d'un visage maussade les sentiers
tortueux et hérissés de la forêt. Après bien des déceptions, Gillet avisa un nid sur la branche d'un grand
chêne, que les bûcherons avaient épargné.

— Monte là-haut, dit-il à Camille ; tu es leste toi !

Ce compliment flatteur et légèrement ironique décida
des hésitations du petit Valdey qui, s'escrimant de son
mieux, grimpa sur les plus hautes branches de l'arbre.
Après avoir couru bien des dangers, il atteignit un nid de
pie qui contenait cinq oiseaux à peine couverts d'un
léger duvet. Il s'en rendit maître, et les glissa dans sa
blouse entr'ouverte, malgré les cris de détresse du père
et de la mère qui, voltigeant autour du ravisseur, lui
reprochaient dans leur langage son odieux larcin. En
descendant, il vit que, malgré ses précautions, ses mains
étaient ensanglantées et ses habits en lambeaux.

— Nous allons partager, n'est-ce pas? dit Gillet en
ricanant.

— Je le veux bien, répondit Camille d'un ton rogue.

— Deux pour chacun d'abord ?

— C'est cela.

— Quant au cinquième ; il faut le tirer à la courte paille.

— Je le veux pour moi, j'ai pris assez de peine pour cela !

— Je ne veux pas, moi !

— Eh bien ! soit, méchant, finissons.

— Ah ! je suis méchant ! attrape ce soufflet.

— Tiens, en voilà un autre à ton tour.

Et les deux malheureux se précipitèrent l'un sur l'autre comme deux bêtes fauves, s'arrachant les cheveux, s'égratignant le visage, et se donnant des coups de pied et de poing.

Après dix minutes d'un combat acharné, Gillet, qui était plus âgé que son adversaire, parvint à le jeter dans un buisson, se releva lestement, ramassa les cinq oiseaux, dont trois avaient payé de leur vie la bataille entre les deux écoliers, et se sauva à toutes jambes.

Camille se tira comme il put de sa position douloureuse, et s'achemina lentement vers la maison. Il était brisé de fatigue, de coups, de faim, et de regrets, disons-le.

Louise était déjà dans des transes mortelles : Alphonse était rentré seul de la classe du soir, et n'avait pu donner aucun renseignement au sujet de son frère. Il fut grondé de son défaut de vigilance, et dut aller aux informations. Il rencontra le fugitif à l'entrée du bourg, et, le cœur navré du piteux état du malheureux enfant, il le conduisit à la maison. Louise, en l'apercevant, poussa un cri de douleur. Elle se hâta de laver les écorchures, de le faire changer d'habits, et de le restaurer de son mieux en attendant l'arrivée de son mari pour aviser ensemble aux moyens de répression.

Valdey rentra de la vigne accablé de fatigue. Comme d'habitude, Alphonse, Eugénie et le petit Joseph vinrent au-devant de lui pour l'embrasser. Camille seul, retenu par la honte, s'était tapi dans un coin, et n'osait lever les yeux. Le père s'étant aperçu de son embarras, il fallut bien avouer la vérité.

— Monsieur, dit-il d'une voix grave et sévère, vous avez eu le malheur de vous arrêter en allant à l'école. Votre oisiveté vous a livré sans défense à Gillet, dont je vous avais défendu la compagnie. La paresse et la vanité ont fait le reste. Cette désobéissance vous a coûté de nombreuses déchirures aux mains, au visage, et a causé la mort de cinq petits oiseaux qui nous auraient débarrassés de plusieurs milliers de chenilles. Vous avez manqué à l'obéissance que vous devez à Dieu, à vos parents et à M. l'instituteur. Vous serez aux arrêts pendant toute la journée de demain. Je vous conduirai à l'école, où M. Bonami vous traitera selon vos mérites. Faites votre prière, demandez pardon à Dieu et allez au lit. — Pour toi, reprit M. Valdey en s'adressant à son fils aîné, je te fais grâce pour aujourd'hui à cause des bonnes notes de M. l'instituteur; mais sois plus vigilant à l'avenir.

Alphonse, tout troublé, demanda pardon à son père. Camille, la tête basse, vint se mettre à genoux devant ses parents, qui se radoucirent, mais qui exigèrent avec fermeté l'accomplissement de toutes les punitions, malgré les instances de l'oncle Brunet, qui disait entre ses dents : « Bah ! il faut bien que la jeunesse se passe ! »

Quant à Marguerite, elle profita de l'occasion pour rappeler les suites de la désobéissance de nos premiers parents, de Saül, etc. Elle raconta aussi l'histoire d'un jeune garçon qui, jouant avec plusieurs de ses camarades, dans une galerie nouvellement percée, se hâta d'accourir à la voix de sa mère, et fut sauvé. Les autres périrent sous un éboulement qui eut lieu à l'heure même.

— Enfin, mes enfants, dit-elle, rappelez-vous les suites de la désobéissance, souvent déplorables même ici-bas. Gardez-vous d'oublier que, si vous pouvez vous soustraire à la punition de vos fautes dans cette vie, vous n'échapperez pas au grand Juge, à qui rien n'est caché.

CHAPITRE XXXV.

LES GILLET ET COMPAGNIE.

> Celui qui aime son enfant ne se lasse
> pas de le corriger.　　(*Ecclés.*)

Philippe Gillet était entré dans la maison paternelle la tête haute, et avait déposé les oiseaux sur la table de la cuisine.

—Trois sont morts, dit-il ; je m'en régalerai. Quant aux autres, je vais les mettre en cage.

Il raconta son aventure à ses parents, qui se mirent à rire de cette équipée.

— C'est très-bien, disaient-ils : il faut leur montrer à ces gens-là qu'on ne se laisse pas marcher sur le pied.

Le père Gillet passait une grande partie de son temps au cabaret, et donnait un bien triste exemple à sa famille.

La mère était d'abord une femme assez laborieuse et propre ; mais, découragée par les vices de son mari, elle était tombée dans un affaissement moral dont tout portait les marques autour d'elle. Tous les meubles de quelque valeur avaient pris le chemin du cabaret.

Des murailles tristes et nues, de méchants grabats, quelques écuelles ébréchées et rarement propres, un petit nombre d'ustensiles de fer, une table boiteuse, des chaises effondrées, tel était l'ameublement de cette maison.

La mère Gillet, qui était si pimpante lorsqu'elle était jeune fille, n'avait guère qu'une pauvre robe d'indienne en toute saison. Elle allait souvent, pieds nus, le bonnet de travers, les habits en loques, emprunter des provisions de ménage, et surtout caqueter sans miséricorde sur les défauts réels ou imaginaires du prochain. On l'avait surnommée *Vipérine*, et c'était à bon droit, car rien n'échappait à la pointe acérée de sa langue.

Dans les premières années de son mariage, elle avait eu deux enfants : Philippe et Lucie. Ces deux petits annonçaient un heureux naturel. Ils étaient propres et bien tenus dans leur bas âge ; mais la gêne était venue, comme suite naturelle des mauvaises habitudes du père. La malheureuse femme, qui n'avait jamais connu sérieusement le pouvoir de la religion, s'était vite lassée de résister au torrent du vice, et elle laissait aller, depuis six ou sept années, le gouvernement de sa maison à vau-l'eau.

Un vieux grand-père essayait bien de temps à autre de glisser quelques timides conseils. Mais il était si mal reçu, les enfants eux-mêmes savaient si bien lui dire qu'il n'était qu'un vieux radoteur et une charge pour la famille, que le pauvre vieillard devait se taire, et se contenter de gémir bien bas dans un coin du triste logis.

Il est facile de se faire une idée de l'éducation que pouvaient avoir reçue les deux jeunes enfants.

Dès l'âge le plus tendre, le père Gillet n'avait rien trouvé de mieux, pour leur délier la langue, disait-il, que de leur faire répéter de vilains jurons et quelquefois, hélas ! des paroles encore plus coupables.

Si le grand-père hasardait une observation, on lui répondait indirectement : « Dis-lui qu'il est un vieux sot !..... Qu'il aille à l'hôpital ». Par pudeur il faut bien que nous laissions dans l'ombre les plus graves injures.

Les enfants ajoutaient quelquefois des menaces et même de légers coups à leurs insultes....., et l'on en riait.

Ah ! malheureux parents , vous riez lorsque vos enfants, excités par vos cruelles suggestions , ou tout au moins par votre silence, outragent celui de qui vous tenez la vie après Dieu !..... Tremblez, car vous ne sauriez vous dérober au châtiment que vous avez encouru, selon ces paroles terribles des Livres saints : *Que celui qui outrage son père et sa mère soit maudit, et qu'il périsse !*

A mesure que les enfants grandissaient, leurs défauts prenaient une nouvelle énergie. Les parents durent se lever bien des fois dans la nuit pour leur donner des friandises, ou pour satisfaire à quelque nouveau caprice. Les petits gâtés pleuraient, criaient, se désespéraient sans raison, et inventaient à chaque instant de nouvelles exigences.

Si Philippe tenait dans ses mains quelque joujou ou même l'objet le plus insignifiant, Lucie s'écriait d'une voix stridente : « Je le veux ! je le veux ! » Son frère, qui n'était guère accommodant, voulait garder la chose convoitée, et il s'ensuivait une bataille entre les deux enfants. Il fallait bien les séparer ; et alors, allant d'une extrémité à l'autre, les parents les frappaient à leur tour, sans omettre d'assaisonner leur correction de grossiers et coupables jurements. Une heure après, deux voix enrouées faisaient encore entendre des gémissements lamentables, accompagnés de temps à autre de ces paroles mâchées entre les dents : « Je le veux, moi ! — Tu n'es qu'une bête, toi ! »

— Je l'aurai, tu verras ! etc. Et une voix colère ajoutait :

— Vous tairez-vous ? Gare si je viens là, méchants diables !

Lorsque les petits Gillet eurent atteint l'âge de huit à neuf ans, ils rivalisèrent à qui ferait le plus de mal au voisinage. Philippe se faisait un cruel plaisir d'attacher de vieux poêlons à la queue des chiens, de casser les

jambes aux poules et aux canards, etc., pendant que
sa sœur se mêlait volontiers à ces jeux coupables. A son
tour, elle chaussait de pauvres chats avec des coques de
noix remplies de colle forte, et les obligeait à courir sur
des toits inclinés, d'où ces malheureux animaux tombaient dans la rue, au grand ébahissement des gamins
du bourg.

Les Gillet trouvaient ces cruels amusements irréprochables, ou, s'il arrivait que la mesure débordât, ils
grondaient un peu en riant de ce qu'ils nommaient des
espiègleries.

Le garde-champêtre, que l'on avait surnommé Clopin,
à cause d'une blessure reçue au service militaire, et qui
le faisait boiter, venait souvent déranger les plans de
Philippe et de Lucie, qui s'étaient associé les enfants
Levieux, Graillon et Duret, dont les pères étaient les
camarades de bouteille de Gillet. Tous ces petits
malheureux étaient élevés de la même manière, et
avaient souvent maille à partir avec le garde. Mais,
comme le bonhomme était déjà vieux, les gamins lui
échappaient assez souvent, et n'oubliaient guère de lui
faire un pied de nez.

Clopin avait de temps en temps sa revanche, et ne
se faisait pas faute de leur tirer les oreilles.

Les parents se plaignaient des corrections administrées
par le garde. Ils enveloppaient le maire dans leurs
récriminations, et, en présence de leurs enfants, trai-
taient ce magistrat d'une manière fort inconvenante,
oubliant qu'ils leur donnaient un exemple fâcheux, et
dont ils devaient subir à leur tour les dures conséquences.

Dans ces familles, où le tutoiement avait encore
affaibli les distances, les enfants tenaient tête à leurs
parents, devenaient revêches, apprenaient à mépriser
leurs avis, et ne faisaient aucun cas de leurs ordres.

Voici une scène entre mille..... La mère est seule à la

maison avec les deux petits, qu'une belle journée de printemps invite à faire l'école buissonnière.

— Allez en classe, leur dit la mère Gillet.

— Non, je ne veux pas y aller, répondent-ils à l'unisson.

— Allez y donc, petits drôles, ou je le dirai à votre père.

— Qu'est-ce que cela nous fait ? Dis-le-lui !

Hélas ! ils pouvaient ne pas craindre cette autorité, qui les laissait libres de leurs actions, et même riait de leurs sottises.

— Allez à l'école, mes petits chéris, reprenait-elle en changeant de ton, je vous donnerai une belle tartine de confiture.

— Je veux du miel, disait Lucie.

— Je veux du beurre, criait Philippe.

— Je n'en ai pas.

— Tu en as, menteuse, reprenaient les deux méchants lutins.

— Allons ! allons ! je vais vous en donner.

Les enfants se décidaient à partir. Ils prenaient enfin le chemin de l'école, mais ils s'esquivaient au premier tournant. La mère n'osait les surveiller par crainte de nouvelles scènes.

L'instituteur ne voyait guère que deux fois par semaine les fils de Gillet et de ses compagnons de bouteille. Il avait essayé bien des fois de tirer parti de ces pauvres enfants ; mais ses avis, ses encouragements comme ses rigueurs, ne produisaient aucun résultat sur des malheureux qui recevaient une si déplorable éducation et de si funestes exemples dans la maison paternelle. Leurs progrès étaient à peu près nuls. Les leçons étaient suivies avec contrainte, et l'école devenait de jour en jour un lieu de supplice pour des êtres dont l'esprit était à la paresse et aux divertissements.

Un jour que M. le maire faisait une visite à l'école, il remarqua, dans une des dernières tables, le petit Gillet qui bâillait en s'étirant les bras. Le magistrat s'approcha, et lui dit :

— N'as-tu point de travail, mon ami?

— Non, monsieur, dit le paresseux en rougissant, car il mentait.

— Alors que peux-tu faire là?

— J'attends qu'on sorte.

Ce mot peint la situation.

Lucie ne travaillait pas mieux chez Mademoiselle Dumont. Ses cahiers étaient couverts de taches d'encre, son ouvrage malpropre et mal fait, ses livres en lambeaux, etc. Tout cela annonçait que ses défauts prenaient tous les jours une force nouvelle. Dès l'âge de six ans, c'était une petite effrontée, courant avec les garçons, le bonnet au vent et les habits d'ordinaire en mauvais état.

Quelquefois M. le curé, M. le maire ou M. Bousquet, venant en aide aux exhortations de l'instituteur et de l'institutrice, adressaient à ces pauvres enfants de paternelles remontrances. Ces sages conseils entraient par une oreille et sortaient par l'autre, sans laisser aucune trace. Dès que ces messieurs avaient tourné le dos, on leur adressait les grimaces les plus inconvenantes. Si le gros rire des spectateurs leur faisait tourner la tête, les coupables s'enfuyaient, ou joignant l'hypocrisie à l'impertinence, ils avaient l'air de dire avec un air naïf : « De quoi riez-vous ? » Et puis ils se vantaient de ces vilenies à la maison. Les parents, au lieu de les châtier, se contentaient d'en rire, ou même lançaient une malice à leur tour contre tout ce qu'il y avait de respectable dans la commune.

CHAPITRE XXXVI.

LA FOIRE.

Le bien d'autrui tu ne prendras
Ni retiendras injustement.
(*Comm. de* DIEU.)

C'était un jour de fête pour les écoliers. Les marchands construisaient des boutiques provisoires sous une halle, antique nommée pompeusement le Peyrou. Les étoffes commençaient à étaler les plus vives couleurs aux yeux des chalands ; les merciers faisaient reluire les dorures, étinceler les verroteries ; les potiers frappaient sur leurs marmites en terre cuite pour en montrer la solidité ; les chapeliers, les marchands de comestibles étourdissaient la foule de leurs cris ; des troupeaux de brebis bêlaient d'une voix lamentable ; les bêtes à corne beuglaient à rendre sourd ; les saltimbanques joignaient à tout ce bruit le vacarme de leurs instruments et de leurs clameurs aiguës, et par-dessus planait ce brouhaha que produisent des milliers de voix sur tous les tons et avec toutes sortes d'accents. C'était bien un jour de foire.

Camille, déjouant la surveillance de sa mère, était planté depuis une heure devant le tréteau d'un charlatan lorsqu'il fut accosté par Gillet.

— Veux-tu que nous allions ensemble ?

— Non, tu m'as trop maltraité l'autre jour....., et papa l'a défendu.

— Tiens ! que tu es bête de te laisser mener comme cela ! Viens donc : tu es trop bon garçon pour ne pas oublier quelques égratignures !

— Non : laisse-moi.

— Eh bien ! soit.

Mais le tentateur revint un moment après.

— Tiens ! fit-il, vois-tu cette sonnette ? Je te la donne si tu viens avec moi.

Les yeux de Camille s'allumèrent, et il tendit la main.

— Pas si vite ! viens d'abord.

Le pauvre enfant suivit son mauvais génie, et quelques minutes après cet oubli de ses devoirs, il en commettait un autre bien plus regrettable : il volait à son tour une sonnette pareille à celle de Gillet, qui riait de tout son cœur de l'avoir fait tomber dans une faute si grave.

A l'heure du dîner, Camille, en tirant son mouchoir, laissa tomber à terre l'objet accusateur.

— D'où avez-vous eu cette sonnette? dit le père Valdey en lançant au coupable un coup d'œil sévère.

— Je l'ai trouvée, papa, fit le malheureux d'une voix mal assurée.

— Dans quel endroit ?

— Sur le champ de foire.

— Il fallait la remettre au garde.

— Mais, puisque je l'ai trouvée ?

— Si vous l'avez trouvée, quelqu'un l'a perdue, et elle lui appartient.

— Mais....., papa.....

— Mais je lis tant d'embarras sur votre visage que je crains bien une mauvaise action de votre part. Avec qui étiez-vous lorsqu'elle est tombée sous votre main ?

— Oh ! papa, j'étais seul, dit-il en tremblant.

— Approchez ! dit le père d'une voix solennelle.....
Vous mentez, Monsieur, reprit-il en plongeant dans les yeux de Camille un regard scrutateur. Avouez votre faute.

L'enfant suffoqué par les sanglots reconnut que, après avoir écouté les mauvais conseils de Gillet, il avait dérobé la sonnette.

Valdey, douloureusement ému, s'écria :

— Mon fils est un voleur et un menteur ! Ah ! que je suis malheureux !

A ces mots, Camille, fondant en larmes, se jeta aux pieds de son père, assurant que cette faute serait la dernière.

— Il y a récidive, et, cette fois, c'est encore plus grave, dit Pierre. Il faut une punition exemplaire, et vous l'aurez.

En même temps, sans tenir compte des protestations de son fils et des regards suppliants de Louise et de Marguerite, il pendit la sonnette au cou du petit larron, et, le saisissant par une oreille, il le conduisit ainsi à travers la foule jusqu'à l'établi du marchand. Camille fut obligé de demander pardon de sa faute, et de subir une terrible humiliation devant le monde, sans compter que Gillet et ses camarades riaient aux éclats, et ne lui épargnaient point les quolibets.

Quant à Gillet, il put faire tinter sa clochette tout à son aise : sa mère fut la première à rire de ce larcin.

— Le fondeur est bien stupide de ne pas mieux veiller sur ses marchandises. Tant pis pour lui ! disait-elle.

Le grand-père essaya toutefois une observation ; mais on la reçut avec un éclatant mépris.

Camille, à son retour, fut accueilli avec un visage froid par ses parents, et chercha un refuge auprès de Marguerite, en l'absence de l'oncle Brunet. La grand'mère lui raconta des histoires, malheureusement bien vraies, de jeunes enfants qui avaient commencé par voler des objets sans importance, et qui, de chute en chute, avaient fini par aller mourir aux galères.

« Souviens-toi, disait-elle, de ce malheureux jeune homme qui avait pris, dans son jeune âge, la funeste habitude de voler des plumes, des livres, etc., à ses condisciples. Sa mère n'avait point de honte de rire de ces actes si coupables et de les appeler des traits d'habileté ! L'enfant, se voyant soutenu, continua, et finit par devenir un voleur de grand chemin. La mère, qui avait enfin ouvert les yeux en voyant les suites de sa complaisance, essaya vainement de l'arrêter dans le chemin du crime. Elle eut la douleur de le voir mourir sur l'échafaud.

« Mon ami, ajouta Marguerite, Gillet suit les traces de ce malheureux ; et ses parents, au lieu de lui administrer une salutaire correction, sont aussi coupables à son égard que la mère du voleur. Dieu veuille qu'ils n'éprouvent jamais les mêmes remords ! Il faut les plaindre de leur aveuglement, et prier pour eux. »

Camille dut aller à confesse, et promettre devant Dieu de fuir à jamais les mauvaises compagnies.

Dis-moi qui tu hantes, je te dirai qui tu es, répétait le digne curé. Tâche, mon enfant, de ne fréquenter que des personnes estimables ; profite des leçons et des exemples de tes parents, et tu ne retomberas jamais dans les fautes que tu as commises. Songe que Dieu voit jusqu'à nos plus secrètes pensées, et que tôt ou tard nous n'échapperons point à sa justice.

Le jeune garçon, repentant de ses fautes, s'engagea de toute son âme à remplir ses devoirs avec fidélité. Il ne donna plus de chagrin sérieux à ses bons parents, qui lui rendirent de grand cœur tous les témoignages de leur affection.

CHAPITRE XXXVII.

LE CHARLATAN.

> L'ignorance engendre la crédulité
> et fait le compte des fripons.

Pendant que les plus jeunes membres de la famille prenaient leurs ébats à la maison, de crainte d'accident,

Pierre conduisit son fils aîné au milieu de la foule des marchands et des acheteurs. L'enfant jetait des yeux pleins de curiosité sur tout ce qu'il voyait, et Valdey en prenait occasion de l'instruire de l'usage et des procédés de fabrication d'une foule d'objets. Ils arrivèrent ainsi devant l'étalage d'un mercier.

— Papa, dit Alphonse, comment peut-on donner 40 épingles pour un sou, puisqu'un seul de ces objets, afin d'être achevé, exige le concours de 20 ouvriers au moins ?

— « Comme chacun d'eux n'est chargé que d'une opération fort simple, il arrive bientôt à la faire avec une rapidité extrême, de sorte que, dans un jour, il lui passe entre les mains plusieurs milliers d'épingles. Il en est de même des aiguilles, qui exigent au moins 30 opérations différentes. Si un seul homme se chargeait de toutes les façons, il ne pourrait vivre de son travail qu'en vendant les aiguilles et les épingles vingt fois plus cher.

« Au reste, soit dans les petites choses, soit dans les grandes, *l'union fait la force*. Un seul homme ne peut rien ou presque rien ; mais une famille, dont les membres sont amis, peut beaucoup, et l'association est un des grands agents de notre époque. Malheureusement, les hommes savent mieux s'entendre pour le mal que pour le bien. »

En avançant au milieu de la foule, ils furent étourdis par le vacarme que faisaient trois ou quatre pauvres hères juchés sur la voiture d'un charlatan. Pendant que celui-ci débitait une grande quantité de fioles remplies d'un liquide rouge, ils soufflaient à perdre haleine dans leurs instruments de cuivre, en s'accompagnant d'une grosse caisse.

Le charlatan vêtu d'un habit rouge, galonné sur toutes les coutures, se redressait de temps en temps, se donnait une pose superbe et, agitant avec emphase sa

tête empanachée, faisait silence de la main, pour énu-
mérer les qualités merveilleuses de son élixir. A l'entendre, les maladies les plus rebelles devaient céder en
un clin d'œil à la vertu toute-puissante de cette panacée.
Avait-on mal aux dents, deux gouttes du fameux liquide
rouge calmaient les douleurs les plus cuisantes. Quelques
frictions faisaient disparaître sans retour les catharres,
les rhumatismes, la goutte elle-même, etc., etc.

Valdey avisa Philippon qui avait donné, comme bien
d'autres, ses vingt sous pour obtenir une fiole du précieux remède à tous les maux.

— Veux-tu venir avec moi chez le pharmacien, lui
dit-il ?

— Pourquoi faire ?

— Afin de savoir ce que contient cette fiole.

— Mais c'est un excellent remède ! Lis donc tous les
certificats que montre ce fameux docteur. Au reste, il n'a
aucun besoin de gagner de l'argent et c'est par philan-
tropie, comme il le dit, qu'il exerce son état. Regarde la
cassette qu'il montre à tout le monde et qui contient
plus de cent mille francs en or ?

— Mon ami, je pourrais d'abord te demander si tu as
lu les fameuses pancartes qu'il exhibe si complaisamment ? Approche, et tu verras que deux d'entr'elles sont
tout bonnement des certificats d'infirmier. Il a supposé,
l'habile homme, que ses dupes ne sauraient on ne vou-
draient pas les lire et ce n'est pas sans quelque raison.
Quant à la cassette, elle contient des jetons de cuivre doré
et ne vaut pas mieux que les remèdes.

— Comme tu le traites ! dit Philippon à demi-ébranlé
et faute de trouver une objection sérieuse.

— Viens, mon ami : tu sauras bientôt qui de nous deux
a raison.

Ils se rendirent chez le pharmacien qui distilla le fameux élixir et prouva clairement qu'il se composait de

quelques bribes de carmin et de vanille dissoutes dans de l'eau sucrée.

—Diantre, et ce paquet-ci, qui doit guérir de la fièvre, des vers, des mauvaises digestions, du mal de tête et de tant d'autres choses que j'ai oubliées?

— C'est tout simplement de la poudre de *semen-contra* que l'on emploie en effet comme vermifuge, dit le pharmacien. Vous l'avez payée cinquante centimes et je vous en donnerai le double pour 10 centimes.

Philippon rentra chez lui furieux d'avoir été dupé, et, comme le corbeau de La Fontaine,

Jura, mais un peu tard, qu'on ne l'y prendrait plus.

Valdey continua sa promenade au champ de foire, tandis qu'Alphonse n'oubliait rien de ce qui se disait. Les deux observateurs s'arrêtèrent un instant devant une immense voiture, dont le devant, en forme de balcon, laissait apercevoir, à demi-voilée par un rideau, une femme assise et les yeux bandés.

Un homme, vêtu d'un habit barriolé de diverses couleurs, appelait les curieux à l'aide d'un porte-voix : « Venez consulter l'incomparable somnambule, disait-il. Pour 10 centimes, on connaît le présent, le passé et l'avenir ».

A ce moment quelqu'un frappa sur l'épaule de Valdey qui se retourna.

—Ah ! bonjour, père Gérôme ; comment va-t-on chez vous ?

—Bien, merci. Pourrais-tu me donner des nouvelles de ma fille Madelon que je cherche depuis une heure?

—Mais, si je ne me trompe, la voilà qui écoute sa bonne aventure auprès de la somnambule. Voyez-vous comme elle rougit? j'ai bien peur qu'on ne lui dise des choses qu'une bonne chrétienne ne devrait jamais entendre !

4*.

— Bah ! c'est une plaisanterie.

— Vous croyez ? Je suis sûr que la prétendue somnam
bule, qui dort comme vous et moi, lui promet un brillant avenir, lui recommande d'acheter les billets de
loterie qu'elle aura rêvés, ou lui conseille de se passer de
votre avis et au besoin de votre consentement, s'il lui
prend fantaisie de se marier.

— Peste ! je ne veux pas de cette donneuse de conseils.

Hé ! Madelon ! s'écria Gérôme d'une voix de
stentor.

Celle-ci leva les yeux vers son père et vint à lui toute
honteuse et toute rougissante. Comme c'était une honnête
fille qui n'avait à se reprocher qu'un moment d'indis-
crète curiosité, elle avoua, la tête basse, que Valdey avait
répété exactement ce qui lui avait été dit.

— Vous le voyez, père Gérôme : une démarche innocente en apparence est de nature à donner bien des idées
coupables à ceux qui ont la faiblesse de céder à l'attrait
de la curiosité. Ces frivolités, que beaucoup d'ignorants
prennent au sérieux, sont sévèrement interdites par la
religion, et le bon sens devrait suffire pour en faire justice. Mais, qu'est-ce donc ? Le brigadier de gendarmerie
s'empare de la somnambule ! Voyez comme elle gesti-
cule avec fureur et comme elle possède un langage riche
en mots grossiers ! Mais comment se fait-il qu'une aussi
habile devineresse n'ait pas su prévoir ce qui lui arrive ?
Laissons-lui régler ses comptes avec la police et rentrons
chez nous.

Chemin faisant, ils virent à travers la foule un malheureux saltimbanque qui gémissait d'une façon lamentable
sur un brancard. Ce pauvre homme avait voulu franchir
une pile de chaises très-élevée, et s'était tellement em-
pêtré dans les barreaux qu'il avait été précipité avec violence contre le sol, où il s'était à demi-disloqué.

Valdey en prit occasion de dire à son fils :

— Si ces malheureux employaient à l'apprentissage d'un métier lamoitié des efforts et du temps qu'ils ont sacrifiés pour acquérir l'art si vil et si périlleux d'amu--ser les badauds, ils deviendraient sans contredit des ouvriers habiles. Au lieu de s'exposer cent fois par jour à se rompre quelque membre ou même à se tuer (ce qui du reste leur arrive tôt ou tard), ils pourraient vivre tranquilles et estimés; mais ils ignorent le bonheur que donne un travail régulier joint à une conduite chrétienne: plaignons-les, mon enfant.

— Papa, voyez donc le père Simon qui a bien de la peine à se tenir sur son âne !

— Hé bien ! mon pauvre ami, que vous est-il donc arrivé, dit Pierre, en lui tendant la main ?

— Hélas ! j'ai eu la funeste idée de me livrer à la rhabilleuse pour raccommoder une foulure à la cheville. Elle m'a rattaché tout cela si mal, que depuis six jours je souffre le martyre. J'ai supporté cependant ses planchettes, ses bandages et avalé toutes ses tisanes.

— Le mal est fait malheureusement. Vous allez chez le médecin, je pense ?

— Sans doute, je me suis enfin aperçu que ceux qui ont étudié la médecine et la chirurgie doivent s'y connaître mieux que nos empiriques en jupon ou en veste. Aïe ! fit le patient à un faux pas de sa monture.

— Adieu, père Simon et bonne chance ! Si vous n'aviez avec vous vos trois robustes gaillards, je vous offrirais mon aide, quoique, à vrai dire, cela soit fort pénible de voir torturer son prochain.

CHAPITRE XXXVIII.

COMMENT LES DÉFAUTS DEVIENNENT DES VICES.

> Arrachez brin à brin
> Ce qu'a produit le maudit grain.
> (FLORIAN.)

Philippe Gillet venait d'atteindre sa treizième année. Comme il avait perdu son temps à l'école, il ne savait guère que lire : encore aurait-il mieux valu qu'il eût conservé son ignorance, car il s'était adonné à la lecture des mauvais livres qui achevaient de lui gâter l'esprit.

Lucie marchait sur les traces de son frère. Ses parents et ceux des jeunes Duret, Graillon et Levieux avaient depuis longtemps abandonné les pratiques religieuses. Ce n'était que par un reste d'habitude que l'on récitait encore une courte prière de temps à autre, et qu'on allait à la messe le dimanche. On s'en dédommageait en déblatérant contre les prêtres et contre ceux qui suivaient leurs avis. Il est inutile de dire que la famille Valdey n'était guère épargnée.

— Duret, disait un jour Philippe à son camarade en présence d'une demi-douzaine de garçons fort indisciplinés, écoute : « Mon père dit comme ça que les riches sont des fainéants qui consomment beaucoup et qui ne travaillent pas ».

— Hé! reprit Jacques Lacroix, un malin de la troupe, ton père travaille beaucoup, n'est-ce pas? Il mange, boit plus souvent qu'à son tour, joue aux cartes, et dort le ventre au soleil..... C'est un fameux travail, hein?

— Si cela lui plaît, qu'as-tu à dire?

— Dame, tu parlais de fainéants!

— Oui, reprit Gillet avec exaltation, je l'ai lu dans un

livre, moi, et je sais que ces riches qui ne labourent ni ne fauchent, comme le curé et M. Bousquet par exemple, ruinent le pauvre peuple.

— Ah çà! qu'est-ce que tu chantes là, maître Philippe? dit Clopin qui avait surgi tout à coup avec son tricorne. Tu dis que le curé ne travaille point? Hé! malheureux! n'y a-t-il donc que les fatigues du corps qui méritent le nom de travail? Comment, jarni! voilà un homme qui baptise, marie, prêche, dit la messe, va écouter chaque jour le détail de vilains péchés derrière des planches, qui donne son bien aux pauvres, se lève à toute heure de la nuit pour secourir les malades lorsque vous dormez tranquillement dans votre lit..... Et il ne travaille point! Et c'est un homme inutile! hein! qu'en dites-vous?

Les enfants ne savaient que répondre à la véhémente apostrophe du bonhomme.

— Et M. Bousquet, reprit-il, qui a fait la classe pendant quarante-cinq ans, et qui surveillait nuit et jour deux cents pensionnaires dont il devait répondre à Dieu et à leurs familles, sans oublier la société, qui veut qu'on lui donne des gens honnêtes et bien élevés, et non pas des gredins comme plusieurs de ceux qui m'écoutent, est-ce qu'il n'a pas travaillé lui?

— Soit, mais il se repose, et il est riche.

— Travaillez donc pendant quarante-cinq ans, et vous aurez droit au repos à votre tour.

— Ça n'empêche pas que les uns ont tout, et les autres rien.

— Ah! détestable venin des mauvais journaux, tu infectes jusqu'aux adolescents de quatorze à quinze ans! Allez à l'école; allez apprendre vos devoirs, et ne vous mêlez point de réformes sociales, ajouta la brave homme en s'en allant découragé..... Il n'y a plus d'enfants, se disait-il en branlant la tête. Voilà des gamins qui veulent cueillir la moisson sans avoir semé ! Encore est-ce dans le champ d'autrui.

Après le départ du garde, le conciliabule, qui avait fait semblant de se disperser, se réunit de nouveau, et Gillet reprit :

— Mon père nous contait hier, en revenant du café, que le journal disait que les propriétaires sont des voleurs. Alors ce qu'ils ont est bien à nous ?

— Hé ! oui, c'est vrai ! reprirent en chœur les méchants garçons qui l'écoutaient.

— Si nous allions faire main-basse sur les pêches du voisin Pierre et sur les poires de M. le curé ?

— Bravo ! dit la petite assemblée.

Il fut convenu que, à la tombée de la nuit, on escaladerait les murs, et que rien ne serait épargné.

Dès le lendemain, les deux vergers présentaient l'aspect d'une ville prise d'assaut. Non-seulement on avait enlevé et gaspillé beaucoup de fruits, mais les arbres eux-mêmes étaient rudement maltraités. On n'eut aucune peine à découvrir les maraudeurs. Ils furent appelés devant M. le maire, et reçurent une verte semonce, qui ne les amenda nullement.

CHAPITRE XXXIX.

LE MAL CROIT ET ENLAIDIT.

> La pente de l'abîme est glissante.
> (*Vie dévote.*)

Dès qu'on eut fait la cueillette des amandes et des noix, Gillet et ses compagnons, au lieu d'aller à l'école, dérobèrent de ces fruits à leurs parents, et s'amusèrent à les jouer.

— Tiens ! se dit un jour Levieux, au lieu de jouer des amandes ou des noix, il serait bien plus agréable de faire

nos enjeux avec des sous ? Mais, pour cela, il faut en
avoir..... Ah ! que je suis niais ! vendons tout ce qu'il
sera possible de prendre à la maison, et nous en ferons
de l'argent !

Levieux communiqua son idée à ses camarades, qui
en sautèrent de joie, et se mirent à l'œuvre sur-le-
champ. Ils rencontrèrent des acheteurs sans conscience,
et battirent monnaie aux dépens des pauvres ménages
que les vices de leurs chefs conduisaient vers une ruine
assurée.

— Maintenant, dit Gillet, que nous avons le gousset
garni, achetons des cartes, et jouons de l'eau-de-vie
comme des hommes.

— Bravo ! dirent les gamins : nous boirons comme nos
pères : nous sommes bien assez grands maintenant.

Et, de ce pas, nos héros s'acheminèrent vers une mauvaise échoppe, où des gens sans valeur leur donnèrent
des cartes, et les laissèrent boire jusqu'à s'enivrer.
Comme les malheureux en furent assez gravement indis-
posés, cette fois les parents se réveillèrent de leur indo-
lence ; ils trouvèrent même que l'autorité était une
bonne chose pour tenir en respect les marchands de li-
quides peu soucieux des lois de la conscience et du code.
Les gens de l'échoppe furent vertement réprimandés, et
menacés de perdre leur licence, en cas de récidive. Les
enfants durent subir à leur tour une vive mercuriale ;
mais ils y étaient faits depuis longtemps. Ils se promirent
d'être plus habiles à l'avenir, et de recommencer à la
première occasion.

Gillet, ne trouvant plus rien à soustraire chez lui,
essaya d'obtenir un peu d'argent de la complaisance de
sa mère. Celle-ci fut assez faible pour lui en donner malgré la pénurie de ses ressources.

— Bah ! dit Philippe, si je visitais l'armoire sans rien
dire, j'en aurais bien davantage.

Un jour donc que ses parents avaient vendu une barrique de vin, le jeune garçon épia le moment favorable, et enleva la moitié de l'argent qu'on avait reçu. La mère n'eut aucune peine à deviner son larron; mais celui-ci protesta de son innocence.

Afin d'avoir la paix, la Gillette fit semblant de croire aux assurances de son fils; mais, pendant qu'il dormait, elle visita ses habits, trouva les quatre pièces de 5 francs qui formaient l'appoint de la somme qu'elle avait reçue le matin, et s'en empara. Gillet se garda bien de réclamer; mais il se promit d'être plus adroit une autre fois : aucune pensée de remords n'entra dans son cœur.

Cependant les exigences de l'adolescent croissaient avec ses forces de jour en jour. La malheureuse mère en vint à le redouter, et lui donna bien souvent l'argent du ménage pour éviter les discussions. Il arriva même que, vaincue par ses câlineries hypocrites, elle eut la faiblesse de recourir aux emprunts pour satisfaire à ses demandes.

Lucie soutirait de son côté tout l'argent qui lui tombait à portée de la main, et le dépensait follement en objets de toilette ou en friandises.

Quant au père, à qui l'on essayait de cacher ce gaspillage, il continuait, sans penser au lendemain, sa vie ruineuse.

Bien des gens qui sont idolâtres de leurs enfants, qui cèdent à toutes leurs fantaisies, qui les gâtent en un mot, s'imaginent que ces êtres ainsi adulés leur rendent au moins une partie de leur tendresse..... Hélas! il n'en est rien; et, plus un enfant acquiert d'empire sur leur esprit, plus il en obtient d'actes de complaisance, et moins il les aime. L'amour est nécessairement fondé sur l'estime, et les parents de l'enfant gâté rampent devant lui. Comment attacherait-il du prix à ce qu'il foule aux pieds tous les instants du jour? Ce qu'il recherche uniquement c'est la satisfaction de ses goûts. Le plus sûr moyen de rendre un enfant égoïste, c'est de le gâter.

Voyez la mère Gillet qui veut empêcher un jeune garçon de quatorze à quinze ans d'aller au cabaret :

— Mon père y va bien : je veux y aller aussi !

— Mon enfant, ton père a tort. Reste ici, je t'en conjure, dit la malheureuse en l'entourant de ses bras pour l'empêcher de sortir.

— Laisse-moi donc ! tu m'ennuies : je suis un homme maintenant !

La Gillette s'obstine, et veut essayer de le retenir en faisant appel à ses meilleurs sentiments; mais c'est encore en vain.

— Tu n'aimes donc pas ta mère ! fait-elle en joignant les mains et avec un accent qui aurait attendri une bête féroce.

Philippe, un instant remué, a comme honte de ce bon mouvement. Il refuse d'écouter la voix de la nature, détourne la tête, repousse brutalement celle qui lui a donné le jour, et sort.

Les anges du ciel se voilent la face devant de tels actes, mes enfants. Ils savent que Dieu ne laissera pas impuni ce sanglant outrage à son quatrième commandement, et connaissent le poids de cette terrible sentence :

« Malheur à celui qui désole son père ou sa mère, car on verra le flambeau de sa vie s'éteindre dans les ténèbres ! »

CHAPITRE XL.

LA PREMIÈRE COMMUNION.

> J'ai attendu le Seigneur avec persévérance, et il
> s'est enfin abaissé vers moi.   (*Ps.* 33.)

Reposons-nous des scènes que nous n'avons esquissées qu'à regret sur des tableaux plus consolants.

Le jour de la première communion approche. Chaque deux ou trois ans seulement, on la fait en grande solennité.

Alphonse se prépare à renouveler ce grand acte, qu'il avait accompli quelques années auparavant. Camille et Eugénie redoublent de sagesse, et repassent le catéchisme avec zèle, espérant être admis à leur tour. Ils ont atteint l'âge de onze ans. Leur bonne conduite et leur instruction ont fixé le choix de M. le curé.

Gillet et ses compagnons, qui avaient été refusés déjà, tentent bien, par une conduite assez bonne pendant quelques jours, d'obtenir leur admission. Mais le curé, qui connaît leur cœur, hélas ! bien gâté, veut leur faire subir de longues épreuves qui les découragent bien vite : les malheureux devront renoncer cette fois encore au bonheur de la table sainte.

Enfin le grand jour arrive. Voici venir une procession où l'on compte d'abord plus de cinquante jeunes filles couvertes d'un long voile et de vêtements d'une éclatante blancheur. Un grand nombre de jeunes garçons, ayant un pantalon blanc et une blouse bleue retenue autour de la taille par une ceinture de cuir verni, viennent ensuite. Tous portent de gros cierges bénits, et chantent de saints cantiques.

Avant le saint Sacrifice, le curé monte en chaire, et

redit à cette pieuse jeunesse ses avis pour approcher dignement de la table où le Sauveur des hommes a bien voulu se donner à nous comme nourriture. La messe commence ensuite au milieu d'un recueillement profond.

Au moment de la communion, le digne prêtre, tenant le saint ciboire entre ses mains, adresse un petit discours à ses ouailles :

« C'est ici le Saint des Saints, leur dit-il. Vous allez recevoir dans votre bouche Celui que le ciel et la terre ne peuvent contenir. Il se fait humble pour vous ; il cache sa grandeur et sa puissance infinies sous les voiles eucharistiques. Mes enfants, faites un acte de contrition pour vos fautes de la vie passée, et puis dites-lui, à ce Dieu d'amour, de ces douces et tendres paroles comme le cœur sait en trouver. Dites-lui que vous l'aimez de toute votre âme ; que vous lui serez fidèles, et que vous n'oublierez jamais les promesses du baptême, que vous avez renouvelées tout à l'heure. Ne manquez pas, en ce jour de grâces et de bénédictions, de prier pour vos bons parents et pour vos supérieurs. Faites aussi de vives instances au Seigneur pour la conversion de vos condisciples que leurs défauts ont éloignés encore une fois de cet adorable sacrement. »

Les jeunes gens, doucement remués par ces paroles, allèrent s'agenouiller avec respect à la table sainte, et accomplirent le grand acte de la communion.

M. Bousquet, M. Bonami, Mademoiselle Dumont, les autorités locales, la famille Valdey, etc., se joignirent à la foule des pères et mères qui avaient accompagné leurs enfants au banquet sacré. Ils sentaient le besoin de donner ce grand exemple à la jeunesse, et de se retremper à leur tour dans le sacrement de l'amour divin.

Le curé reprit ainsi la parole :

« Que cette belle journée, mes enfants, ne s'efface

jamais de votre mémoire ! Lorsque le souffle des passions essayera d'arriver jusqu'à vous, revenez au pied des autels rappeler à votre esprit les engagements de ce jour et le bonheur céleste que vous avez goûté. A ce touchant souvenir, vous sentirez une nouvelle force contre le mal, et votre vie s'écoulera avec la paix d'une bonne conscience. »

Dans chaque maison où se trouvait un jeune communiant, on fit un modeste festin, qui termina cette belle journée.

— Eh bien ! mes amis, êtes-vous heureux aujourd'hui ? dit la vieille Marguerite en jetant un coup d'œil maternel sur ses petits-fils, qui l'entouraient avec un respectueux empressement.

— C'est un des plus beaux jours de la vie, dirent-ils à la fois.

— « Ce n'est pas assez ; mais vous êtes jeunes, et les termes de comparaison vous manquent. Écoutez ce qu'en pensait le grand Napoléon Ier, dit le père Valdey. Un jour qu'il recevait les félicitations de ses généraux à la suite d'une éclatante victoire, il dit à son illustre entourage : « Savez-vous, Messieurs, quel a été le plus beau jour de « ma vie ? — C'est celui de votre première victoire, « répondit Masséna. — Non, vous vous trompez. — « C'est le jour de la naissance de l'héritier de votre empire, dit le maréchal Ney. — Dieu sait que j'ai vu cet « événement avec bien du bonheur, mais ce n'est pas « cela. — Alors nous ne devinons pas du tout, disaient les plus habiles en tortillant leurs longues « moustaches. — Eh bien ! dit l'empereur, *c'est le jour de* « *ma première communion.* »

« Que cette pensée du plus grand homme des temps modernes soit gravée profondément dans vos cœurs, mes enfants !

— Je lisais ces jours-ci, dit à son tour Louise, un

trait assez touchant sur le résultat d'une bonne première communion.

« Un voleur de grand chemin allait monter à l'écha-
« faud dans quelques heures, et s'obstinait à refuser les
« secours de la religion. Un saint prêtre, qui l'exhortait
« inutilement au repentir de ses crimes, eut l'idée de
« lui demander s'il avait fait une bonne première com-
« munion. — Oui, monsieur le curé, lui répondit cet
« homme en portant la main à son cœur ; je le crois
« car je l'ai senti là. — Eh bien ! mon ami, étiez-vous
« heureux pendant cette journée ? — A ce souvenir, le
« condamné fut attendri. Il baissa la tête en pleurant,
« fit l'aveu de ses fautes, et mourut avec tous les senti-
« ments de la résignation à la volonté de Dieu. »

CHAPITRE XLI.

HISTOIRE DE MYETTE.

> La bonne éducation de la femme est la
> sauvegarde de la société.

Quelques jours après, au moment où Pierre traversait
la place du Rivelin, son attention fut éveillée par les
cris d'une multitude de gamins qui dansaient une ronde
échevelée autour d'une jeune fille de 11 à 13 ans. Celle-
ci, à demi-vêtue d'une robe d'indienne, avait la tête
couverte d'un méchant bonnet percé de trous, d'où
s'échappaient en désordre des boucles de cheveux
noirs. Ses bras et ses pieds étaient nus. Elle essayait de
temps à autre de rompre le cercle qui la retenait prison-
nière ; mais les enfants se serraient alors pour lui
fermer le passage et riaient bruyamment de ses regards
qui lançaient des flammes et de ses menaces impuissantes.

— Arrière, gamins, s'écria Valdey !

Les drôles obéirent et laissèrent enfin toute liberté à

la petite fille qui s'approcha de son libérateur, en jetant à ses adversaires un regard courroucé.

— Qui es-tu, mon enfant, lui dit Pierre d'un ton paternel ?

— Je suis la nièce d'une marchande de chapelets qui est morte la semaine dernière à Saint-Victor et je m'appelle Myette.

— Es-tu venue toute seule ici ?

— Je le crois bien. Ils parlaient de m'envoyer au procureur du roi, et je me suis enfuie.

— Viens avec moi, petite ; nous tâcherons de te venir en aide.

En entrant chez lui, avec sa nouvelle recrue, Pierre ne trouva d'abord que l'oncle Brunet.

— Que veux-tu faire de cela, fit le vieillard avec un geste de dégoût ?

Myette, d'un caractère violent et piquée au vif, n'attendit pas la réponse de Valdey et croisant les bras sur la poitrine lui dit d'un ton plein d'impertinence :

— Est-ce que ce Monsieur est le maître ici ?

— Oui, ma petite.

— Tant pis....

— Pourquoi cela ?

— C'est parce qu'il est méchant et veut me chasser.

— Ah ! ah ! ah ! la vipère commence à mordre ! Tu as fait là une belle trouvaille, neveu !

— Un peu de patience, mon oncle ; cette enfant n'a ni parents ni abri. Laissez-vous aller à votre bonté naturelle ; excusez son manque d'éducation et permettez-moi de lui offrir un gîte provisoire.

Le vieillard, pour toute réponse, haussa les épaules et sortit en grommelant, pendant que Myette, avec l'insouciance de son âge et de ses habitudes nomades, prenait ses ébats dans la cour.

Sur ces entrefaites, Louise entra en compagnie de

Mademoiselle Dumont. Valdey leur raconta l'histoire de Myette. La digne institutrice lui dit avec beaucoup de sagesse :

— Vous avez des enfants, voisin ; il serait imprudent d'admettre au milieu d'eux une inconnue. Je me chargerai volontiers de cette jeune fille, et qui sait si elle ne deviendra pas un jour une excellente ménagère ?

Ensuite, appelant Myette :

— Veux-tu venir avec moi, mon enfant ?

— Je le veux bien, puisque je ne puis faire autrement, répondit-elle avec une sorte d'effronterie et sans éprouver la moindre reconnaissance pour sa bienfaitrice.

Mademoiselle Dumont l'emmena, tout en se demandant si elle n'allait pas se charger d'une tâche au-dessus de ses forces.

— C'est Dieu, se disait-elle, qui l'a placée sur mon chemin ; je remplirai le devoir que je me suis imposé et sa providence fera le reste.

Quelques moments après, Louise accourait chez l'institutrice, et toutes deux, aidées de la vieille servante Marion, qui maugréait de toute son âme, nettoyaient de leur mieux la pauvre étrangère, dont la malpropreté était extrême ; après une heure d'un travail des plus désagréables, elles vinrent à bout de leur tâche. Myette fut revêtue d'un habit complet devenu trop étroit pour Eugénie. Elle courut se regarder au miroir et se pavana longtemps dans une toilette qui lui semblait un merveille, malgré sa simplicité.

Mademoiselle Dumont et Louise la laissèrent livrée à ses impressions, afin de découvrir les côtés les plus abordables de son caractère et commencer par là son éducation.

Pendant qu'elles causaient dans une pièce voisine, elles entendirent tout à coup de grands cris dans la rue et mirent promptement la tête à la fenêtre.

— Qu'y a-t-il, dit Mademoiselle Dumont à une groupe d'enfants qui paraissaient avoir été trempés dans le ruisseau et qui gesticulaient avec fureur, en montrant une fenêtre de sa maison ?

— Voyez donc, mademoiselle, comme votre lutin de bohémienne nous a arrangés, firent-ils en secouant leurs habits et leur coiffure !

Myette, ayant été appelée, se présenta avec assurance demandant ce qu'on lui voulait.

— Est-ce vous qui avez jeté de l'eau à ces enfants ?

— Non, mademoiselle, répondit la jeune fille sans sourciller.

— Vous ne dites point la vérité, mon enfant, et c'est ajouter un nouveau mal à celui que vous avez commis.

Myette, étonnée de cette modération, leva ses grands yeux noirs et intelligents sur le doux et imposant visage de l'institutrice et, pour la première fois de sa vie, elle sentit remuer quelque chose en son cœur.

— Voyons, ma fille, répondez franchement.

— Mademoiselle, dit-elle d'une voix basse, c'est bien moi.

— Quel motif aviez-vous d'agir de la sorte ?

— Ces enfants étaient au nombre de ceux qui se moquaient de moi tout à l'heure.

Mademoiselle Dumont obligea Myette à s'excuser auprès des enfants, mais elle n'oublia pas de leur rappeler qu'ils avaient eu les premiers torts.

Le lendemain, Myette se vengea encore de quelques autres en les faisant choir à terre, au moyen d'une corde qu'elle avait habilement dissimulée dans la paille, qui encombrait la rue. Cette fois elle dut subir une punition sévère et les justes réprimandes de sa maîtresse. Cependant, au bout de quelques semaines, l'influence de Made

moiselle Dumont sur l'esprit de son élève commençait
à se faire sentir.

— Mademoiselle est très-bonne pour moi, se disait-
elle ; mais, comme je ne suis pas toujours sage et obéis-
sante, elle me punit quelquefois. Ce qui me chagrine le
plus, c'est l'air grave et sévère qu'elle prend toujours
lorsque j'oublie ses avis. Ma tante ne se contentait pas
d'éclater en reproches ; mes épaules ont senti bien des
fois le poids de sa main ou du bâton, et cependant je ne
faisais guère que ma volonté. Allons, Myette, tu as
trouvé sur ton chemin une bonne mère. Tâche qu'elle
ne te regarde plus qu'avec les yeux si doux et si cares-
sants qui pénètrent jusqu'au fond de ton âme et te rendent si heureuse.

Telles étaient les réflexions qui occupaient souvent l'esprit de la jeune fille et qui donnaient l'espérance que
les soins dont elle était l'objet amèneraient d'heureux
résultats.

Mademoiselle Dumont lisait dans l'âme de Myette
comme dans un livre ouvert. Elle avait déjà remarqué
que ses yeux pétilláient de satisfaction lorsqu'elle
lui accordait un peu de confiance. Un visage austère
suffisait pour rappeler la petite désobéissante au sentiment du devoir.

— Bonne maîtresse a l'air sévère, se disait-elle :
soyons plus sage afin que cela change au plus tôt.

Quant à l'institutrice, elle ne négligeait rien pour
développer dans cette âme, jusque-là livrée aux plus
fâcheuses impressions, le germe des meilleurs sentiments. Elle s'était vite aperçue que le fonds était riche,
mais que, semblables aux plantes nuisibles qui dévastent
les meilleures terres si elles ne tombent en de bonnes
mains, les défauts l'avaient envahie presqu'en entier.

— Il faut déraciner dans cette pauvre âme les nombreux
tyrans qui la gouvernent, se dit-elle, et, une fois la

place bien préparée, nous y sèmerons du bon grain à l'exemple du divin Maître.

Mademoiselle Dumont avait deux pensionnaires, filles d'une amie d'enfance : l'aînée, nommée Céphise, était d'un caractère expansif et plein de bonté. C'était une belle enfant fraîche et blonde qui exerçait un charme irrésistible sur tous ceux qui l'entouraient; son gracieux sourire avait souvent désarmé les petites colères de ses compagnes qui l'aimaient de tout cœur.

Sa sœur Julienne était vive et capricieuse. Quoi-qu'elle ne fût pas foncièrement méchante, elle se faisait un bonheur de se divertir aux dépens de ses condisciples qui le lui rendaient de leur mieux. Elle entreprit de faire de Myette son souffre-douleur ; mais elle trouva que la jeune fille était capable de lui tenir tête : aussi fut-elle obligée d'agir avec circonspection.

Céphise, au contraire, reprochait doucement, mais avec fermeté, ses taquineries à Julienne et cherchait à dédommager l'orpheline par toute sorte de petits services et de gracieusetés. Elle devint ainsi une auxiliaire très-utile pour Mademoiselle Dumont.

Cependant Myette, dont toute l'industrie consistait à savoir faire des chapelets, s'ennuyait d'autant plus qu'elle avait dû renoncer à folâtrer avec les enfants dans les rues et que le travail manuel lui avait été simple-ment conseillé et nullement rendu obligatoire. Un jour qu'on travaillait à l'école, pour une famille indigente, elle se dit :

— Si je savais coudre et tricoter, je serais utile aux autres et à moi-même. Mais pourquoi n'apprendrais-je pas comme tant de jeunes filles ? J'ai manqué jusqu'ici de persévérance et d'ardeur pour le travail. Soyons enfin bonne à quelque chose !

Là-dessus elle demanda une aiguille, du fil et des ourlets à faire. L'institutrice, qui avait hâté de tout son pouvoir ce moment si désiré, l'encouragea dans ses essais et, au bout de quelques jours, elle vit avec satisfaction que l'aiguille diligente de Myette promettait une habile couturière pour l'avenir.

Les difficultés de la lecture et la honte d'être reléguée avec des enfants de cinq à six ans avaient d'abord rebuté la pauvre orpheline ; mais, grâce à Céphise qui lui donna des leçons particulières et prit au sérieux son rôle de monitrice, elle devança bientôt ses compagnes. Au bout de deux mois, Myette lisait couramment et savait assez bien écrire. Elle fut plus rebelle aux leçons d'arithmétique. La mobilité naturelle de son caractère se pliait avec peine à la rigidité des chiffres.

Mademoiselle Dumont n'avait jamais pu vaincre entièrement la paresse que Myette avait en quelque sorte sucée avec le lait. Lorsque le réveil sonnait à cinq heures, il fallait la secouer avec vigueur pour la tirer de sa couchette. Comme les servantes du bon La Fontaine, elle aurait volontiers mis en pièces l'innocent instrument auquel elle attribuait la brusque interruption de son sommeil. Au lieu de s'occuper activement des travaux de propreté et de bonne tenue qui lui étaient communs avec ses condisciples, elle maugréait pendant un quart d'heure, assise sur son escabeau, les bras croisés ou les mains dans les cheveux. Julienne profitait de cette déplorable incurie pour inventer quelque méchant tour qui, d'ordinaire, lui était rendu avec usure, sans préjudice des comptes qu'il fallait régler avec l'institutrice. La bonne Céphise, au contraire, encourageait la petite paresseuse, l'aidait à faire son lit, à se peigner, à ranger ses habits et son linge, et lui répétait souvent ces paroles de Mademoiselle Dumont : « Le travail et l'ordre sont indispensables dans « toutes les conditions ; ils valent de l'or et préviennent en « faveur de ceux qui en font la règle de leur conduite ».

Myette n'avait aucune idée raisonnable sur la religion.

En entrant à l'école, elle dut apprendre la prière quoti-
dienne et les premiers éléments du catéchisme. A,
mesure qu'elle avançait dans la connaissance des vérités
religieuses, son âme s'ouvrait avec plus de facilité aux
meilleures impressions; la violence de son caractère en
était tempérée; son incurie perdait chaque jour du terrain, et souvent un mot coupable ou inconvenant, dicté
par quelques malheureuses réminiscences du passé,
venait expirer sur ses lèvres. Le mauvais levain se réchauffa dans beaucoup de circonstances, mais la sollicitude vraiment maternelle de Mademoiselle Dumont, les
avis et les bons exemples de l'excellente Céphise, et le
sentiment du devoir qui se gravait de plus en plus dans
son âme sous la parole du digne curé, avaient raison de
ces fâcheux retours aux anciennes habitudes.

Enfin, après deux ans de luttes incessantes, l'esprit du
mal fut vaincu, et la pauvre enfant, désormais maîtresse
de sa volonté, fut admise à la table sainte et reçut en
même temps le sacrement de confirmation.

Ce fut un beau jour pour l'institutrice ainsi que pour
la jeune Céphise et la famille Valdey. Quant à Myette,
elle n'était plus cette enfant indocile, ignorante, sacri-
fiant trop volontiers à la vengeance et à la paresse; mais
c'était une jeune fille vraiment chrétienne, dont l'âme
intelligente s'était éprise des vérités sublimes de la religion. Elle promit de commencer une nouvelle existence
et d'être fidèle jusqu'à son dernier jour à cette résolution
solennellement jurée au pied des autels.

Au retour de l'église, la pauvre orpheline était comme
transfigurée par une sorte de reflet divin. Mademoiselle
Dumont la reçut dans ses bras en versant des larmes de
bonheur.

·CHAPITRE XLII.

SUITE DE L'HISTOIRE DE MYETTE.

C'est la bonne éducation qui seule peut conduire à la vertu, qui seule est capable de procurer le bonheur. (PLATON.)

Les femmes n'ont-elles pas à remplir les devoirs qui sont les fondements de la vie humaine? (FÉNELON.)

Le lendemain de ce grand jour, Myette se leva de bonne heure et déploya une merveilleuse activité. Alerte, vive et profondément heureuse du grand acte qu'elle avait accompli, comprenant enfin la valeur des soins si délicats et si nombreux dont elle avait été l'objet, elle semblait se multiplier, tant elle avait hâte de racheter ses heures de paresse. C'était maintenant à son tour de donner un coup de main à celle de ses compagnes qui était en retard. La vieille servante elle-même n'était point oubliée.

— Julienne me tient rigueur; mais, à ton exemple, je sais un moyen de la rendre meilleure à l'égard d'autrui : je lui rendrai tant de petits services, je l'aimerai de si grand cœur, qu'elle sera bien forcée de m'accorder en retour un peu d'affection.

Telle était la résolution dont elle faisait confidence à la bonne Céphise qui lui répondait en se jetant dans ses bras.

La généreuse enfant tint parole. Elle se substituait à l'espiègle toutes les fois qu'elle pouvait lui éviter un chagrin ou une fatigue. Julienne avait-elle une punition : elle lui tenait compagnie, la consolait et en prenait sa large part. Éprouvait-elle des difficultés pour apprendre

une leçon ou faire ses devoirs : Myette lui venait en aide
et lui rendait la tâche moins pénible en cherchant à les lui
bien faire comprendre. Faisait-elle une chute, éprouvait-
elle une indisposition : l'orpheline lui prodiguait tous les
soins imaginables et avait pour elle toutes les délicatesses
de l'amitié. En un mot, elle partageait avec Céphise tous
les chagrins de son ancienne persécutrice.

Tant de bonté gagna enfin le cœur de Julienne. Elle
se jeta un jour, les larmes aux yeux, au cou de Myette
en lui disant :

— J'ai été bien coupable à ton égard ; mais je le regrette de tout mon cœur, veux-tu me pardonner et devenir mon amie ?

— C'est déjà fait depuis longtemps, lui fut-il répondu
avec le plus gracieux sourire accompagné d'une étreinte
fraternelle.

Mademoiselle Dumont suivait avec une vive sollicitude
toutes les phases de l'éducation de ses élèves. Elle avait
déraciné d'une main ferme et habile tous leurs défauts
et déposé à leur place le germe de toutes les vertus. Au
lieu de parler toujours par sentences, elle racontait volontiers des anecdotes choisies, avec le tact que l'expérience lui avait donné et en faisait trouver par ses élèves
les mobiles ou les principes.

Les jeunes filles étaient en apparence livrées à elles-
mêmes, car l'autorité et la sollicitude demeuraient volontiers dans l'ombre, jusqu'au moment où la nécessité
de paraître s'en faisait sentir. Il en résultait que les caractères des élèves se montraient aisément à découvert,
que l'hypocrisie était fort rare et qu'il était facile de choisir un remède efficace contre un mal dont la nature et
les ravages étaient exactement connus.

L'instruction proprement dite était dirigée de manière
à prêter un concours utile au développement des facultés morales. Au lieu de donner à son enseignement une

trop grande étendue et de l'affaiblir ainsi, l'institutrice avait organisé des cours réguliers, nettement arrêtés et ne comprenant guère que les matières indispensables. Les élèves pouvaient résumer ses leçons en quelques moments ; car, semblable à la goutte d'eau qui creuse les pierres les plus dures, lorsque le torrent impétueux passe au-dessus d'elles sans les entamer, sa parole nette, précise, développant avec méthode un programme tracé d'avance avec sobriété, laissait des traces ineffaçables. Chaque samedi, mademoiselle Dumont faisait une intéressante revue des leçons de toute la semaine, et chaque trimestre, avait lieu un examen en présence de l'autorité locale qui distribuait des récompenses aux meilleures élèves.

L'éducation physique n'était point négligée. On exerçait les jeunes filles à la marche, au saut, à la course, au cerceau, à la corde, à la balle, etc., etc., en veillant sur elles avec sollicitude pour éviter les excès ou prévenir les accidents.

Mademoiselle Dumont, sachant bien que la plupart de ses élèves devaient se trouver un jour à la tête d'une famille, leur donnait des leçons sur la bonne direction d'un ménage. Elle leur apprenait à tenir un livre de recettes et de dépenses, à connaître le prix et la valeur réelle des aliments, des étoffes, des objets de poterie, de mercerie, etc. ; à rapiécer les habits, à faire toute sorte de reprises et au besoin à confectionner elles-mêmes leurs robes, leurs tabliers et leurs effets de lingerie. Elle obligeait chacune de ses élèves de dernière année, à se faire un album contenant toute sorte de modèles pour les vêtements, les coutures, etc., à l'imitation de celui qu'elle avait formé, avec beaucoup de soin, de ses propres mains.

La vieille Marion enseignait à son tour une cuisine simple et frugale, ainsi que la propreté et la disposition des ustensiles et les meilleurs moyens de conserver les provisions de ménage.

· Chaque jeudi, on visitait le jardin de Valdey qui se faisait un plaisir d'expliquer aux élèves les soins à donner aux plantes potagères.

— Vous le savez, mes enfants, leur disait-il, dans nos jardins, les hommes ne font que les gros travaux; presque toutes les femmes plantent, sarclent et arrosent les légumes et s'occupent de la conservation des fruits. Il n'est pas inutile que vous appreniez à votre tour les notions les plus indispensables pour la bonne culture des jardins.

Là-dessus, il leur donnait des leçons d'horticulture d'autant meilleures qu'il leur en montrait l'application immédiate. Les enfants mettaient volontiers la main à l'œuvre, et les plus laborieuses étaient récompensées par une bonne parole, ajoutée au don de quelques fleurs en pied ou en graine.

Cependant Myette avait atteint l'âge de quinze ans.

— Ma fille, lui dit un jour Mademoiselle Dumont, il est temps pour vous de choisir un état.

— Votre choix dictera le mien, ma bonne maîtresse.

— Je suis loin de vouloir vous faire adopter un état de préférence à un autre, sans connaître vos désirs. Le mieux est, ce me semble, d'examiner à nous deux ce qui pourrait vous être le plus utile.

— La profession de lingère me conviendrait beaucoup, et, si vous n'y voyez point d'inconvénient, je m'en tiendrai là.

— Votre choix me paraît fort convenable, ma fille, et dès lundi, je vous placerai en apprentissage chez Mademoiselle Joséphine, dont le mérite inspire à tout le monde la plus entière confiance.

Deux ans après, la jeune apprentie était devenue une habile ouvrière.

— Quoique vous soyez à même de pourvoir à votre existence, lui dit Mademoiselle Dumont, vous n'aurez d'autre maison que la mienne, jusqu'à ce que Dieu vous appelle à diriger un ménage. La caisse d'épargne se chargera de vos économies, et vous ferez bien aussi de déposer quelques fonds à la caisse de retraite pour la vieillesse.

Comme la jeune fille souriait à ce dernier conseil, l'institutrice reprit :

— Vous riez, parce que je parle de vieillesse à une fille de dix-sept ans; mais patience, elle viendra, plus tôt que vous ne le croyez, frapper à votre porte d'une manière inexorable; il fut un temps où j'avais aussi votre âge, il ne m'en reste que le souvenir de n'avoir pas fait tout le bien qu'il était possible de réaliser.

— Ce n'est pas là l'avis de ceux qui vous connaissent.

— Je les remercie de leur bonne opinion, mais il y a un juge incorruptible qui saura rendre à chacun selon ses œuvres, et je crains de n'avoir que bien peu de chose à lui offrir en expiation de mes fautes. Mais reprenons. Dieu seul connaît l'avenir qu'il nous a réservé. Il faut nous remettre avec confiance entre ses bras et ne pas nous inquiéter outre mesure. Toutefois, il veut que, semblables à la fourmi, nous mettions en réserve quelque chose pour l'hiver, c'est-à-dire pour le temps où l'âge et peut-être la maladie ayant épuisé nos forces, il nous deviendra impossible de travailler.

Sans doute les trésors les plus précieux sont toujours ceux *que la rouille et les vers ne sauraient dévorer*, et j'espère que vous n'oublierez rien pour grossir de plus en plus la somme de vos mérites; mais encore une fois, souvenez-vous que l'économie assure le repos des derniers jours, tandis que l'imprévoyance expose aux plus cruelles déceptions.

Myette se jeta dans les bras de la digne institutrice et lui promit de suivre ses conseils avec exactitude.

— Je pourrais vous répéter une fois de plus les admirables avis que les livres saints donnent en particulier aux personnes de notre sexe, ajouta Mademoiselle Dumont. Mais je vous conseille d'apprendre par cœur et de réciter tous les jours, comme j'en ai contracté l'habitude moi-même, le portrait de la *Femme forte*, traduit de la Bible par l'illustre Fénelon. On pourrait objecter qu'il est très-difficile d'atteindre à la perfection de ce beau modèle; mais, mon enfant, le titre de chrétienne nous oblige à faire de continuels efforts pour en approcher autant que possible. Lisons-le donc une fois de plus et demandons à Dieu la grâce de lui ressembler, en tout ce qui se rapportera à notre position.

— « Qui sera assez heureux pour trouver une *femme*
« *forte*? On la doit chercher, comme un bien d'un prix
« inestimable, jusque dans les pays les plus éloignés.
« Le cœur de son époux se repose sur elle avec con-
« fiance; et, sans avoir besoin de remporter les dépouilles
« des ennemis, il verra toujours l'abondance dans sa
« maison. Elle lui rendra le bien et non le mal, pendant
« tous les jours de sa vie. De quelque manière qu'il en
« use avec elle, elle ne néglige aucun de ses devoirs
« envers lui, et, s'il manque à régler et à soutenir sa
« famille solidaire avec lui dans cette fonction, elle y
« suppléera courageusement, couvrira respectueusement
« les fautes de son mari et réparera le mal par le bien.
« Au lieu de s'amuser, comme les autres femmes, à des
« choses frivoles, elle prendra d'abord du lin et de la
« laine; ce sera par un conseil plein de sagesse qu'elle
« s'appliquera ainsi à travailler de ses propres mains.
« Semblable à un vaisseau marchand qui porte de loin
« toutes ses provisions, elle attirera de tous côtés les
« biens dans sa maison. Bien loin de s'endormir dans la

« mollesse, elle se lèvera avant le jour, afin de pour-
« voir à la nourriture de ses domestiques et de ses
« servantes. Ne vous la représentez pas comme une
« femme vaine et délicate ; la voilà qui ceint déjà ses
« reins pour agir avec plus de liberté et de force et qui
« endurcit ses bras au travail. Elle goûte et elle a
« compris combien cette vie agissante est bonne : aussi
« veille-t-elle sur toutes choses, et elle ne laisse jamais
« éteindre sa lumière chez elle pendant la nuit, afin de
« voir tout ce qui se passe. Si ses doigts ne méprisent
« point le fuseau, sa main n'en est pas moins prompte
« pour les travaux qui semblent les plus rudes. Ne
« croyez pourtant pas qu'elle se donne tant de soins par
« un sentiment d'avarice. Ses bras, qui sont infatigables
« au travail, s'étendent souvent chaque jour en faveur
« des pauvres, qu'elle soulage dans leurs misères. Elle
« ne craint point pour sa famille la rigueur de l'hiver ;
« elle a pourvu aux besoins de toutes les saisons, et
« tous ses domestiques ont deux paires d'habits. Son
« époux est un homme considérable aux portes de la
« ville, c'est-à-dire dans les assemblées publiques et
« dans les conseils. Elle travaille à divers ouvrages pour
« des manteaux et pour des ceintures, et elle en fait
« commerce avec les étrangers. La force de son corps
« exercée au travail et sa beauté naturelle sont ses
« ornements, sans qu'elle ait besoin d'en emprunter par
« un vain artifice. Aussi verra-t-elle la mort sans en
« être étonnée ; toujours préparée à la recevoir, elle s'y
« résoudra avec un cœur soumis à la Providence et avec
« un visage riant. Accoutumée à se taire et à trancher
« les discours inutiles, elle n'ouvre sa bouche qu'à la
« sagesse, que pour instruire et édifier. Une loi de
« clémence, de distinction et de charité pour le pro-
« chain conduit sa langue et règle toutes ses paroles.
« Elle observe tout ce qui se fait chez elle ; elle veille

« sur la conduite de ses domestiques ; elle étudie leurs
« inclinations et leurs habitudes; elle suit, pour les
« bien reconnaître, jusqu'aux traces de leurs pieds.
« Ennemie de la mollesse et de l'oisiveté, elle gagne sa
« vie par son travail, dans sa propre maison, et au
« milieu de ses biens mêmes. Ses enfants, qu'elle
« élève, charmés de sa sagesse, admirent son bonheur
« qui en est le fruit. Ils se lèvent, ils s'écrient publique-
« ment qu'elle est heureuse, qu'elle est digne de l'être,
« et son époux, joignant ses louanges aux leurs, lui dit :
« Beaucoup de femmes ont enrichi leurs familles, mais
« vous les avez toutes surpassées par vos vertus et par
« votre conduite. Les grâces sont trompeuses, la beauté
« n'est qu'un éclat vain et fragile ; mais la sagesse d'une
« femme, pleine de la grâce de Dieu, mérite une
« louange immortelle. »

CHAPITRE XLIII.

MORT DE L'ARCHEVÊQUE.

> Un bon pasteur donne sa vie pour
> ses brebis.   (*Evangile.*)

> Les désirs des pécheurs périront.
> (*Ps.*)

La révolution de 1848 arriva sur ces entrefaites. Tous
les bas-fonds de la société s'agitèrent. Il vint des individus à figure sinistre portant une barbe épaisse et une
ceinture rouge, pour organiser les clubs. M. Dorat, qui
avait administré la commune pendant si longtemps, fut
obligé de résigner ses fonctions entre les mains d'un vieil
utopiste qui s'imaginait pouvoir contenir la révolution
de sa main débile. Les idées les plus subversives eurent
le champ libre. Gillet et ses compagnons étaient dans

la joie, s'imaginant que le nouveau régime allait supprimer le travail, et tenir la cave toujours garnie.

A force d'entendre des folies comme celles-ci : *Les propriétaires sont des voleurs*..... *Les prolétaires sont tout, et les autres rien..... L'égalité la plus parfaite doit présider aux destinées de l'homme*, etc. , ces malheureux en vinrent à jeter des yeux de convoitise sur le bien de leurs concitoyens, et n'attendaient qu'une occasion pour réaliser leurs coupables désirs.

Lorsque Gillet avait la tête pleine de vin, il voulait être sous-préfet, et menaçait les honnêtes gens, M. le curé, M. Bousquet, M. Bonami, Pierre Valdey, etc., en tête, oubliant, à cette heure-là, ses grands mots d'*égalité* et de *fraternité*.

Duret voulait aussi sa part du gâteau, selon son expression : il avait jeté son dévolu sur la place de percepteur. Levieux s'accommodait de la justice de paix. Graillon se contentait modestement du bureau de poste, quoiqu'il sût à peine lire. Quant au chaudronnier, après avoir clabaudé contre les prétendus avantages que M. Dorat retirait de la mairie, il voulait bien l'écharpe, mais à la condition de toucher un traitement de 1,200 fr. Enfin il n'était point de fonctions, depuis les plus élevées jusqu'à celle de garde-champêtre, qui n'eussent été distribuées à l'avance.

Le club de la jeunesse se signalait par des excentricités qui portaient à la fois au rire et à la pitié : il décida que tout fonctionnaire qui aurait atteint l'âge de vingt-cinq ans devrait être mis à la retraite comme trop vieux. Le bel âge pour bien administrer c'était celui de dix-huit ans.

Il va sans dire que les enfants Gillet, Levieux, etc., ne perdaient aucun mot de ces folies, dignes des petites-maisons.

Il vint un moment où la société trembla sur ses bases.

Une fraction du peuple de la capitale, égarée par de condamnables excitations, éleva les barricades de juin 1848. Le sang français coula pendant quelques jours à jamais néfastes.

Duret et Graillon étaient partis pour aller renforcer le contingent de l'émeute. Ils ne revirent plus Saint-Rome, et laissèrent leur vie sur le pavé sanglant.

La colère de Dieu était allumée sur notre pauvre France, dont les enfants s'entre-déchiraient avec cruauté. Il fallait une victime innocente pour apaiser sa justice, et le saint archevêque fut choisi. Armé d'une branche d'olivier, il était monté courageusement sur la barricade du fauboug Saint-Antoine, lorsque, au moment où il faisait entendre des paroles de concorde, une balle l'atteignit dans l'aine. Le digne prélat tomba pour ne plus se relever, en disant ces belles paroles : « *Un bon pasteur donne sa vie pour ses brebis* ».

Quelques heures après, Mgr Affre rendait le dernier soupir, en disant avec l'accent d'une charité héroïque : « *Plaise à Dieu que mon sang soit le dernier versé !* »

Le bourg de Saint-Rome fut dans la consternation en apprenant cette douloureuse nouvelle. On s'abordait avec émotion, et l'on parlait avec respect des vertus et de la mort du saint archevêque.

La pensée de lui élever une statue sur le lieu de sa naissance vint à l'esprit de tous, et l'on s'occupa immédiatement des moyens de réaliser cette œuvre nationale.

Le 10 décembre suivant, les destinées du pays étaient remises entre les mains du prince-président.

Le nouveau chef inaugurait son administration en donnant aux hommes capables et intègres la direction des affaires. M. Bousquet recevait l'écharpe de maire ; on renouvelait le conseil municipal, et la garde nationale était réorganisée. Le vieux Clopin lui-même recevait de nouveau sa plaque de garde-champêtre.

Grâce au retour de l'ordre et à la vigilance des autorités, les intrus rentrèrent dans l'obscurité d'où ils n'auraient jamais dû sortir.

CHAPITRE XLIV.

LES DEUX COUSINS.

> L'éducation est le premier devoir
> des parents. (DUMARSAIS.)

L'année 1849 s'annonçait sous les plus favorables auspices. On voyait les moissons dorées par les rayons d'un beau soleil, les champs plantés de légumes, les vergers et surtout les vignes offrir aux yeux du cultivateur les plus brillantes espérances.

Les mauvaises passions n'avaient point encore dit leur dernier mot ; mais le prince-président tenait le pied sur la gorge à l'anarchie, et la France, sous sa main ferme et paternelle, se remettait de ses convulsions.

Le peuple, confiant dans l'avenir, préparait en chantant les cuves et les tonneaux pour serrer une abondante vendange. C'était partout l'image de la paix et des heureux fruits qu'elle nous donne.

Valdey avait conservé les meilleures relations avec M. Portal, un de ses parents, établi à Rodez. Cette année-là, le cousin vint passer une quinzaine de jours à Saint-Rome pour se remettre des fatigues de son bureau. Il descendit d'une voiture de louage avec sa femme et ses deux enfants, Daniel et Blanche, suivi d'une foule de caisses, malles, cartons, etc., qui renfermaient de merveilleuses toilettes.

Daniel avait dix ans : c'était un blondin rieur et étourdi. Blanche, en dépit de son nom, était brune, et ses yeux noirs, entourés d'un cercle de bistre, annonçaient un tempérament nerveux et délicat.

La meilleure chambre fut donnée aux visiteurs, qui s'y installèrent avec leur immense attirail.

Daniel eut bientôt fait le tour de la maison, effarouché les poules, et détruit les plus belles fleurs du jardin. Les enfants de Valdey le regardaient avec étonnement, et semblaient lui dire : « On croirait volontiers que tu ignores le premier mot de la civilité ».

Ce fut bien pis lorsqu'arriva le moment de se mettre à table. Les deux petits cousins s'emparèrent des siéges qui étaient à leur convenance, et s'y établirent.

— Mes enfants, dit M. Portal, quittez ces places, et attendez qu'on vous désigne les vôtres.

— Non, je ne veux pas !.... dirent-ils à l'unisson.

— Obéissez donc, vilains.

— Non, je ne veux pas !.... Et ils se mirent à pleurer bruyamment.

— Ne pleurez pas, mes bijoux, dit la mère qui enlaça Daniel de ses bras, tandis que son mari en faisait autant à la petite Blanche. Gardez, gardez vos places : le cousin le permet.

Valdey jeta un coup d'œil aux siens, qui se mirent à table avec ordre et en silence. Alphonse récita le *Benedicite*, pendant que les petits volontaires battaient la mesure avec leur cuiller et leur fourchette.

— Veux-tu du potage ? dit Madame Portal en s'adressant à son fils.

— Oui, maman, beaucoup ! beaucoup ! encore !

— Et toi, Blanche?

— Non, je n'en veux pas.

Louise servit ses enfants sans consulter leur goût.

— Daniel, tu ne manges pas le potage? reprit Madame Portal.

— Tu m'en as trop donné.

— Mais c'est toi qui l'as voulu !

— Ce n'est pas bon : je ne l'aime pas.

— Fi! le vilain! tais-toi.

— Et pourquoi donc?

— Parce qu'il faut se contenter de ce que l'on vous donne.

— Et si je n'ai pas faim? Mange-le, toi, fit-il en vidant son assiette dans celle de sa mère qui se contenta d'en rire tout en rougissant jusqu'au blanc des yeux.

— Blanche, veux-tu de la viande?

— Oui, maman.

— Moi j'en veux! s'écria Daniel.

— Tu n'avais pas faim tout à l'heure?

— J'ai faim de viande maintenant.

— Tiens donc, désagréable!

En même temps Madame Portal sentit le besoin de présenter quelques excuses pour la conduite de ses enfants.

Pendant cette petite comédie, Pierre avait essayé d'une conversation avec M. Portal, et fait semblant de ne rien entendre.

Lorsque le dessert arriva, les deux enfants gâtés se dressèrent instantanément, et, semblables à des oiseaux de proie, fondirent sur les pêches et les raisins. Quant à ceux de Valdey, ils étaient stupéfaits de cette audace. M. et Madame Portal finirent par rougir de la conduite de leurs enfants, et les reprirent avec aigreur. Mais ceux-ci, qui ne connaisssaient d'autre règle que leur volonté, jetèrent les hauts cris, et, de dépit, lancèrent les fruits contre le pavé.

Lorsque fut venu le moment de se coucher, on fit la prière en commun. Alphonse et ses frères, après avoir salué et embrassé leurs parents, allèrent se mettre au lit avec leur sérénité habituelle.

— Allons, mes petits, à votre tour, dit madame Portal.

— Je ne veux pas y aller, je ne veux pas, reprirent en chœur les enfants; je veux rester encore!

— Bah ! laisse-les, dit le père, aussi faible que sa femme.

— Je veux qu'ils m'obéissent !

— Comme tu voudras.

— Je veux rester ! continuèrent en pleurant les deux petits.

— Eh bien ! soit ! vous êtes des insupportables !

Et, comme si cet effort avait épuisé toute l'énergie de la dame, elle croisa ses bras, et laissa les petits lutins livrés à eux-mêmes. Ils firent du bruit avec les ustensiles de cuisine, bâillèrent à se démonter les mâchoires, se prirent de querelle en manière de passe-temps, et enfin s'endormirent sur les genoux de leurs parents, qui s'en débarrassèrent en les mettant au lit.

— Comment fais-tu pour rendre tes enfants sages et obéissants ? dit M. Portal à Valdey dès qu'ils furent seuls.

— Mon secret est facile ; je te le livre volontiers. Dès que l'enfant a une lueur de raison, de concert avec sa mère, je l'habitue doucement à n'avoir d'autre volonté que la nôtre.

— Mais c'est une rude tâche cela, et tu dois déployer une vigilance et une sévérité extrêmes.

— Sans doute : il faut, comme un pilote consciencieux, tenir sans cesse le gouvernail en main, et réprimer quelques écarts ; mais, comme mes enfants ont su de bonne heure qu'une faute attire immédiatement une punition en rapport avec son degré de malice, et que tout bon mouvement est assuré de sa récompense, ils n'ont aucune peine à se rendre compte de la justice de mon système, et s'y soumettent avec facilité.

— D'accord ; mais ce doit être une chose bien pénible que de les tenir en laisse à tous les instants du jour ?

— Mon ami, rien ne vient sans travail ici-bas, et,

comme dit Florian : *Sans un peu de peine, on ne peut avoir du plaisir.* Après tout, les commencements coûtent seuls quelque chose. Sans doute, de temps à autre, il se commet quelque faute assez grave ; mais petit à petit les enfants, qui ont une logique inexorable, s'aperçoivent qu'ils ont tout à gagner en faisant la volonté de leurs parents, et tout à perdre en y étant rebelles. Les bons sentiments, qu'on n'a cessé d'encourager, venant en aide, ils entrent résolûment dans le sentier du devoir, et s'y trouvent tellement heureux qu'ils n'ont guère la tentation de l'abandonner. Veux-tu que je te rapporte la fin d'une conversation d'Alphonse avec un de ses camarades d'école qui essayait vainement de l'entraîner dans une partie de plaisir ?

— Volontiers, cousin.

— Voici : « — Tu ne fais donc jamais ta volonté, Al-
« phonse ? — Ma volonté ? mais c'est de faire celle de
« mes parents et de M. l'instituteur. — Et tu es heureux
« d'être une marionnette comme cela ? Moi je n'écoute
« que ma fantaisie. — Je pourrais te demander d'abord
« si tu en es plus content. Quant à moi, lorsque je désire
« quelque chose, je le demande à mes parents, qui se
« font un plaisir de me l'accorder, si cela ne peut m'être
« nuisible. Ils savent ce qu'il nous faut mieux que nous-
« mêmes, et je sais par expérience qu'on ne gagne rien
« à mépriser leur volonté. L'on trouve au contraire de
« grands avantages dans l'obéissance ; je l'ai éprouvé
« bien des fois. Peut-on goûter quelque bonheur lors-
« qu'on fait une chose défendue ? Le remords et la crainte
« sont là, quoi qu'on fasse, qui vous torturent le cœur et
« vous gâtent le plaisir. Mais je t'ai déjà trop longtemps
« écouté : adieu. »

— Cependant, dit M. Portal, ton système doit faire éprouver à tes enfants plus de crainte que d'amour ?

— Erreur, mon ami ! ils ne s'y trompent nullement.

Ils savent que nous les aimons tous avec une vive tendresse, et que nos bras leur sont toujours ouverts, à moins qu'une faute grave n'appelle sur eux un châtiment mérité. Au reste, tu le verras toi-même : mes enfants sont gais, et, dans les moments de récréation, ils savent jouer avec toute la pétulance de leur âge. Que si nous examinons tes deux petits, nous trouverons la moitié de leur vie passée dans les cris et dans les larmes.

— Hélas ! c'est bien vrai ! Quant aux tiens, je reconnais là le fruit d'une bonne éducation ; mais je vois bien que celle de mes deux drôles est à refaire.

— Je ne te dissimulerai pas que tu as raison. Si tu veux m'en croire, tu commenceras ton œuvre le plus tôt possible. Tes enfants sont assez jeunes pour se faire aux bonnes habitudes. Essaye de concert avec Madame Portal.....

— Ah ! c'est là le *tu autem*, comme l'on dit. Ma femme songe plus à sa toilette qu'à ses enfants. Si elle s'en occupe, c'est pour les vêtir avec une recherche ridicule, fort coûteuse, et pour les gâter de son mieux. S'ils pleurent, elle pleure aussi, et ne sait rien leur refuser.

— Tout cela est d'autant plus fâcheux que tes enfants sont doués au fond d'un naturel heureux et de beaucoup d'intelligence. Bien élevés, ils feront ton bonheur, et obtiendront l'estime de tous. Mais, si tu les abandonnes à leurs fantaisies, il y a tout à craindre pour leur avenir et pour le tien. Et puis, mon cher ami, que cette réflexion soutienne ton courage dans l'œuvre que tu vas commencer : un père doit-il marchander sa sollicitude à ses enfants ? Ne sait-il pas que, indépendamment de l'intérêt de famille, si respectable à tous égards, la patrie, la société et Dieu lui-même lui ont confié dans ses enfants un dépôt dont il doit un compte rigoureux !

— Merci, cousin, de m'avoir dessillé les yeux. J'ai

autant de tort que ma femme, et je veux dès demain travailler à remplir l'obligation sacrée que j'ai contractée envers ma famille. Aide-moi de tes conseils, et, soutenu par les exemples des tiens, j'espère faire entendre raison à Madame Portal, et venir à bout de ma tâche.

Le cousin se mit résolûment à l'œuvre. Sa femme, malgré quelques défaillances, lui prêta main-forte, et, lorsqu'ils repartirent, on pouvait nourrir l'espoir que Daniel et Blanche recevraient de meilleures leçons à l'avenir.

CHAPITRE XLV.

LA VIEILLE ET LE CHIEN.

> Honorez les vieillards.
> (*Comm. de* Dieu.)

La récolte des châtaignes et des pommes de terre succéda aux vendanges. Alphonse, qui avait terminé ses petites études, et qui approchait de sa quinzième année, aidait à son père pour les travaux agricoles. Dans les premiers temps, le manche de la houe lui donna des gerçures, mais il fallut subir les petites misères de l'apprentissage.

Chaque soir Valdey se délassait de ses fatigues de la journée en continuant l'éducation de ses enfants. Il leur avait appris de bonne heure la natation et la gymnastique. Il les conduisait souvent chez les forgerons, les serruriers, les tailleurs de pierre, les menuisiers, les chapeliers, etc., et leur faisait expliquer les principes de ces divers états. Il avait en cela un double but : celui de les instruire, et celui d'examiner leurs penchants, afin de décider plus sûrement de leur vocation.

Un jour Pierre rentrait à la maison avec ses enfants,

après une visite aux ateliers. Chemin faisant, comme il leur répétait les explications des ouvriers, ils aperçurent Gillet ayant les mains dans les poches, les habits en lambeaux, les cheveux ébouriffés, une pipe à la bouche et le ventre au soleil. Ils étaient à une courte distance du gamin, lorsqu'une vieille dame portant un caniche dans son manchon vint à passer.

— Tiens, se dit le désœuvré, si l'on jouait un tour à la mère Boissec ?

Aussitôt il s'avance à pas de loup, et tire brusquement la queue du chien, qui se mit à geindre. La bonne vieille essaya de retenir le petit animal ; mais, ses pas étant mal assurés, elle tomba de tout son long.

Gillet, au lieu de chercher à réparer de son mieux l'accident qu'il avait causé, s'enfuit lâchement, abandonnant sur la place les débris de la pipe qui lui était échappée des lèvres.

Valdey et ses enfants accoururent auprès de Madame Boissec. Alphonse et Camille arrivèrent les premiers, et l'eurent bientôt mise sur pied. Joseph s'empara du chien, et l'apaisa, tandis que ses deux frères, donnant le bras à la vieille dame, la conduisaient chez eux.

Quelques légères contusions furent tout le mal qu'elle avait éprouvé. Elle passa quelques moments chez Valdey, où l'on eut pour elle toutes sortes de soins. Lorsqu'elle fut remise, elle se confondit en remerciements, ne sachant comment reconnaître les attentions délicates dont elle avait été l'objet, et reprit le chemin de sa maison, non sans avoir décoché plus d'un trait à l'adresse du méchant gamin qui s'était si indignement joué d'elle.

Quelques minutes après, Gillet était obligé de se présenter devant M. le maire, qui lui rappelait avec sévérité le respect dû à la vieillesse, et lui déclarait nettement que, à sa première faute, il ne se contenterait plus d'une réprimande.

Valdey profita de l'occasion pour renouveler ses avis au sujet des égards qui sont dûs au prochain et surtout aux vieillards. Il rappela la conduite louable de quelques jeunes gens de Lacédémone qui, dans les jeux olympiques, avaient courtoisement cédé leur place à des vieillards, au lieu de les tourner en ridicule, comme quelques adolescents mal élevés de la ville d'Athènes.

Il montra les suites funestes de certains amusements dangereux, et raconta le trait suivant :

« Un pauvre vieillard de l'hospice de Rodez, appuyé sur son bâton, réchauffait au soleil son corps glacé par l'âge, la misère et les infirmités. Quelques enfants trouvaient agréable de se livrer bataille à coups de pierres. Je fus atteint moi-même à la jambe, et je m'en plaignis avec une certaine vivacité.-Mais on ne fit aucun cas de mes observations, qui me valurent même de grossiers quolibets. Tout à coup un faible cri se fit entendre, et les combattants se dispersèrent. Je me retournai aussitôt, et je vis le pauvre vieillard s'affaisser sur lui-même. Deux jeunes gens qui traversaient la place d'Armes accoururent : nous relevâmes ensemble le brave homme, et nous le transportâmes à l'hospice. Un médecin fut appelé : il visita le malade, et reconnut à la tempe les traces d'un coup de pierre qui avait dû amener un violent étourdissement, et déterminer la chute sur le pavé. Ce dernier accident avait causé la rupture d'une artère dans le cerveau. Le docteur, aidé des sœurs de la charité, eut beau prodiguer tous ses soins au vieillard, il mourut sans avoir repris connaissance. Nous nous retirâmes consternés, en maudissant les cruels passe-temps de ces malheureux, qui venaient de causer la mort d'un homme.

« La justice se mêla de cette affaire. Elle condamna les enfants à des peines sévères ; mais le mal était irréparable. »

CHAPITRE XLVI.

LA NEIGE.

Abstenez-vous des amusements
dangereux.

Quelques semaines après, par une sombre journée de janvier, la terre se couvrit d'un manteau de neige, qui suspendit forcément les travaux agricoles.

Sur la place du Rivelin, une foule de jeunes gens de tout âge s'étaient partagés en deux camps, et se livraient une bataille acharnée. Les passants recevaient de nombreuses boules de neige égarées, ou tout au moins des éclaboussures. Au milieu des éclats de rire des combattants, un cri de douleur se fit entendre, et un jeune garçon eut en un instant le visage ensanglanté. Le combat cessa aussitôt, et l'on s'aperçut avec terreur que le malheureux avait perdu un œil. On le ramena auprès de sa mère, qui fut au désespoir de ce fatal accident.

— Ah! pauvre enfant, voilà où ta désobéissance et ma faiblesse t'ont conduit. Hélas! la leçon est cruelle, et le mal sans remède!

Ce n'était malheureusement que trop vrai.

Pierre avait gardé les siens autour de lui, ne trouvant pas de meilleur passe-temps que de s'occuper sans relâche de leur éducation.

A ce moment, un petit drame avait lieu dans une maison voisine.

— Donne-moi le couteau, disait Françoise Dalbin à sa fille Thérèse, âgée de huit ans.

— Non, je le veux, moi!

— Donne-le vite, car tu pourrais te blesser, et puis j'en ai besoin.

Et la petite désobéissante s'enfuyait, en voyant que la mère s'était levée. Par malheur, la neige, se collant aux sabots, avait mouillé les marches de l'escalier. Elle glissa, roula jusqu'à la porte d'entrée, et, quand on la releva, le couteau lui avait cruellement labouré le visage, et s'était enfoncé dans les os du front entre les sourcils. Il fallut, malgré ses cris de douleur, lui retirer le fer de la blessure. On espéra d'abord que cet accident n'aurait aucune suite grave, mais la vue de la petite Thérèse s'affaiblit graduellement, et enfin elle devint aveugle.

Si elle avait eu les habitudes d'obéissance des enfants de notre ami Pierre, un tel malheur ne lui serait jamais arrivé.

Cette double nouvelle fut bientôt connue dans le bourg, et devint l'objet de toutes les conversations. On était d'autant mieux disposé à la causerie que la neige tombait à gros flocons.

— Grand'mère, contez-nous des histoires, dit Camille à Marguerite.

— Volontiers, mon enfant.

A ces mots, Alphonse ferma son livre, et se rapprocha; le petit Joseph se blottit sur les genoux de la grand'mère; Eugénie prit son bas, et vint travailler à ses côtés.

CHAPITRE XLVII.

HISTOIRE DE RENÉ.

> Certains parents ont l'art de développer
> chez leurs enfants tous les défauts qu'ils ont
> reçus de la nature, et d'y ajouter ceux
> qu'elle a oublié de leur donner.
>
> (Mgr DUPANLOUP.)

Il y a bien près de cinquante ans que j'apprenais la couture à Milhau. Nous demeurions dans la rue Droite, près du beffroi de la commune. Six ou sept jeunes filles de quinze à dix-huit ans, comme j'avais alors, venaient se grouper autour de Mademoiselle Astier, maîtresse couturière. C'était une vieille fille, grande, sèche, acariâtre, mais laborieuse et d'une vertu éprouvée.

Un jour que le froid vif et piquant de décembre nous tenait groupées autour du poêle, pour réchauffer nos doigts engourdis, nous fûmes étonnées d'entendre des violons, des hautbois et des musettes dont les sons se rapprochaient insensiblement de notre atelier. Nous ne fîmes qu'un bond de la chaise aux fenêtres, qui, malgré l'âpreté de la bise et les remontrances de la maîtresse, furent ouvertes à deux battants.

Nous vîmes bientôt six musiciens, suivis d'une sage-femme qui portait un nouveau-né soigneusement couvert d'un châle de grand prix. Vingt-cinq couples vêtus avec la dernière élégance lui formaient un brillant cortége.

La vieille demoiselle avait, comme nous, cédé à l'attrait de la curiosité.

— Tiens! dit-elle, c'est le père Lamel qui fait tout ce bruit-là pour un marmot! Allons! allons! le voilà qui commence par des folies. Le poupon sera gâté, et deviendra le fléau de ses parents eux-mêmes.

Mademoiselle Astier avait raison. M. Lamel, qui était dans une position de fortune assez brillante, ne respirait que pour son fils. Le nouveau-né eut un berceau de bois de rose richement ciselé. Les rideaux et les couvre-pieds étaient en soie et brodés avec luxe. Une nourrice d'une santé florissante fut donnée à M. René, qui grandit au milieu des adulations, et n'en devint pas meilleur. Son père et sa mère l'accablaient de joujoux, de friandises et de cajoleries. Plusieurs fois les bonbons mirent sa vie en danger, et causèrent de terribles frayeurs aux parents ; mais, grâce à sa constitution robuste, il se tira d'affaire.

M. René mangeait, buvait, courait et se levait à ses heures, c'est-à-dire selon son bon plaisir. C'était le tyran de la maison. Tous, depuis le grand-père jusqu'au dernier des valets, étaient obligés de lui obéir. Il avait l'air d'un conquérant de bas étage, jurait comme le charretier dont il partageait tous les goûts, insultait ses parents, et battait ses sœurs, qui allaient pleurer en cachette, sachant bien qu'il serait inutile de se plaindre.

M. Lamel aurait mieux fait de se rappeler ce conseil des saintes Écritures, que j'ai appris par cœur lorsque j'élevais votre père :

« Soumettez votre fils de bonne heure, châtiez-le
« avec sévérité tandis qu'il est encore enfant, de peur
« que, devenant trop indocile, il ne veuille plus vous
« obéir, et ne soit pour vous un sujet de douleur. Ne
« rendez pas votre fils maître de ses actions dans sa
« jeunesse, et surveillez jusqu'à ses pensées. »

Au lieu de méditer ces paroles d'une sagesse toute divine, il prenait à tâche, comme dit un homme d'esprit, de développer dans l'âme de son fils, non-seulement le

germe des défauts qu'il tenait de la nature, mais encore
d'y ajouter ceux qu'elle avait oublié de lui donner.

Enfin, le petit René était, à l'âge de sept ou huit ans,
un enfant maussade, volontaire, méchant et d'un
égoïsme achevé.

— Oh ! grand'mère, dit le petit Joseph en lui jetant
ses bras autour du cou, je veux être sage, et ne pas
devenir comme René.

— C'était un vilain garçon, ajouta Camille.

— Il devait surtout se faire détester des voisins et des
domestiques, reprit Alphonse.

— Oui, mes amis : les enfants gâtés ont le triste
privilége d'être haïs et méprisés de tout le monde. Ils
payent fort cher l'adulation et la folle tendresse de
ceux qui les gâtent.

Le petit Lamel n'avait encore reçu aucune instruction
à l'âge de dix ans. On l'avait laissé à lui-même, et,
comme une terre inculte envahie par toute sorte de
mauvaises herbes, ses défauts croissaient et enlaidissaient
tous les jours. Cependant tel était l'aveuglement de son
père et de sa mère qu'ils étaient ravis des prétendus
bons mots de ce petit malheureux, qui ne manquait ni
d'intelligence ni d'esprit, mais dont on avait négligé les
qualités natives, et qui devait ses défauts au vice de
son éducation.

Je ne vous conterai pas en détail les agaceries sans
nombre dont furent victimes ceux qui approchaient de
lui : ce serait une trop longue histoire.

Enfin, on s'aperçut qu'il était temps de mettre des
bornes à ses excès, et il fut résolu qu'on lui donnerait
un précepteur. On fit choix d'un jeune homme doux et
timide, qui ne put supporter au delà de quinze jours les
malices continuelles de son élève. Malgré la gêne de ses
parents, il fut obligé de chercher ailleurs des moyens
d'existence.

Un certain M. Dulong se présenta, et fut agréé. C'était un caractère franc et loyal, mais énergique. Il essaya de plier son élève au joug de la discipline ; mais René jeta les hauts cris, et prétendit faussement que son maître l'avait battu. Il exigea son renvoi. Le père Lamel, convaincu du mensonge de son fils, se sentait disposé à soutenir M. Dulong ; mais sa femme attesta ses grands dieux que son chéri était incapable de cette bassesse, et le jeune instituteur fut remercié.

Un troisième essaya ; mais, dès les premières leçons, voyant que son écolier refusait toute espèce de travail et l'abreuvait de moqueries, il suivit le chemin de ses prédécesseurs.

— Je ne veux pas que mon fils soit puni, disait madame Lamel au quatrième instituteur : c'est votre affaire d'en venir à bout par la douceur.

— Je compte bien, madame, employer uniquement les moyens les plus doux ; mais faut-il que j'aie le droit de commander et de donner quelques légères punitions dans certaines circonstances !

Le petit Lamel, qui avait entendu ce discours, se jeta en pleurant dans les bras de sa mère.

— Maman, je vous en prie...., ne me donnez pas ce monsieur..... Il est trop sévère !

— Hé bien ! mon chéri, soit : nous en prendrons un autre, dit-elle en l'accablant de caresses.

Mais un cinquième fut impossible à trouver, et il fallut avoir recours à la classe préparatoire du collége.

René fit son entrée triomphale au milieu de vingt enfants qui, presque tous, s'acquittaient avec zèle de leurs devoirs. Ils étaient fort jeunes, et le nouveau venu les dépassait de la tête. Ce dernier eut, pour unique distraction, le soin de vider son panier, que sa mère avait garni de friandises, de chiffonner ses beaux habits, et de faire quelques méchants tours à ses voisins. Après cela il voulut sortir. Comme il rencontrait de la résistance, il entra en fureur ; mais, sans s'émouvoir de ses cris, son professeur le mit aux arrêts. Délivré à l'heure de la sortie, il se vengea sur sa bonne et sur les chiens qu'il put rencontrer.

Il conta ses aventures à sa mère avec force sanglots, et il fut décidé qu'on lui accorderait huit jours de congé. Notre petit volontaire en profita pour se donner le diver tissement de casser les vitres aux devantures des boutiques. M. Lamel paya les dégâts, gronda légèrement, et finit par dire, en réponse à quelques malices qui ne manquaient point de sel, mais qui décelaient un mauvais cœur : « Il a de l'esprit comme un lutin ce drôle-là : il se corrigera avec l'âge ».

— Il aurait mieux fait de le châtier, dit Alphonse, au lieu d'applaudir à ses sottises.

— Oui, mon ami : si beaucoup d'enfants tournent mal, la cause en est à la folle tendresse, à l'ignorance et à la vanité des parents. — Mais il est tard, mes enfants ; demain nous reprendrons la suite de cette histoire.

CHAPITRE XLVIII.

SUITE DE L'HISTOIRE DE RENÉ.

> Lorsqu'on est sur la pente de l'abîme,
> on roule souvent jusqu'au fond.
>
> (*Vie dévote.*)

A la veillée du lendemain, Marguerite reprit :

René grandissait au milieu des excès de complaisances dont il était l'objet. A l'âge de dix-sept ans, il savait à peine lire et écrire ; mais, en revanche, il avait merveilleusement appris l'équitation, la danse et l'escrime. On le voyait déjà passer de longues heures dans les cafés, le cigare à la bouche et les cartes en mains. Il fit des dépenses considérables qui entamèrent la fortune du père Lamel. Celui-ci se fâcha ; mais le jeune homme avait une taille haute et bien prise ; il était doué d'une force physique redoutable ; il connaissait de plus la faiblesse de son père : aussi se moqua-t-il de ses conseils et de ses menaces.

— Ah çà, malheureux ! dit un jour M. Lamel à son fils, tu veux donc me ruiner complétement ?

— Moi, fit René : est-ce que votre bien n'est pas ma propriété comme la vôtre ?

— Soit ! reprit le père trop indulgent, au lieu de lui démontrer son erreur ; mais fais donc un feu qui dure !

— Bah ! je me corrigerai quand je serai vieux. Vous avez dit cent fois qu'il faut que la jeunesse se passe : laissez donc le champ libre à la mienne.

— Mon pauvre enfant, renonce à tes habitudes de jeu et de débauche qui nous ruineront tous. Fais-le pour l'amour de Dieu !

— Dieu !..... C'est la première fois que vous m'en parlez !

— Hélas ! tu n'as que trop raison ; mais, au nom de ton père désolé, de ta pauvre mère, sois raisonnable.

— Je vous l'ai dit, ce sera quand je serai vieux. Il faut bien que, d'après vos idées, je goûte un peu de tout. Laissez-moi : adieu !

Et le malheureux continua cette vie de dissipation. Il eut des chevaux, des domestiques à lui, souscrivit un grand nombre de billets payables à sa majorité, se livra à tous les vices, de concert avec quelques icunes étourdis, et perdit de grosses sommes au jeu.

Plusieurs années se passèrent ainsi.

Un jour M. et Madame Lamel, qui avaient enfin ouvert les yeux sur les vices de leur fils, essayèrent une dernière et suprême tentative. Pâles de douleur et d'insom-

nie, ils allèrent le trouver dans sa chambre, au moment
où il se disposait à sortir.

—Mon enfant, dit M. Lamel avec émotion, nous voici
ta mère et moi, pour te conjurer une dernière fois de
renoncer à la vie si ruineuse et si coupable que tu mènes.
Les trois quarts de notre fortune sont déjà engloutis ; et,
si les créanciers s'en mêlent, il ne nous restera plus rien.
Tu as dévoré le bien de tes pauvres sœurs. Veux-tu enfin
nous réduire au désespoir ?

René, le front plissé par une sauvage colère, l'œil en
feu et la lèvre frémissante, leur dit :

—Ah ! vous voulez une explication !.... Vous l'aurez,
car il me tarde de vous faire connaître ma pensée tout
entière. Lorsque je suis venu au monde, vous avez excité
la risée du public par vos folies d'un autre siècle.

— Est-ce bien à toi à nous reprocher un excès de tendresse ? dirent les parents avec indignation.

— Oh ! c'est une tendresse de bon aloi que celle qui
consiste à laisser dans l'objet aimé toute espèce de
mauvaises habitudes.....; à lui permettre de devenir à
son aise grossier, colère, ignorant, vicieux en un mot,
car je me suis enfin aperçu que je suis tout cela, et je
me fais horreur à moi-même ! fit-il en s'arrachant les
cheveux avec désespoir. Je l'ai compris à vingt-cinq ans,
lorsqu'il m'est impossible de racheter les erreurs du
passé. Et cette terrible vérité, de quelle bouche est-elle
sortie ? C'est Mademoiselle Delon ma cousine, celle que
vous m'aviez choisie pour épouse, qui m'a dit tout à
l'heure avec fermeté : « Cesse tes visites : désormais il
« existe entre nous une barrière insurmontable ». Et
c'est vous, oui, vous deux qui avez fait mon malheur.....
Vous êtes cause que je suis abandonné par la seule créature qui pût me corriger peut-être. Elle a répondu à mes
accents désespérés : « C'est trop tard ! » ; et je vous dis
aussi à mon tour : « Retirez-vous : c'est trop tard ! »

— O mon enfant, firent les deux vieillards en joignant les mains, et les yeux baignés de larmes, pardonne, et reviens à de meilleurs sentiments ! Il n'est jamais trop tard pour faire le bien !

— Laissez-moi ! fit-il avec un geste terrible et l'œil égaré.

— Hélas ! tu ne nous aimes donc plus ?

— Moi !.... je vous maudis ! ajouta le malheureux d'une voix rauque et qui n'avait rien d'humain.

La mère tomba à la renverse, et le fils dénaturé franchit son corps pour rejoindre ses compagnons d'orgies.

— O mon Dieu ! s'écrièrent les enfants de Valdey saisis d'horreur, quel misérable est-ce donc que ce René ?

— Oui, mes amis, c'est un grand coupable, qui sera jugé par cette terrible parole des livres saints : « Malheur à la génération qui maudit son père et ne bénit pas sa mère ! Elle périra, et maudira le jour de sa naissance. »

Pour vous, mes enfants, remerciez le Seigneur de vous avoir donné un père et une mère qui vous aiment comme ils le doivent, qui n'ont jamais oublié de vous corriger de vos défauts, de vous porter au bien, et de vous donner de bons exemples.

— Qu'est devenu René, grand'mère ? dit Eugénie.

— René quitta la maison paternelle, et s'en alla à Paris. Il fit société avec des joueurs malhonnêtes qui l'amenèrent avec eux en prison. Après avoir vécu pendant quinze ans dans la grande ville ou dans les maisons de détention, il est revenu au pays. Sa mère est morte de chagrin, son père est ruiné, et les quatre demoiselles Lamel pourvoient aux besoins du ménage par des travaux de couture et de broderie.

René, incapable d'aucun travail, se lève à dix heures du matin, déjeune, et va passer le reste de la journée au café. Il rentre pour dîner, revient encore à son passe-temps favori, boit tous les jours un demi-litre d'eau-de-vie, et se retire bien avant dans la nuit en état d'ivresse. Ses bonnes sœurs redoublent d'activité pour fournir à ses dépenses. Elles reçoivent en retour des injures grossières, et quelquefois, hélas ! des coups. Le misérable vient d'être mis en prison pour avoir maltraité son père et ses sœurs. M. Lamel, à force d'instances, a obtenu son élargissement. Le maréchal des logis de la gendarmerie, en donnant la liberté au prisonnier, a dit au malheureux père qui, toujours bon, pleurait d'attendrissement : « Votre faiblesse causera la perte de votre famille. Ce furieux vous payera sa dette de reconnaissance par les plus indignes traitements. Je ne rentrerai plus chez vous, selon toute probabilité, que pour constater un crime. »

Le père Lamel, levant son regard vers le ciel, lui répondit : « Que la volonté de Dieu soit faite ! mais j'espère mourir tranquille entre les bras de mes enfants, car trente ans d'expiation ont sans doute désarmé la colère de Dieu ».

Les enfants de Valdey frémissaient d'horreur ; la parole expirait sur leurs innocentes lèvres. Ils allèrent se coucher le cœur gros, et, selon le conseil de Marguerite, ils prièrent pour la conversion de ce grand pécheur.

CHAPITRE XLIX.

LE SOUS-PRÉFET.

> Un bon magistrat est celui qui fait
> aimer et honorer son gouvernement
> par sa conduite.
> (Paroles de M. A. RENOU.)

L'empire était rétabli. La société venait de recouvrer sa base naturelle, et l'ère des révolutions était fermée pour toujours.

L'empire, c'est la paix! avait dit le nouveau monarque, et cette parole se réalisait à la lettre. Les propriétaires, petits et grands, à l'ombre de cette paix, cultivaient leurs terres, vendaient le vin, les fruits, le bétail, à un prix rémunérateur et équitable pour tous. Le pain seul était à bon marché, à la grande joie des petits, qui forment l'immense majorité de la population.

La fortune publique avait doublé en trois ou quatre ans de bonne administration. La France était respectée au dehors et satisfaite à l'intérieur.

Cependant une nouvelle, qui avait causé un grand émoi à toute la population de Saint-Rome, circulait de bouche en bouche.

— Il arrive dans une heure, disait-on de toutes parts.

— Que Dieu le bénisse s'il vient avec le désir de s'occuper sérieusement de notre pays, si longtemps oublié !

— On le dit fort bien, dit Madame Dorat, qui ne pouvait manquer d'être au nombre des commères, et qui regrettait vivement l'écharpe municipale ce jour-là.

— De qui parlez-vous ? fit une nouvelle arrivée.

— Mais d'où sors-tu ? Ne sais-tu point que les autorités locales, entourées d'une haie de pompiers en grand costume, iront dans un moment à la rencontre de notre nouveau sous-préfet ?

Quelques instants après, le cortége se mit en marche, tambours et drapeau en tête. On s'arrêta à cinq cents mètres du bourg, et les pompiers mirent leurs carabines en faisceaux. L'attente ne fut pas longue. Une voiture attelée de deux belles juments noires s'arrêta au milieu de la compagnie, qui avait repris ses armes, et M. Bousquet, assisté de M. Charpin, de M. Gély et de son conseil, offrit ses hommages à M. le sous-préfet, qui mit pied à terre, et reçut les autorités civiles du bourg avec la grâce la plus exquise et l'aisance de l'homme bien élevé.

La foule, qui s'était précipitée à la suite du cortége, faisait entendre des vivat sans nombre en l'honneur du souverain et du sous-préfet.

Le premier magistrat de l'arrondissement, M. Antonin Renaud, était un jeune homme de trente-deux ans, d'une taille haute et bien prise. Il avait la démarche noble et aisée. Une belle et abondante chevelure châtain clair couronnait sa tête, d'un profit régulier, et dont le port était plein de décision. Son œil limpide annonçait une vive intelligence, beaucoup de franchise et une rare énergie.

Le cortége se dirigea vers la salle de la mairie. M. le sous-préfet, ayant pris le fauteuil, adressa quelques paroles aux membres du conseil municipal et de l'administration.

« Messieurs, leur dit-il, je suis venu pour m'enquérir des besoins du pays. S. M. l'Empereur veut que rien de ce qui peut intéresser le bonheur de la France ne soit négligé. Il a décidé, dans sa haute sagesse, que les préfets et les sous-préfets se mettraient en rapport intime avec les communes de leur circonscription ; qu'ils en étudieraient les intérêts moraux et matériels avec sollicitude, et ne négligeraient rien de ce qui peut contribuer à leur prospérité. Je viens à vous, Messieurs, avec la ferme volonté de réaliser autant qu'il est en moi cette grande pensée de notre illustre souverain. Je compte sur votre concours chaleureux et éclairé. »

Trente voix énergiques firent entendre un chaleureux et puissant vivat, que la foule stationnée au dehors redit avec un formidable ensemble. Dès que l'émotion se fut calmée, M. Bousquet prit à son tour la parole :

« Nous devons remercier la Providence de nous avoir donné un magistrat tel que vous, monsieur le sous-préfet, qui avez été élevé dans les meilleures traditions. Nous savons que vous avez l'habitude de juger des hommes et des choses par vous-même, que vous méprisez la calomnie, et que vous savez vous imposer une patiente recherche dans l'intérêt de la vérité. Au lieu de supposer le mal, vous n'y croyez que lorsqu'il vous est démontré avec la dernière évidence. Votre administration, au lieu d'être tracassière et cassante, est loyale et paternelle. Les bons, qui forment heureusement l'immense majorité du peuple viendront à vous avec confiance, car vous représentez avec exactitude la pensée du gouvernement de Sa Majesté qui est à la fois énergique, bienveillant et dévoué au pays. »

Les paroles de M. le maire furent applaudies de tous les assistants. Après un mot de remerciement, M. le sous-préfet lut avec attention le budget de la commune. Il visita les chemins, les communaux, les édifices publics, etc., et s'assura par lui-même de l'état réel des choses. Il donna audience à tous ceux qui voulurent lui parler, et les renvoya émerveillés de son abord facile et plein de bienveillance.

M. Renaud n'eut garde d'oublier les écoles.

— Faites-vous une distribution de prix ? dit-il à M. l'instituteur.

— Hélas ! non, M. le sous-préfet : nous n'avons pas de fonds.

— Il y en aura dès cette année, reprit M. Bousquet.

— En attendant, veuillez accepter vingt francs comme premier levain, ajouta M. Renaud.

M. Bonami se confondit en remerciements, et les écoliers firent éclater les plus joyeuses acclamations.

Mademoiselle Dumont reçut à son tour la visite du digne magistrat, qui lui remit une autre pièce de vingt francs.

Quant aux bambins de la salle d'asile, ils ouvrirent de grands yeux, et donnèrent les signes de la joie la plus naïve, devant une immense corbeille de gâteaux que M. le sous-préfet leur envoya.

Un grand dîner offert par M. Bousquet réunit les
autorités et les notables. Mademoiselle Marie, Madame
Gély et Madame Charpin en firent les honneurs. Au
dessert, M. Renaud porta un toast à la famille impériale. Les convives l'accueillirent avec chaleur, et
burent à leur tour à la santé de M. le sous-préfet, qui se
retira de bonne heure.

— Le Gouvernement et le pays ont tout à gagner
lorsqu'ils possèdent de tels administrateurs, disait
M. le curé à M. Bousquet.

Il en est cependant dont l'humeur soulève les
plus regrettables difficultés. Ces gens à courte vue
rapetissent à leur taille tout ce qu'ils touchent. Ils
voient des traîtres partout, excepté dans les fourbes
dont ils sont le jouet. De tels hommes sont terribles aux
pauvres moutons, et débonnaires aux loups ravissants.
Ils font un mal incalculable au pays et à son Gouvernement, car ils finissent par causer la défection de
beaucoup d'honnêtes gens, qui ne voient pas au delà
des représentants directs de l'autorité.

— Quant à M. Renaud, reprit M. Bousquet, il a
compris sa mission en magistrat intelligent, loyal et
dévoué. On ne calcule pas avec de tels hommes. On
aime à la fois et l'autorité et celui qui la représente.
Vienne le moment de l'épreuve, et nous marcherons
comme un seul homme à l'appel de cette voix chère à
nos cœurs.

CHAPITRE L.

QUELQUES CURIOSITÉS NATURELLES DU ROUERGUE.

> Les merveilles de la nature conduisent
> à l'adoration du Créateur.

Le lendemain de bonne heure, M. Renaud visitait les curiosités naturelles de Saint-Rome, en compagnie de M. Bousquet et de notre ami Valdey.

Il jeta d'abord un coup d'œil aux vieilles murailles de l'antique cité féodale, dont la plupart sont aujourd'hui percées de fenêtres d'un goût douteux. Il se rendit ensuite à la belle source de Saint-Ferréol qui arrose une vallée dominée par des montagnes abruptes, d'une hauteur de 400 mètres au-dessus de Saint-Rome.

En revenant vers le bourg, M. Renaud vit avec surprise le terrain brusquement coupé à pic et le ruisseau se précipiter du haut d'un rocher calcaire de trente mètres, percé de grottes diverses ornées de stalactites d'une merveilleuse richesse. Plus bas, il s'étendait en bouillonnant dans une sorte de conque. Après l'avoir suivi le long des restes du rempart et l'avoir vu fuir en grondant sous sept ponts construits sur un large fossé qui lui sert de lit, on le voyait une seconde fois se jeter du haut d'une roche, en forme de parasol, et retomber avec un bruit formidable, en colonnes et en bouillons d'une éclatante blancheur, dans une vaste coupe creusée dans le roc par ses impétueux et incessants efforts.

A dix pas au-dessous, on trouve encore une nouvelle cascade. Cette fois le ruisseau se cache dans la fente d'un rocher couvert de mousse verte et de chèvrefeuille, et semble vouloir se perdre dans les entrailles de la terre.

Il sort en silence de son antre mystérieux pour sillonner une riante prairie de ses flots limpides comme du cristal, et qu'il semble abandonner à regret, pour faire une dernière chute de 40 mètres, dans un gouffre du Tarn.

Nos touristes, quoique habitués à ce spectacle, furent émerveillés à l'aspect de cette colonne d'eau exhalant aux rayons du soleil une poussière liquide diaprée des mille couleurs de l'ac-en-ciel.

— C'est sans doute à votre ruisseau que sont dues en parties les magnifiques grottes qui s'ouvrent sur le lit du Tarn, dit M. Renaud après avoir parcouru, avec le secours de nombreuses torches enflammées, des salles de toute dimension où l'on voyait des stalactites de forme et de taille diverses.

— C'est assez probable, ajouta Valdey; je me souviens qu'à l'âge de 25 ans, diverses ouvertures me laissaient passer avec facilité. Les dépôts abandonnés par les eaux les ont presque entièrement fermées.

— J'ai vu, reprit M. Renaud, les cascades de Creissels et celles de Salles-la-Source; elles sont dignes de figurer à côté des vôtres.

— Un de nos auteurs, Alexis Monteil, dit M. Bousquet, prétendait que, si Fénelon avait visité notre pays, il aurait fait encore une plus merveilleuse description de la grotte de Calypso.

Permettez-moi de vous citer quelques mots d'un savant ingénieur, M. Boisse, au sujet de celle de Solsac. « Cette « grotte, dit-il, est connue sous le nom de Bouche-Rol- « land. J'y ai recueilli en 1836, à environ 80 mètres de « l'entrée, sous une couche stalagmite intacte jusqu'a- « lors, des fragments de poteries celtiques parfaitement « caractérisées, ainsi que des ossements d'hommes et « d'animaux divers (principalement des ruminants). « Au reste, les dépôts ossifères de nos cavernes contien- « nent souvent des débris de plusieurs races d'animaux

« aujourd'hui éteintes ou disparues de nos contrées. La
« grotte de Bouche-Rolland compte parmi les curiosités
« naturelles les plus remarquables de l'Aveyron. J'ai re-
« levé le plan de cette grotte sur une longueur de 334
« mètres. — Sa position privilégiée dans un site des plus
« pittoresques, son étendue, ses belles proportions,
« l'éclat et la variété des stalactites qui en décorent les
« vastes salles, ont depuis longtemps attiré l'attention.

—Et nos abîmes, qu'en dites-vous, M. le sous-préfet ?

— Le plus curieux me paraît être celui du Mas-Raynal,
dans la commune de Cornus. C'est une masse de rochers
ayant roulé les uns sur les autres, dans un désordre inexprimable. Ils laissent béante une ouverture de vingt à
trente pas de diamètre et d'une profondeur de plus de
cent mètres. On entend gronder, avec un bruit sourd, les
eaux de la rivière de Sorgne qui vont sortir à la base du
plateau dans une caverne des plus remarquables.

Mais qu'est-ce donc que vos montagnes brûlantes ?

— Ce sont des houillères enflammées de temps immémorial, répondit M. Bousquet. On y voit plusieurs sortes
de cratères couverts de cendres brûlantes, très-dange-
reux et exhalant des vapeurs sulfureuses. A deux kilomètres, on trouve les sources de Cransac, dont la réputation s'étend au loin, et dont quelques-unes sont chaudes.
Celles de Sylvanès, que vous aurez occasion de voir dans
vos tournées, ont une température de 30° centigrades.
L'établissement thermal est digne d'être visité. Au reste,
notre pays n'a pas de canton qui n'ait des sources recon-
nues efficaces pour telle ou telle maladie.

— Nous avons encore d'autres curiosités naturelles dont
nous ferions volontiers le sacrifice, ajouta Valdey : ce
sont les vallées pierreuses de Raspe au-dessous de Saint-
Rome, et celles de Peyreleau. Le Tarn y coule dans une
ceinture de rochers formidables d'une hauteur moyenne
de 150 mètres à pic. Quelques aiguilles s'élèvent, sem-

5"

blables à des géants, comme pour atteindre les cieux.

— Votre Rouergue est tellement accidenté, dit M. Renaud en revenant au bourg, que l'on trouve souvent,
dans la même commune, des différences de niveau de
4 à 500 mètres. On conçoit alors que le chemin de fer de
Rodez à Montauban traverse 22 tunnels ou viaducs,
avant d'atteindre les plaines du Languedoc. J'ai remarqué les deux viaducs de Salles-la-Source et de Valady, près
Rodez, qui atteignent une hauteur de 60 mètres.

Après déjeuner, M. Renaud reprit le chemin de
Saint-Affrique, en disant aux notables qui l'accompa-
gnaient :

— Messieurs, vous possédez de fort belles cascades ;
mais, en admirant la main de Dieu qui a créé toutes ces
merveilles, je ne pouvais me défendre de quelques réflexions intimes : « Les habitants de Saint-Rome ont là
une force motrice considérable et qui ne leur coûte rien.
Ne pourrait-on l'utiliser au profit de l'industrie ? »

— Nous avons songé bien des fois aux avantages qu'on
pourrait en tirer, répondit M. Bousquet, mais les capi-
taux nous manquent, et puis notre population est essen-
tiellement agricole et tient, avec raison ce me semble, à
ses vieilles traditions.

M. Renaud prit congé de sa nombreuse suite et repar-
tit au galop, en emportant l'estime et l'affection des bons
habitants de Saint-Rome.

CHAPITRE LI.

LES DEUX DOMESTIQUES.

> Regardez vos domestiques comme des
> amis malheureux. (PINET.)

Disons maintenant un mot de quelques personnages de cette véridique histoire.

A la mort de son père, Duret fut recueilli par une vieille tante qui avait bien de la peine à vivre elle-même. Ce surcroît de dépenses l'obligea à des excès de travail qui la conduisirent en peu de mois au tombeau. Le jeune garçon se trouva seul et sans ressources à l'âge de quinze ans.

M. Charpin, touché de sa position, l'attacha à son service. Il s'efforça de lui donner des habitudes de travail, de propreté et d'ordre : ses enfants le secondèrent dans ses vues ; mais ce fut en pure perte. Duret saisissait toutes les occasions pour se livrer à l'oisiveté et à la gourmandise. Il fréquentait son ami Gillet, qui ne pouvait lui donner que de mauvais conseils, et laissait bien souvent son ouvrage à faire.

— Les maîtres, disait Gillet, ce sont des tyrans et des voleurs : plus de tours on peut leur jouer, et mieux cela va.

— Cependant M. Charpin est un brave homme qui me traite avec bonté.

— Imbécile, va ! tu ne comprends pas que c'est afin de mieux t'exploiter !

— Ah ! c'est différent, reprenait Duret, car, après ce grand mot qu'il n'entendait guère, il n'y avait plus rien à dire, à son avis.

Aussi devint-il impertinent, grossier et moqueur dans

ses rapports avec la famille de son maître, aux intérêts de laquelle il fit une rude guerre.

Les choses en vinrent à un tel point qu'on était décidé à le renvoyer, lorsqu'un accident retarda pour quelques semaines l'exécution de cette mesure.

Par une belle nuit d'automne, Duret, Levieux et quelques autres jeunes gens de cette espèce, ayant à leur tête Gillet, qu'ils appelaient déjà leur capitaine, allèrent à la picorée dans les vignes qui donnaient les meilleurs fruits. Mais ils avaient compté sans l'hôte, car, à peine Duret eut-il fait une bonne provision d'amandes dans un bissac, qu'un coup de feu l'atteignit dans le dos et le fit dégringoler de l'arbre à terre. La chute n'était pas bien grave : Duret se disposait à fuir, tout en gémissant de ses douleurs intolérables, lorsqu'une main vigoureuse le saisit au collet.

— Ah ! c'est toi, coquin ! Je suis bien aise de ne pas t'avoir manqué.

— Grâce ! grâce ! monsieur Viala ! je n'y reviendrai plus !

— C'est bon, c'est bon ! tu vas porter tes amandes chez moi. Je vais y ajouter de plus les raisins que tes mauvais garnements de camarades ont abandonnés dans leur fuite.

— Mais, monsieur.....

— Allons ! pas de réplique ! En avant, marche ! ou gare à ta peau !

Il fallut obéir, et Dieu sait les souffrances qu'endura le voleur. M. Viala ne lui épargnait nullement les moqueries tant que dura le chemin escarpé qu'ils avaient à gravir. Il le conduisit ensuite chez l'adjoint, afin de dresser le procès-verbal du flagrant délit de vol. M. Charpin se leva, intercéda pour son domestique, et, poussant la charité jusqu'au bout, il lui fit donner les soins les mieux entendus, en réservant ses remontrances pour un autre moment.

M. Viala, qui exerçait la médecine, assura que le coup de feu était sans danger, attendu qu'il avait chargé son arme avec du sel et une faible quantité de poudre. Il opéra Duret, qui criait comme un possédé.

— Pas tant de bruit, gredin ! Il n'y a pas un grain de sel pour chaque amande. J'ai presque manqué mon coup ; mais j'espère être plus heureux une autre fois, dit le docteur avec un geste de menace.

Duret guérit au bout de trois semaines ; mais il dut chercher un nouveau maître. M. Charpin lui remit son salaire, y ajouta d'excellents conseils, et lui souhaita meilleure chance.

Le lendemain, Lucien Pradon, qui s'était toujours fait remarquer par sa bonne conduite, remplaçait le jeune Duret.

Dès le premier jour, il s'était dit :

— Mon patron me nourrit et me paye pour que j'aide à cultiver ses terres et à soigner le bétail. En entrant chez lui j'ai promis de le servir en conscience, et je tiendrai parole. Mon père m'a conseillé d'être poli, bon, obligeant et d'une obéissance exacte envers M. Charpin, à qui je dois tout mon temps et toute ma vigilance pour ses intérêts. Dieu me l'ordonne aussi, car M. le curé et M. l'instituteur me l'ont dit bien des fois, et je l'ai appris dans le catéchisme. Après tout, l'obéissance n'est pas si difficile, et j'y suis habitué depuis mon enfance par mes bons parents. « Ah ! fit-il à ce souvenir et avec des larmes dans les yeux, vous serez contents de moi, j'espère ! »

Le jeune garçon fit sa prière, renouvela ses bonnes résolutions devant Dieu, et se leva le lendemain disposé à remplir ses devoirs jusqu'au bout.

L'adjoint était charmé des bonnes qualités de son jeune domestique. Celui-ci aurait été heureux s'il n'avait

éu à supporter de continuelles mortifications de la part
d'une vieille servante qui l'avait pris en haine. Cette
fille ne laissait passer aucune occasion sans tenter de le
mettre mal dans l'esprit de ses maîtres. Elle abusait de
son âge et de l'ancienneté de ses services pour essayer de
le perdre. Comme elle avait la honteuse passion du vin et
de la gourmandise, elle craignait sans cesse d'être dé-
noncée par Lucien, qu'elle avait voulu gagner à sa cause;
mais ce n'était plus le jeune Duret.

Lucien lui dit un jour, en réponse à ses sollicitations :

— Catherine, vous savez que nous sommes obligés
de veiller sur les intérêts de notre maître : si je m'aperçois que vous lui causez quelque tort, je serai, en conscience, obligé de l'avertir.

— Ah ! vilain hypocrite ! ce que je t'en disais, c'était
pour t'éprouver ; mais tu me le payeras.

Dès ce moment, elle lui déclara la guerre, et résolut de
se venger à tout prix. Elle poussa la malice jusqu'à gâter
maintes fois les aliments qui lui étaient destinés.

Lucien, affligé de ces persécutions, alla trouver son
curé, qui lui recommanda une pratique plus assidue des
sacrements. Il ne voulut rien dire de ces misères à ses
bons parents, de crainte de les attrister. Il les supporta
avec tant de patience que la vieille mit quelque trêve à ses
malices. Mais, comme elle continuait à piller ses maîtres, elle fut prise sur le fait, et renvoyée malgré ses
larmes.

Lucien vivait tranquille, lorsqu'il amena un faible
numéro en tirant au sort. Quoiqu'il n'eût aucune répugnance pour le service militaire, il en fut désolé.

— Que deviendront mes bons parents, qui ont un si
grand besoin de mon salaire pour vivre ? se disait-il
avec douleur. Dieu y pourvoira sans doute, reprenait-il
avec résignation. »

Dieu y pourvut en effet. M. Charpin, qui l'affectionnait

beaucoup, lui prêta sans intérêt la somme nécessaire pour son exonération.

Lucien est encore attaché à son premier maître, qu'il aime et qu'il respecte. M. Charpin, de son côté, le regarde comme faisant partie de la famille.

Quant à Duret, il eut le malheur de tomber entre les mains d'un patron dont le langage grossier et les habitudes vicieuses achevèrent de le gâter ; il finit, après s'être brouillé avec son maître, par s'engager dans l'état militaire.

Un jour qu'il était pris de vin, il a donné un soufflet à un de ses camades, qui l'a aussitôt provoqué en duel. Duret a reçu un coup de sabre qui l'a mis à l'hôpital pour trois mois : heureux encore s'il profite de la leçon !

Mais revenons à Gillet.

CHAPITRE LII.

LA BANDE NOIRE.

> La cruauté envers les animaux est la marque d'un mauvais cœur et le prélude de plus graves désordres.

Gillet, quoique devenu grand garçon, n'en était pas plus raisonnable ni meilleur. Son père ne surveillait nullement sa conduite, et depuis longtemps il s'était affranchi de la tutelle de sa mère. Il ne se passait guère de jour où l'on n'eût à se plaindre de lui.

Lucie, de son côté, avait mérité le surnom de *La Malice*, qu'elle justifiait de mieux en mieux.

Lorsque la fête de la Saint-Jean arrivait, Gillet, à la tête d'une bande qui avait eu maille à partir avec M. le maire, dont la vigilance et la fermeté la tenaient en respect, allait enlever furtivement les buissons destinés à servir de clôture à l'entrée des vignes d'alentour. C'était pour grossir d'autant la *janade* ou feu de joie en l'honneur de saint Jean.

Cette année-là, la bande noire avait imaginé un tour diabolique : elle avait attaché un panier rempli de chats au bout d'une perche autour de laquelle étaient entassées de grandes quantités de fagots et de ronces. Ajoutons que cet acte coupable avait été préparé en secret, afin de déjouer toutes les tentatives qui auraient pu en empêcher la réalisation.

A peine le crépuscule eut-il laissé la place aux ombres de la nuit, qu'on mit le feu à la *janade*.

Un jet de flammes s'étant bientôt élevé jusqu'au panier, ce furent des miaulements affreux qui mirent le peuple des enfants en grande jubilation. Hélas ! c'était bien le cas de rappeler ce mot si vrai de La Fontaine : *Cet âge est sans pitié.*

M. Charpin, ayant été averti, vint sur le lieu du supplice, en compagnie de Valdey, mais ce fut pour assister à la chute de ces malheureuses bêtes dans un immense brasier, où elles trouvèrent une mort cruelle.

L'adjoint cherchait du regard Gillet et ses acolytes, car il les soupçonnait de cet acte de sauvage barbarie ; mais il ne put en trouver la moindre trace.

Cependant Clopin dénicha les coupables, et le juge de paix les condamna à une assez forte amende.

M. Bonami jugea utile de flétrir en termes énergiques les cruautés que les enfants et certaines grandes personnes exercent, avec un laisser-aller déplorable, sur les animaux. Il termina par ces quelques paroles: « Une loi qui porte le nom de son promoteur, l'honorable général de Grammont, a été rendue pour protéger les animaux contre ceux qui les maltraitent sans motif ou au delà des limites d'une correction nécessaire. Apprenez, par l'exemple de Gillet et de ses compagnons, que l'autorité fera exécuter cette loi avec la dernière rigueur. Souvenez-vous que nous devons épargner aux animaux les souffrances inutiles, et les traiter avec douceur, par humanité d'abord, et ensuite par un sentiment naturel de gratitude pour les services qu'ils ne cessent de nous rendre. Comment pourrions-nous labourer nos champs, traîner nos voitures de toutes sortes, sans l'aide des bœufs, des chevaux et de l'âne lui-même, oui, de l'âne, qui se venge du mépris dont il est l'objet en rendant mille services aux pauvres ménages? Et la brebis, qui nous donne sa toison, son lait et jusqu'à ses membres même? et les chats, qui nous débarrassent des rats et des souris? et les chiens, qui veillent à la sécurité de nos personnes et de nos biens? etc., etc. Est-ce que nous n'avons pas de grands motifs en dehors du code pour les traiter avec douceur?

« Au reste, on a observé bien souvent que les gens cruels envers de pauvres bêtes sans défense ne sont guère plus scrupuleux à l'égard de leurs semblables. Tel s'acharnait après les animaux dans son enfance qui a fini par ôter la vie à son prochain. N'imitez point Gillet et ses complices, mes enfants, car il me semble que la vengeance céleste est suspendue sur leurs têtes. »

Les paroles de M. l'instituteur firent une salutaire impression sur les élèves, qui promirent de ne jamais les oublier.

D'ailleurs, le nombre des coupables était bien petit, et la grande majorité des écoliers, qui portait le plus grand attachement à M. Bonami, n'avait eu garde de manquer à ses bons avis.

Quant à la bande noire, elle ne devait point borner là ses exploits. Une fois qu'on est sur le penchant de l'abîme, on glisse jusqu'au fond si l'on n'a le bon esprit de s'accrocher aux rares branches de salut qui peuvent tomber sous la main. Or Gillet et consorts, au lieu de profiter des leçons nombreuses qui leur étaient données pour revenir dans le chemin du devoir, n'avaient songé qu'à déployer une plus grande habileté dans la mise à exécution de leurs desseins.

— Il n'est pas défendu de s'amuser à sa guise, disaient ces insensés, mais il est défendu de se laisser prendre.

Le capitaine Gillet conduisait nuitamment son escouade dans les propriétés d'autrui. Les fruits payèrent d'abord ; vinrent ensuite les œufs, la volaille, et enfin les provisions de toute nature.

Les méchants garçons allaient souvent au tribunal de simple police et quelquefois au correctionnel ; mais aucune leçon n'avait porté des fruits durables. On se remettait à l'œuvre dès qu'on croyait le passé refroidi dans les souvenirs de l'autorité ou du public. Depuis quelque temps, on y ajoutait même des délits de pêche et de chasse, qui mettaient sur les dents le pauvre Clopin.

— La bande noire me donne bien du mal, disait le vieux garde ; mais, si je puis la pincer, gare à elle ! Je crois même que, si le capitaine est pris une bonne fois, la bande, frappée dans son chef, se dissoudra, et mes vieilles jambes auront enfin quelque repos.

CHAPITRE LIII.

L'ANE DU PÈRE MATHIEU.

> Une espièglerie peut coûter la vie
> d'un homme.

Le père Clopin aurait mieux fait de désirer la conversion que le châtiment des pécheurs ; mais les circonstances lui donnèrent ample satisfaction.

Par une belle soirée, Gillet, la pipe à la bouche et les cartes en main, était attablé avec ses camarades dans un méchant café. Les malheureux dévoraient à l'avance, et sans souci du lendemain, le peu de bien qu'ils espéraient de la dot de leur mère, sans compter les assauts qu'ils donnaient à la santé de l'âme et à celle du corps. Comme on finit par s'ennuyer, même au jeu, notre capitaine éprouvait le besoin de se distraire, comme toujours, aux dépens de quelqu'un.

Un vieillard de soixante ans revenait de sa vigne monté sur un âne fort paisible.

— Si je jouais un bon tour au père Mathieu! s'écria Gillet.

— Bravo! reprirent en battant des mains les membres de la bande noire. Dis-nous ton idée !

Sans s'expliquer autrement, Gillet descend dans une écurie où deux chevaux mangeaient au râtelier ; il se saisit d'une poignée de mouches, et, jouant l'indifférence, il passe derrière l'âne du bon vieillard, et lâche les insectes, qui se collent en un clin d'œil sous le ventre du pauvre animal.

Malgré sa patience habituelle, l'âne, se sentant piqué, fournit une course insensée, sautant, gambadant, ruant avec fureur, et joignant à ce désordre les éclats de sa rude voix.

Le vieillard s'accrochait de toutes ses forces à sa monture, et cherchait à la calmer de son mieux ; mais rien n'y faisait.

Les mauvais garnements se pâmaient de rire.

Tout d'un coup, le père Mathieu, ne pouvant maîtriser sa bête, qui faisait des bonds désordonnés, est obligé de lâcher prise, et lancé rudement à terre.

En voyant ce dénouement si facile à prévoir, les misérables s'enfuirent.

Alphonse, qui revenait du travail, posa lestement ses outils, et accourut au secours du pauvre homme, qu'il essaya vainement de remettre sur pied. Les gens du voisinage s'empressèrent autour du père Mathieu, qui, pâle et défait, ne donnait aucun signe de vie. On le transporta chez lui, où sa fille unique Marianne faillit mourir de douleur en le voyant dans cet état.

Le médecin constata une fracture au bras droit, une forte luxation au genou et des contusions assez graves à la tête. A force de soins, on rendit le vieillard à la vie, mais en même temps au sentiment de ses souffrances.

Mathieu, qui avait un excellent cœur, aurait bien voulu que Gillet et consorts fussent épargnés; mais M. Bousquet ne voulut rien entendre.

— Ce serait commettre une lâcheté, disait-il, et s'exposer à des accidents encore plus graves peut-être, que de laisser impunément ces drôles se livrer à leurs cruels ébats.

Le magistrat poursuivit donc les délinquants devant le tribunal de Saint-Affrique. Le chef de la bande noire fut condamné à un an de prison; les autres, à deux mois de la même peine; tous, à une forte amende et à des dommages-intérêts.

Clopin, en entendant prononcer la sentence, se frottait les mains de satisfaction.

— Maintenant, disait-il, qu'ils sont tous à la souricière, je puis dormir sur mes deux oreilles.

M. l'instituteur saisit cette circonstance pour renouveler ses avis au sujet du respect que l'on doit à son prochain et en particulier aux vieillards.

Quant à M. le curé, il s'éleva en chaire contre ces actes coupables.

M. Bousquet redoubla de sévérité dans la surveillance qu'il exerçait sur les jeunes gens. Il disait avec sagesse qu'il vaut mieux empêcher le mal que d'être obligé de le punir.

Mais revenons à la famille Valdey.

CHAPITRE LIV.

MORT DE MARGUERITE.

> La mort du juste est précieuse
> devant Dieu. (*Ps.*)

Marguerite, affaiblie par les infirmités et la vieillesse, ne quittait plus son lit. Elle avait trouvé le moyen d'être encore utile en catéchisant les pauvres et en contribuant de son mieux à l'éducation de ses petits-fils. Ceux-ci avaient profité naguère du passage de Mgr l'évêque pour recevoir le sacrement de confirmation. Comme ils étaient préparés de longue main, ils avaient été admis sans difficulté, et s'étaient montrés dignes de cette nouvelle grâce.

Cependant une épidémie meurtrière, la suette, ayant éclaté dans le bourg et dans ses environs, Marguerite fut atteinte par le fléau. Sa santé était si précaire depuis longtemps qu'on ne devait guère avoir quelque espérance de guérison.

— Dites-moi, monsieur Fabre, dit-elle au docteur, ai-je encore quelques jours à vivre ?

— Allons donc ! mère Marguerite, ceci ne sera rien.

— Je ne crains pas la mort, dit-elle en souriant. Il y a quelques années que je m'y prépare. Je sens que la vie se retire de mon pauvre corps, et que tout est fini pour moi.

En même temps elle jetait un regard interrogateur sur le médecin, qui gardait un silence significatif.

— Merci, dit-elle ; je vois que je n'ai pas de temps à perdre si je veux recevoir les sacrements en parfaite connaissance.

Elle fit venir Pierre et Louise, et leur parla avec une sérénité toute chrétienne de sa situation. Ils éclatèrent en sanglots à cette nouvelle. Les enfants, qui adoraient la grand'mère, versaient d'abondantes larmes, et priaient encore pour sa guérison.

Marguerite, le visage serein et illuminé d'une expression ineffable de tendresse maternelle, de charité divine et de foi, donnait les ordres nécessaires pour les apprêts de la cérémonie. Le curé fut appelé. Il confessa la malade, et se mit en devoir de satisfaire à son pieux désir.

Cependant la grosse cloche annonce que les derniers sacrements vont être administrés au fidèle en danger de mort. Une foule pieuse et recueillie se rend à l'église. Le vénérable curé tire le saint ciboire du tabernacle. Le cortége, précédé d'un enfant de chœur, qui agite une sonnette, et de deux autres portant chacun une lanterne, s'avance vers la maison de Valdey.

La vaste cuisine et l'alcôve étaient tendues de blanc. Sur une table couverte de linge, aux pieds d'un crucifix entouré de cierges allumés, le prêtre dépose la sainte hostie. Il donne d'abord le sacrement de l'extrême-onction, que la malade reçoit avec une grande piété.

— Voici, dit-il ensuite en prenant le saint ciboire, voici notre Sauveur qui vient à vous dans votre demeure, et qui vous apporte les plus grandes consolations. Croyez-vous, ma fille, à la présence réelle de Jésus-Christ fils du Dieu vivant dans le sacrement de l'autel que vous allez recevoir ?

— Oh ! oui, j'y crois, et de toute mon âme, répondit Marguerite, dont les joues pâles et creuses s'animèrent un instant d'un reflet céleste.

— Recevez alors, digne chrétienne, l'Agneau de Dieu, qui porte les iniquités du monde, et qu'il vous garde pendant la vie éternelle !

La mère Valdey reçut le saint Viatique avec la foi la plus vive et le respect le plus profond. Tous les assistants étaient émus et consolés.

Quelques moments après, la malade, qui sentait venir le moment suprême, fit approcher de son lit tous les membres de sa famille. Recueillant ses forces près de s'éteindre, elle leur dit d'une voix faible et grave :

— J'ai un dernier mot à vous dire. Je commence par toi, mon frère Brunet. Tu es un honnête homme selon le monde, mais ce n'est pas assez. Un amour-propre fort déplacé t'a fait abandonner depuis longtemps les pratiques religieuses. La foi n'est qu'endormie dans ton cœur. Promets à ta sœur mourante que tu rempliras désormais les devoirs du chrétien.

— Je te le promets, fit le vieillard en l'embrassant les larmes aux yeux, tant la vue de la mort du juste est une leçon efficace, même pour les cœurs les plus endurcis !

— « Pour vous, mes petits-enfants, soyez soumis à votre père et à votre mère. Respectez l'autorité et la vieillesse. Soyez bons pour vos semblables en toute circonstance, comme vous l'avez été jusqu'ici. C'est dans l'accomplissement de nos devoirs envers Dieu et le prochain que se trouve le peu de bonheur dont nous pouvons jouir ici-bas : je vous parle avec l'autorité que donne un longue expérience, en face du Dieu d'amour et de justice que je viens de recevoir, et qui va bientôt me juger.

« Fuyez les mauvaises compagnies ; vivez de la vie de famille, résistez à l'attrait du mal ; en un mot, soyez de bons chrétiens, et Dieu vous bénira selon sa parole.

« Quant à vous deux, mes chers enfants, dit-elle en s'adressant à Pierre et à Louise qui étaient éperdus de douleur, merci des soins et des attentions filiales dont vous n'avez cessé de m'entourer ! Que Dieu vous accorde par ma voix ses plus abondantes bénédictions ! »

Marguerite fit un dernier effort pour lever sa main défaillante sur la tête de tous les membres de la famille agenouillés au pied de son lit. L'oncle Brunet lui vint en aide pour cette dernière consolation du chrétien.

La mourante embrassa tous les siens, voulut se recueillir, et se prépara au passage de l'éternité.

Une de ses mains dans celles de Louise, et l'autre dans celles de son fils, elle reprit :

— Embrassez votre mère pour la dernière fois...., mes enfants...., voici l'heure..... du Seigneur, dit-elle d'une voix expirante.

Margueriteentra en agonie, et quelques minutes après, comme une lampe privée d'huile, elle s'éteignit doucement.

Tous donnèrent un libre cours à l'expression de leur vive douleur.

Les notables du bourg se firent un pieux devoir d'apporter leurs consolations à cette famille, dont les membres étaient si tendrement unis. Ils faisaient l'éloge des vertus de Marguerite, et demandaient à Dieu la grâce d'une pareille mort.

Le convoi funèbre fut suivi de tous les habitants de Saint-Rome. Une modeste croix de bois marqua seule cette tombe vénérée.

Quoique la mère Valdey n'eût jamais été riche, elle avait toujours secouru les pauvres de son mieux, et leur avait montré tant de bienveillance qu'ils étaient désolés de sa perte. Quoi qu'en disent certains, l'aumône d'une bonne parole, d'un cordial encouragement, d'une marque de considération, réchauffe le cœur du pauvre, car il ne vit pas seulement de nourriture matérielle. Marguerite donnait, avec les petits secours dont elle pouvait disposer, son cœur lui-même, et c'est ce qui l'avait fait tant aimer par les déshérités de la fortune.

Les sentiments religieux de Valdey lui donnèrent la force de supporter l'immense douleur qu'il ressentit de la mort de sa mère. Il savait que, pour le chrétien, la séparation n'est que momentanée, et qu'il nous reste l'espérance de nous revoir dans un monde meilleur.

L'épidémie n'était qu'à son début. En peu de temps, toutes les maisons du bourg comptèrent au moins un malade, et souvent plusieurs. Le curé, les religieuses, les autorités civiles, l'instituteur, l'institutrice, Valdey, etc., allaient de maison en maison porter des remèdes et surtout des encouragements, car la terreur était à son comble.

L'oncle Brunet, craignant pour le souffle de vie qui lui restait encore, se retira dans un village reculé dès qu'il vit son neveu lui-même atteint du fléau.

Le père Gillet et son camarade Levieux, atteints par la maladie et manquant de tout, gisaient sur leur grabat, en proie à une terreur qu'ils ne cherchaient point à dissimuler. Pendant que leurs enfants n'en approchaient qu'avec crainte et dégoût, ceux-là mêmes qu'ils avaient si souvent outragés accouraient auprès d'eux, et leur prodiguaient les soins les plus délicats, évitant de faire aucune allusion au passé.

Quant à M. Bonami, il passait les nuits auprès des malades et les journées dans sa classe, donnant ainsi l'exemple d'un dévouement au-dessus de tout éloge.

Le fléau emporta de nombreuses victimes. Une religieuse paya de la vie sa charité pour les malades, ce qui ne ralentit aucunement le zèle de ses compagnes. M. Bonami, M. le curé, Mademoiselle Marie, faillirent succomber. Ils guérirent cependant, malgré les fâcheux pronostics dont ils avaient été l'objet.

Valdey recouvra aussi la santé. Le père Gillet et Levieux furent également sauvés. Vaincus par les preuves de dévouement dont ils avaient été entourés, ils eurent un léger retour vers le bien.

CHAPITRE LV.

LES REVENANTS.

> Il ne tombe pas un seul cheveu
> de votre tête sans la permission
> de votre Père, qui est au Ciel.
> (*Evangile.*)

Quelques jours après la neuvaine célébrée pour le repos de l'âme de Marguerite, Louise avait observé que le petit Joseph donnait des marques de terreur dès qu'il était un instant seul ou dans l'obscurité. Elle en parla à son mari, qui résolut d'en rechercher la cause.

— Mon ami, dit-il à son plus jeune fils qui accourut à sa voix et vint se blottir entre ses jambes, d'où viennent les frayeurs que tu éprouves lorsque ta mère t'envoie au grenier, à la cave, ou que tu es seul ?

— Papa, dit Joseph d'une voix embarrassée, je n'ose vous le dire.

— Allons, mon petit ami, dit le père en l'embrassant, ne me cache rien.

— Eh bien, c'est...., c'est que..... j'ai peur.

— Ouais ! dit Alphonse qui entrait en compagnie d'Eugénie et de Camille, et peur de quoi ?

En même temps il partit d'un éclat de rire.

— Alphonse, reprit Valdey, ne te moque point de ton jeune frère. La peur est un mal difficile à déraciner, et la raillerie est une arme impuissante à le combatre. J'ai vu bien des gens dont l'enfance a été bercée de contes et d'histoires de revenants ou de sorciers, éprouver des frayeurs ridicules, mais cependant trop réelles. Tel qui affronte avec un visage calme les plus terribles dangers, tremble au souvenir d'un fantôme..... Mais, voyons, Joseph, dis-nous la cause de ta frayeur ?

— J'ai peur de l'âme de grand'mère, répondit-il en frissonnant.

Valdey, ses trois aînés et sa femme furent émus à ce souvenir, et des larmes d'attendrissement perlèrent le long de leurs cils.

— Mais, mon enfant, est-ce que tu n'aimes plus mère Marguerite ?

— Oh ! si, et de tout mon cœur, fit le petit en joignant les mains...., mais je ne voudrais pas la voir se promener la nuit ou dans les endroits écartés vêtue d'un linceul blanc, me regarder avec des yeux semblables à des charbons allumés...., et puis étendre de grands bras afin de m'emporter.

— Ah ! malheureux enfant , qui donc t'a conté ces détestables plaisanteries ?

— C'est La Malice. Ce n'est donc pas vrai, papa ?

— « Non, mon ami : cette fille s'est indignement joué de toi, ou, si elle en croit quelque chose, la faute en est à la mauvaise éducation qu'elle a reçue. Ah ! je le voudrais bien que mon excellente mère vînt nous rendre visite , et tous les jours ; mais il n'en est pas ainsi. Dieu a mis entre ce monde et l'autre des barrières infranchissables. Quelques rares et graves circonstances, où, dans les desseins de Dieu, le monde surnaturel devait être manifesté, ont produit les apparitions racontées dans les livres sacrés. C'est ainsi que, à la mort de N.-S. J.-C., un grand nombre de saints se levèrent de leurs tombeaux pour rendre un solennel hommage à sa divinité dans Jérusalem. Nous pouvons ajouter encore celles du Sauveur après sa résurrection, de Moïse et d'Elie sur le mont Thabor ; etc. L'histoire ecclésiastique rapporte le témoignage que vint rendre un mort en faveur d'un saint évêque injustement accusé d'avoir gardé un dépôt.

« Les faits réels, constatés par des monuments authentiques et dignes de foi, ont servi de base aux contes ridicules qui défrayent la conversation dans les veillées d'hiver.

« Voici une aventure qui m'est arrivée personnellement, et qui vous donnera la mesure de la croyance qu'on doit accorder aux apparitions, sauf des cas plus rares, et dont l'autorité épiscopale est seule juge.

— Oui, papa, contez-nous cela, dirent les enfants.

— J'avais près de quatorze ans. Nous venions de perdre mon grand-père Valdey, et Dieu sait les histoires que les commères du voisinage avaient racontées à cette occasion. Or, pendant une belle nuit d'été, je sentis mon visage effleuré à diverses reprises par quelque chose de doux et frais à la fois. J'ouvris les yeux, et je cherchais dans mon esprit la cause du frôlement que j'avais ressenti, lorsque, à la clarté d'un rayon de la lune, je vis un fantôme blanc qui semblait se diriger vers mon lit. Les contes de revenants m'assaillirent l'esprit avec force, et je sentis qu'une vive frayeur s'emparait de moi. Mes dents claquaient ; je frissonnais de tout mon corps, et la voix expirait sur mes lèvres.

— Que fîtes-vous donc, papa ? dit Alphonse en riant, tandis que le petit Joseph se pressait contre sa mère ?

— Comme les poltrons, je mis bravement ma tête sous les couvertures. Au bout de quelques minutes, qui me semblèrent des siècles, je me hasardai à regarder du coin de l'œil. Je remis bien vite la tête dans le lit, car le fantôme était encore là, et me glaçait d'épouvante. Après avoir répété ce manége, je m'aguerris, et j'étais dans la disposition de me lever, lorsqu'il se fit du bruit dans la cheminée. Pour le coup, je crus que j'allais être emporté par cette voie-là ; mais tout rentra dans l'ordre habituel.

« Une demi-heure s'écoule ainsi dans les transes les plus cruelles ; alors je prends mon courage à deux mains, je me lève, et je me décide à voir de près la cause de mes frayeurs. Dès les premiers pas, les jambes fléchissaient sous mon corps, et les cheveux se hérissaient sur ma tête. Enfin, me souvenant qu'il ne saurait tomber un de nos cheveux sans la permission de Dieu, je m'avançai d'un pas résolu vers mon revenant, et je vis..... je vis que c'était ma chemise suspendue à un clou, et qui s'agitait toutes les fois qu'une légère bouffée d'air entrait par la fenêtre que j'avais oublié de fermer.

— Et ce qui avait frôlé votre visage? demanda Camille.

— C'était le vent doux et frais de la nuit.

— Et la cause du bruit qui s'était fait dans la cheminée?

— La chute d'une pierre, spontanément détachée de la muraille.

— « Comme vous le voyez, mes enfants, si l'on va résolûment vers la cause de ses frayeurs, on acquerra la certitude que rien d'ordinaire n'est plus inoffensif, et que l'imagination en a pris sur elle tous les frais.

« Quant aux sorciers, ce sont des fourbes qui profitent de la crédulité des gens ignorants pour se faire payer des secrets ou des recettes ridicules. Toutes ces faiblesses sont contraires à l'esprit de notre sainte et sublime religion, et ce serait nier Dieu lui-même dans sa providence que de supposer des hommes ayant un pouvoir réel et occulte sur leurs semblables et sur les éléments.

« Au reste la croyance aux sorciers n'existe guère, même dans nos campagnes les plus reculées : aussi nous dispenserons-nous de lui faire les honneurs d'une réfutation. »

CHAPITRE LVI.

LA SAINT-LUNDI.

Et Dieu se reposa le 7ᵉ jour.
(*Genèse.*)

Le dimanche tu garderas.
(*Comm. de* DIEU.)

Quelques semaines après la disparition de la suette, le bourg avait repris son train accoutumé.

Ceux qui avaient déserté les débits de boissons en reprirent le chemin, avec timidité d'abord; mais les anciennes habitudes eurent bientôt le dessus. On ne mit plus de frein à cette dégradante passion, et l'on semblait se dédommager par un redoublement d'orgies de quelques semaines de tempérance forcée.

Le vieux Brunet, qui rappelait en le voyant ce vers de La Fontaine :

« Le plus semblable aux morts meurt le plus à regret »,

était revenu, tout honteux de sa lâcheté, et sans souffler mot, dans sa chambre de célibataire, où l'on voyait pêle-mêle une collection de pipes, de vieilles gravures, de bouquins enfumés et de meubles du style Louis XV.

Valdey l'avait accueilli avec cordialité, s'abstenant de toute allusion à sa fuite.

Quant à Philippe, il était rentré à Saint-Rome pire qu'avant sa condamnation. Il s'adonnait à toute sorte d'excès avec ses camarades, qui ne valaient guère mieux que lui.

Un jour qu'il était pris de boisson, il résolut d'entraîner le fils Levieux à la pêche. Sur le refus de ce dernier, il le jette brutalement à terre, le saisit par les pieds, et se met à le traîner en guise de brouette.

— Ha ! ha ! tu ne veux pas venir ? Nous verrons bien !

— Laisse-moi, hurlait le malheureux, tu m'abîmes !

— Allons donc ! ça me va, et puis je t'épargne l'ennui de marcher !

— Je te suivrai ! je te suivrai ! laisse-moi !

— A la bonne heure, voilà ce que c'est que d'être gentil.

Cependant Levieux avait, les habits en pièces et l'occiput horriblement dénudé. Le sang coulait en abondance, et Gillet, tout glorieux de son invention, riait du rire hébété des ivrognes.

Le médecin déclara que la blessure, quoique grave, était sans danger.

M. Bousquet fit venir devant lui la famille Gillet, et annonça un nouveau procès.

— N'en faites rien, monsieur, dit le père Gillet : vous achèveriez notre ruine. J'ai envie d'aller m'établir à la ville, et je vais vous débarrasser de nous pour toujours.

— J'avoue que je suis bien aise de voir ta famille quitter la commune ; mais la ville n'est pas ce qu'il vous faut. Allez dans quelque village où les cabarets soient inconnus. Dépouillez le vieil homme si c'est possible, et faites peau neuve comme les serpents. Recommencez une nouvelle vie. A ces conditions, je me charge d'arranger votre affaire. Surtout n'allez pas à Milhau, où vous auriez tant d'occasions de perte.

— Eh bien ! c'est dit, on quittera le bourg.

Les Gillet qui, malgré leur abrutissement, souffraient de leur position à Saint-Rome, allèrent s'établir à Milhau nonobstant les sages conseils de M. Bousquet.

Philippe entra comme apprenti dans une fabrique de gants. L'arrivée de cette famille était un renfort pour les gens tarés de la ville.

Selon l'usage déplorable des ouvriers gantiers surtout, la semaine de travail ne commence guère que le mercredi.

et se termine le dimanche au soir. Le jour du Seigneur, au lieu d'être employé aux relations de famille, à l'assistance aux offices, à quelques bonnes lectures, enfin à des promenades destinées à procurer au corps un exercice utile et le grand air, est devenu un jour de travail pour un assez grand nombre d'ouvriers. Disons cependant que la majorité de la population sait qu'elle a une âme, et qu'elle éprouve le besoin de se retremper une fois la semaine dans les exercices du culte religieux. Elle sait qu'on trouve au pied des autels l'oubli de la fatigue et des misères de la vie, et qu'on y puise du courage pour de nouveaux labeurs. Beaucoup sont heureux de relever ce jour-là leurs têtes vers le ciel pour se souvenir que l'homme est appelé à de hautes destinées, que les travaux manuels sont un moyen et nullement le but de notre existence.

Suivons M. Bousquet, que ses affaires ont appelé à Milhau. Il entre dans une fabrique de gants, et se montre fort scandalisé de voir tout le monde au travail un jour de dimanche.

— Monsieur, lui dit le patron, je dois les laisser travailler les jours de fête : autrement je manquerais bientôt d'ouvriers. C'est un mal que je déplore, mais que je ne puis guérir.

— Comment ! vous ne pouvez rien là-dessus ? Voyez M. Burguet, qui a supprimé le travail du dimanche dans ses ateliers...

— Oui, c'est vrai, mais il a éprouvé des pertes considérables pour avoir voulu établir une réforme trop radicale.

— Vous oubliez que Dieu l'a béni d'autre part, et qu'il est aujourd'hui le plus riche fabricant de la ville ?

— Monsieur, dit un malin de la troupe qui s'avança en se dandinant d'un air capable, faut-il jeûner le dimanche, nous, notre femme et nos enfants ?

— Non, mon ami, répondit M. Bousquet en se retournant : on divise le gain des six jours de travail au moins en sept parties égales ; et voilà tout.

— Mais n'est-il pas écrit quelque part : « A chaque jour la tâche de fournir son pain ? »

— Mon ami, dit le vieillard en lançant un coup d'œil scrutateur sur l'ouvrier, est-ce que vous travaillez sans interruption ?

— Dame ! il le faut bien, puisque nous avons faim et soif tous les jours.

— Et, dites-moi, travaillez-vous le lundi ?

— Mais... fit-il en se grattant la tête, et cherchant vainement un moyen d'éluder sa réponse.

— Répondez donc.

— Il faut, après tout, un instant de relâche, et puis c'est l'usage.

— Ainsi vous avouez qu'il faut un jour sur sept à l'homme pour se remettre des fatigues du reste de la semaine. Le Créateur avait donc raison, humainement parlant, d'établir le repos du septième jour. Toute la différence qu'il y a entre le vrai chrétien et vous, c'est que celui-là prend le jour marqué par la loi divine, et qu'il le passe dans l'exercice de son culte, des joies de la famille ou de quelques innocentes distractions ; tandis que vous, Messieurs, sachant bien qu'il est impossible à l'homme de supporter un labeur sans trêve, vous prenez d'abord le lundi. Et comment le passez-vous ? au jeu, au café, etc. Vous y ajoutez le mardi et quelquefois le mercredi afin de vous remettre des suites de vos plaisirs.

— Ça c'est vrai ! fit un vieux garçon sec, jaune et ridé : j'en suis une preuve. Si nous ne valons rien du tout, est-ce une raison pour répondre des niaiseries à M. Bousquet ? Merci, M. le maire, pour ces utiles vérités. Et vous, les conscrits, profitez-en, croyez-moi.....

Nous ne sommes qu'un tas de gredins, moi tout le premier, mais je suis franc. Voyez-vous, M. Bousquet, il ne manque ici qu'Aristide Dalous et Lucien Gély. Ces deux camarades sont allés à la messe. Ce soir, après vêpres, ils iront se promener avec leur famille, et demain viendront ici de bonne heure. Ils sont toujours gais, propres, ne doivent rien à personne, ont un joli livret à la caisse d'épargne, et élèvent fort bien leurs enfants. Tandis que, nous autres, nous devons à chats et à rats, et la semaine est dévorée quinze jours à l'avance. Est-ce vrai ou faux, gamins, fit le vieil ouvrier en jetant un regard protecteur à ses camarades ? Qu'on dise le contraire ! Allons, si nous n'avons pas le courage de bien faire, laissons en paix ceux qui valent mieux que nous.

— C'est bien, mon ami : Dieu vous tiendra compte de ce bon mouvement, reprit M. Bousquet, qui continua : Il est donc plus utile de mettre en pratique le commandement de Dieu : *Le dimanche tu garderas*, etc., que de fêter la saint lundi, ne l'oubliez pas, Messieurs.

Ces paroles ne firent qu'une médiocre impression sur la plupart ; mais il y en eut quelques-uns qui se prirent à réfléchir. M. Bousquet, en s'en allant, disait à Pierre Valdey qui était survenu vers la fin de la discussion :

— Semons du bon grain à tour de bras, profitons de toutes les circonstances pour combattre le mal. Quelque faibles que soient les résultats obtenus, c'est autant de pris sur l'ennemi du genre humain

CHAPITRE LVII.

FIN DE L'HISTOIRE DES GILLET.

> Telle vie, telle mort.
> (*Prov.*)

La famille Gillet, en s'établissant à la ville, avait fondé son espoir sur l'élévation des salaires ; mais elle avait oublié de tenir en ligne de compte le renchérissement des vivres, des loyers et mille occasions nouvelles de dépense. Les habits du village avaient été mis au rebut. Les dernières ressources des Gillet avaient passé dans le loyer et les vêtements. Il fallut travailler pour vivre. Pendant quelque temps, tout alla bien : les deux femmes s'occupaient de lessiver le linge des pratiques ; le père allait à la journée pour la culture des vignes ; le fils suivait assez bien son état, et le grand-père, que le bon Dieu n'avait pas encore voulu retirer de ce monde, aidait de son mieux aux travaux du ménage. Mais, à la vue de quelques pièces d'or qui entraient au logis toutes les semaines, le vieux levain se réchauffa, et l'on reprit insensiblement les anciennes habitudes.

Comme les camarades n'étaient pas toujours disponibles, les deux Gillet, bannissant toute honte, allèrent bras dessus, bras dessous, ensemble au cabaret. Ils payèrent exactement au début : aussi obtinrent-ils du crédit. En peu de temps ils éprouvèrent un violent dégoût pour le travail, et raccourcirent la semaine de l'atelier au profit de celle destinée à la débauche.

Hélas ! ils comptaient de nombreux émules, et c'était un tableau bien triste que celui de ces malheureux ouvriers, d'ordinaire pères de famille, attablés pendant des

journées entières, et ne se refusant aucune satisfaction
lorsque leurs enfants manquaient de pain !

Jetez un coup d'œil sur les deux Gillet, qui viennent
de dévorer en un jour tout le fruit de la semaine ! Ils se
prêtent main-forte pour affermir leurs pas mal assurés
en accompagnant Jacques Talon, qui rentre chez lui le
gousset vide, le cœur mécontent quoi qu'il fasse, et le
front soucieux. Au lieu de courir au-devant de leur père,
les enfants redoutent son approche. Sa femme le con-
temple avec les larmes aux yeux et le désespoir dans
l'âme.

— Ah ! malheureux ! dit-elle, voilà deux grands jours
que tu n'as mis le pied à la maison, et dans quel état te
vois-je !

— Hé bien ! qu'y a-t-il ? fait Jacques en bégayant :
on a bu avec les amis, et voilà !

— Et pendant ces deux longues journées , nous avons
manqué de pain.

— Tais-toi, femme, tu m'ennuies.

— Non, je ne puis me taire, et ceux qui ont achevé de
te perdre auraient dû au moins ne pas venir insulter à
notre malheur, fit-elle en jetant aux Gillet un regard
qui les fit reculer malgré leur audace.

— Je veux qu'ils restent, moi !

— Sortez, misérables ! laissez mon mari et pour
toujours si vous avez encore une goutte de sang humain
dans les veines !

Cette fois les Gillet sortirent la tête basse, tant la
conscience d'avoir mal agi donne de la faiblesse au
cœur.

Mais Jacques, pour s'étourdir, se mit en colère, et
finit par battre cruellement sa femme et ses enfants.

Détournons les yeux de cette scène pénible, et hâtons-
nous de finir l'histoire des Gillet.

Philippe se livrait sans frein à la débauche. Il ne

faisait plus que de rares et courtes apparitions à l'atelier. Ses mœurs étaient gâtées, et depuis longtemps il méprisait les remontrances que sa mère et son aïeul lui adressaient timidement quelquefois. Il n'avait aucun respect pour la religion et ses ministres, et n'accordait sa considération qu'à deux sortes de personnes : les agents de police et les gendarmes.

Une nuit qu'il rêvait aux moyens de calmer ses créanciers et de fournir aux exigences de ses passions, il lui vint à l'idée de faire main-basse sur le comptoir d'un industriel. Il n'hésita pas longtemps à se décider, et le lendemain on ne parlait dans la ville que du vol avec effraction qui avait été commis dans la nuit précédente. Quelques vauriens furent mis en prison; mais les soupçons se fixèrent bientôt sur le vrai coupable, qui avait de fâcheux antécédents, et qui, dans un moment d'ivresse, avait lâché des paroles imprudentes. Son procès fut bientôt instruit. Il comparut devant la Cour d'assises de l'Aveyron, qui le condamna à cinq ans de travaux forcés. Cette malheureuse victime de la faiblesse, de l'ignorance et de l'incurie de ses parents termina sa vie, deux ans après, au bagne de Cayenne.

La mère Gillet, désespérée de la condamnation de son fils, tomba malade, et mourut en maudissant sa fatale complaisance pour ses enfants.

Lucie avait épousé, depuis quelques mois, un jeune gantier qui détestait le travail et s'adonnait au jeu. La mort de sa mère lui laissant deux vieillards à nourrir, elle ne trouva rien de mieux que de les abandonner à leur malheureux sort, et d'aller s'établir à la capitale avec son mari.

Le grand-père s'achemina, le cœur gros, vers l'hospice. où il trouva une retraite assurée pour ses derniers jours. Il fit trop tard de sérieuses réflexions sur le danger d'abandonner les enfants à eux-mêmes au lieu de les guider avec sollicitude dans le chemin du devoir, et, le cœur brisé par les plus douloureux souvenirs, il dut s'avouer que son incurie était la cause première de la ruine de sa famille. Il pria humblement le Seigneur d'accepter ses misères en expiation de ses torts, et n'imputa qu'à lui-même l'abandon de son fils.

Quant à ce dernier, pour s'étourdir encore davantage, il ne quittait plus le cabaret. Un jour qu'il était dans l'ivresse, il se prit de querelle avec un de ses camarades de bouteille. Ils en vinrent aux mains, et le malheureux tomba pour ne plus se relever : il eut la poitrine écrasée sous les genoux de son robuste adversaire, et rendit le dernier soupir sur une table témoin de ses orgies, et qui fut inondée de son sang.

Le lendemain, le vieux Gillet, presque seul, suivait d'un pas allourdi par l'âge et les chagrins le convoi de son fils. En revenant du cimetière à l'hospice, il reçut du facteur une lettre cachetée de noir. C'était le mari de Lucie qui lui annonçait son veuvage. La jeune femme, poursuivie par la main de Dieu, après avoir souffert toutes les angoisses de la misère, était morte en donnant le jour à un enfant qui ne lui avait point survécu.

Le vieillard fut anéanti par ce dernier coup.

— Me voilà seul debout d'une famille qui devait faire ma joie et me rendre les derniers devoirs ! se disait-il avec une douleur profonde. Ma funeste complaisance aboutit à la ruine des miens, et il ne me reste plus qu'un nom flétri par les tribunaux. Il est donc bien vrai qu'un enfant gâté devient presque toujours un mauvais fils !

Et maintenant, si nous jetons un coup d'œil sur une famille dont les enfants sont bien élevés, nous voyons qu'ils aiment, respectent leurs parents, et s'efforcent de les rendre heureux.

Comparons le sort des familles Valdey, Charpin, Pradon, etc., avec celui des Levieux, des Duret, des Graillon, des Gillet... hélas ! partout les mêmes causes produisent invariablement les mêmes effets.

La raison, l'intérêt bien entendu, indépendamment de la religion, engagent les parents à surveiller leurs enfants avec une sollicitude constante, à leur donner de bons maîtres, et à prêter un concours énergique à ces derniers dans leurs efforts pour donner une éducation convenable à leurs élèves

---

CHAPITRE LVIII

HISTOIRE D'UN USURIER.

> Mieux vaut tard que jamais.
> (*Prov.*)

A l'extrémité du bourg de Saint-Rome, au bas d'une rue étroite et sombre, on voyait naguère une vieille maison flanquée de deux tourelles et percée de fenêtres dont les vitres en losange étaient reliées entr'elles par des châssis de plomb. Un escalier en spirale, faisant saillie au milieu, était surmonté d'un hardi pigeonnier qui dominait les trois étages de ce vénérable reste du vieux temps. Une cour assez vaste, où les orties et les mauves disputaient la place à quelques touffes de gazon, s'étendait devant la façade principale, dont le côté opposé donnait sur un jardin potager.

La vieille habitation avait appartenu jadis à une famille opulente ; mais le dernier représentant de cette race antique avait vendu le toit de ses aïeux pour faire honneur aux dettes de son père. Quant au propriétaire actuel, c'était un vieil usurier nommé Barthélemy.

Un soir que Pierre revenait de sa vigne, il rencontra

Catherine Laugier, femme d'un honnête tisserand, chargée d'un énorme bouquet et se dirigeant vers la maison de l'usurier.

— Où allez-vous comme ça ? dit-il avec cette cordiale familiarité qui distingue nos bons cultivateurs.

— Chez l'oncle Barthélemy, voisin.

— Ah ! je devine, vous allez lui souhaiter sa bonne fête ?

— C'est cela. Je sais bien qu'il y sera peu sensible ; mais c'est le frère de ma pauvre mère et je ne saurais oublier aucun de mes devoirs envers lui.

— C'est bien, Catherine, bonne chance !

La bonne femme, après avoir jeté un coup d'œil sur sa modeste toilette et sur deux beaux enfants qui s'accrochaient à sa robe, soulevait timidement le marteau de la vieille porte.

— Qui va là ? dit une voix sèche et cassée.

— C'est moi, mon oncle, répondit avec un ton sympathique et presque tremblant la bonne Catherine.

Au bout d'une longue minute, un pas lourd se fit entendre, et le vieillard ouvrit en grommelant. C'était un homme de 65 ans environ. Il était coiffé d'une casquette de loutre, munie d'une longue visière en carton verni. Ses joues blêmes et creuses se cachaient à demi sous des touffes de cheveux gris, plats et droits comme des aiguilles. Ses petits yeux roux brillaient d'un éclat fauve sous de longs et épais sourcils. On voyait à peine ses lèvres minces et ridées, à cause de son nez énorme recourbé vers le menton. Le principal vêtement de l'usurier consistait en une vieille souquenille rapiécée de lambeaux de toute couleur et accusant un demi-siècle de service. Un vieux pantalon et des sabots remplis de foin composaient le reste de sa tenue.

Quant au moral, il n'avait qu'une seule croyance : *la foi aux écus.*

—Ha ! ha ! ha ! dit-il avec un ricanement entremêlé de hoquets, tu viens pour ma fête ? Mais va, pauvre petite, les temps sont durs, personne ne me paie, et je n'ai plus d'argent.

— Mon oncle, reprit Catherine d'une voix ferme et avec un regard plein de dignité blessée, j'étais venue m'acquitter d'un devoir et vous prier à dîner pour demain. Gardez votre or ; tant que Dieu nous donnera la santé, nous aurons de quoi vivre.

— Mais, dit Barthélemy avec un haussement d'épaules et un petit clignement d'yeux où perçait autant d'orgueil que de dureté, je ne vois pas la nécessité d'une invitation : je te remercie, bonjour.

En même temps le vieillard lui tourna le dos, sans daigner jeter un regard sur les deux marmots qui ouvraient de grands yeux étonnés. Catherine ne put retenir ses larmes. Elle déposa le bouquet et se retira sans ouvrir la bouche.

— C'est un méchant, le vieux, dit le petit ainé, dès que la porte eut crié de nouveau sur ses gonds.

— Oui, reprit l'autre, puisqu'il fait pleurer bonne mère.

Catherine leur imposa silence, mais ne put se défendre de les embrasser avec un redoublement de tendresse.

— Ne pleurez pas, maman, disaient les deux jeunes garçons ; quand nous serons grands nous travaillerons pour vous et pour papa.

— C'est bien, mes amis ; mais n'oubliez pas de prier tous les jours le bon Dieu pour votre oncle.

En rentrant dans sa maison, Catherine eut encore le chagrin de voir son mari éclater en invectives contre le vieux Barthélemy. Elle le calma de son mieux et reprit bientôt sa sérénité habituelle, forte du témoignage de sa conscience qui lui disait : « Tu as bien agi ».

Quelques jours après, un incendie dévora la maison

et les meubles de Laugier. Tout le monde prit une .vive part à son infortune ; mais Barthélemy craignant que cette famille ne tombât pour quelque temps à sa charge, refusa de la loger.

—Voyez donc ces imprudents, disait le vieillard : ils se mettent en ménage sans sous ni maille et négligent même la précaution d'assurer le peu qu'ils ont acquis à force de travail , et puis, un beau jour , les voilà sur la .paille !

Si le cœur et la porte de Barthélemy s'étaient fermés devant la famille du tisserand. M. le curé, M. Charpin et notre ami Valdey l'accueillirent avec tous les égards dus au malheur.

Au bout de quelques jours, M. Bousquet l'installa dans un appartement meublé qui lui servait de pied-à-terre lorsqu'il se rendait tous les dimanches aux offices.

Laugier et Catherine se mirent au travail avec courage, et la gêne diminua dans la maison de jour en jour.

Quelques semaines après l'incendie, Valdey passant un soir devant la maison de l'usurier, en compagnie de M. Charpin, lui fit observer que depuis deux ou trois jours elle était hermétiquement fermée.

— Barthélemy est sans doute en voyage, dit l'adjoint.

— C'est possible ; mais il est à craindre qu'un accident ne soit arrivé à ce malheureux vieillard.

— Bah ! dit un cultivateur qui les entendit, ce ne serait pas une grande perte !

D'autres se mirent de la partie, et Dieu sait quelles litanies furent débitées sur le compte de l'usurier.

Quant à l'adjoint et à Valdey, que ces circonstances alarmaient, ils mandèrent un serrurier et firent ouvrir la porte qui céda difficilement.

Une bouffée d'air humide, exhalant une forte odeur de moisissure , les saisit en entrant. Ils explorèrent le rez-de-chaussée sans résultat. Le foyer de la cuisine était veuf de tout combustible et même de cendres ; les autres pièces n'avaient pas été ouvertes depuis longtemps. Ils gravirent l'escalier tournant, et, parvenus au premier étage, entrèrent dans un grand nombre de chambres, où pas une trace de Barthélemy ne s'offrit à leurs yeux. Ils désespéraient déjà du succès de leurs recherches, lorsque Valdey proposa de visiter une méchante mansarde qui avait servi autrefois de grenier. Ils pénétrèrent, non sans difficulté, dans cette pièce voûtée au plafond comme sous le parquet et découvrirent le malheureux vieillard à demi-vêtu, étendu sans connaissance au pied de son lit.

— Vite de l'éther ou du vinaigre ! cria Valdey du haut de la fenêtre à sa femme qui lavait au ruisseau.

Louise accourut en compagnie d'une bonne sœur pendant que l'adjoint remettait Barthélemy dans son misérable lit.

Les frictions et les excitants réussirent à rappeler le vieillard à la vie.

Au bruit de l'accident qui était arrivé à son oncle, Catherine, oubliant tout, s'installa à son chevet et partagea son temps entre le malade et sa famille.

— Pensez-vous que ceci devienne grave, dit-elle au médecin ?

— C'est une fièvre typhoïde des plus intenses, et nous ne pouvons espérer une lueur de raison que dans trois semaines. Je dois vous prévenir que cette maladie est souvent contagieuse.

— J'éloignerai mes enfants, dit Catherine; mais avec la grâce de Dieu j'espère remplir mon devoir jusqu'au bout.

Quant au vieil usurier, il semblait en proie à une obsession terrible. Dans son délire, il proférait des paroles sans suite, en fixant des regards effarés au pied de son lit :

— Otez-moi ces malheureux que j'ai injustement

dépouillés..... ; leur argent me brûle la gorge et la poitrine..... J'ai bien soif !..... Et toi, Catherine ? .....
Reprends ton bouquet ; il me reproche ma brutalité......
Tu pleures !..... Ah ! mon Dieu !..... Hélas ! je vous ai
oublié !...... Votre main est terrible..... Et le curé, que
me veut-il ?

Catherine et son mari ne pouvaient le calmer malgré
leurs efforts et leurs soins. Quant au digne curé, il priait,
en attendant le moment de la conversion.

Enfin Dieu, dont l'inépuisable miséricorde ménage à
sa créature la plus coupable tous les moyens possibles
de salut, lui rendit une lueur de raison.

— Où suis-je, s'écria le vieillard dès qu'il put se
reconnaître.

— Chez vous, mon oncle, répondit la douce voix de
Catherine.

— Je suis donc bien malade, que tu sois ici ?

— Depuis trois semaines nous.....

— Ah ! malheureux que je suis ! vous m'avez ruiné ;
je suis un homme perdu ! Tout mon bien aura été gaspillé !

— Calmez-vous, mon oncle, il ne vous manquera pas
un liard.

— Dis-tu vrai ?

— Oui, oui, de ce côté, soyez sans crainte.

— Vite mes habits et ma canne ; je veux m'assurer
que tu ne m'en imposes point.

— Vous allez vous tuer !

Le vieillard essaya de se soulever, mais il fut obligé de
renoncer à son projet et de se livrer aux soins de sa
garde-malade.

— Et ces fioles, et le médecin, qui les paiera ? reprenait
avec colère l'usurier.

— Ne vous en inquiétez point ; guérissez vite et tout
ira bien.

Cependant l'enveloppe de marbre qui couvrait le cœur de Barthélemy avait laissé passer quelque reconnaissance pour la bonne Catherine.

Il la considérait souvent à la dérobée, et éprouvait une sorte de malaise en voyant que ses fraîches couleurs et ses joues pleines avaient disparu. Lorsque le sommeil gagnait la pauvre femme, qui avait rarement voulu se laisser suppléer par Louise et les bonnes sœurs, le vieillard retenait son souffle pour ne point troubler ses courts instants de repos. Il commençait déjà à s'informer de la santé des enfants et disait de temps à autre un mot bienveillant pour Laugier. Tous les soirs et tous les matins, Catherine n'avait garde d'oublier sa prière. Cette exactitude avait été remarquée par le malade.

— Je ne prie jamais, se disait-il; mais ceux qui ont contracté l'habitude de la prière m'inspirent confiance et respect malgré moi.

Quelques jours après, le médecin assura que le malade était en pleine convalescence. Valdey en profita pour lui recommander Catherine.

—Vous ne devez plus vivre seul; les soins d'une bonne ménagère vous sont indispensables, lui disait-il.

— Nenni, compère, reprenait le vieillard en clignant ses yeux avec malice, je n'aurai dans huit jours besoin de personne. Ma nièce aurait-elle pensé que je vais me charger de sa famille?

— Elle ne m'en a pas ouvert la bouche; mais on pourrait faire plus mal.

— Je n'y viendrai jamais !

Quelques jours après, la garde-malade rentrait dans son modeste logement et reprenait son train de vie ordinaire avec la plus grande simplicité. Quant à Barthélemy, il éprouva d'abord une vive satisfaction d'en être débarrassé; mais il avait beau parcourir sa maison du grenier à la cave, compter ses revenus plus ou moins licites,

visiter ses terres et rendre la vie dure à ses fermiers, rien
ne pouvait le satisfaire, et, sans y songer autrement, il
faisait des visites de plus en plus fréquentes à la famille
Laugier. Le babil des enfants, qui l'avait jusque-là tant
importuné, commençait à lui paraître doux au cœur et
parfois il se surprenait à les embrasser. Un jour même il
leur donna une belle pièce de cinq francs ! Enfin, n'y
tenant plus :

. — Viens demeurer chez moi, ma fille, dit Barthélemy,
et il tendait les bras à l'excellente femme qui s'y précipita
en pleurant.

— A la bonne heure, disait Valdey en apprenant cette
nouvelle ; je commence à croire que nous n'aurons
bientôt plus d'usurier dans Saint-Rome.

Catherine obtint de son oncle qu'il se vêtirait d'une
manière plus convenable. Elle lui ménagea plusieurs
entretiens avec le curé qui finit par ébranler sa trompeuse
sécurité. Toutefois, au mot de restitution, l'usurier
bondit comme un loup blessé au piége. Mais les semences
de vérité germaient malgré lui, et il commençait à s'inquiéter de la grande affaire du salut.

Le vieux Brunet disait à Pierre qui suivait avec un
intérêt chrétien les luttes intérieures de Barthélemy :

— Tu t'abuses, un usurier ne se convertit jamais. Le
bien mal acquis, semblable à un boulet énorme, le retient
captif dans le mauvais chemin, malgré quelques velléités
de changement.

— Pourquoi désespérer ? Je conviens que la cure est
difficile, mais le dernier mot n'est pas encore dit.

De son côté, la bonne Catherine ne perdait aucune
chance de ramener son oncle à des sentiments plus
chrétiens. Un jour elle l'entraîna dans un assez grand
nombre de pauvres ménages que ses extorsions avaient
ruinés : ce fut le coup de grâce. Quelques jours après,
Barthélemy, que le remords et la crainte des jugements

de Dieu tenaient sans cesse éveillé, quoi qu'il fît pour s'étourdir, faisait venir le curé et distribuait par ses mains une somme de quarante mille francs à ceux qu'il avait injustement dépouillés. Son cœur s'était enfin ouvert à la grâce, et il réparait le scandale de sa vie passée par la pratique des devoirs du chrétien.

Les malins disaient : « Quand le diable devint vieux il se fit ermite ».

Mais la presque unanimité de la population applaudissait et remerciait Dieu. Catherine en versait des larmes d'attendrissement, sans regretter une minute un bien qui pouvait enrichir ses enfants. L'oncle Barthélemy comprenait enfin qu'il existe des jouissances bien supérieures à la possession, même légitime, d'un peu de métal.

CHAPITRE LIX.

LE SOLDAT DE CRIMÉE.

> Mourir pour la patrie est un sort aussi
> doux que glorieux.

Par une belle soirée d'été, au moment où le soleil allait disparaître de l'horizon, les membres de la famille Valdey se groupaient autour de M. Bousquet, de M. le curé et de M. Bonami, et se délassaient de leurs travaux journaliers en conversant utilement. Une douce brise, qu'on aspirait avec délices après la chaleur étouffante du jour, se jouait dans les branches de deux acacias plantés autour de la croix de la mission, au pied de laquelle on était réuni.

On causait avec animation de la guerre de Crimée, qui venait de se terminer glorieusement par la prise de la tour Malakoff.

— Il y a longtemps que nous n'avons aucune nouvelle du pauvre Louis Robert, dit M. le curé. Son vieux père m'accable de questions là-dessus, et je ne sais trop que lui répondre. Voilà huit ans qu'il est parti : Dieu veuille que les balles ennemies l'aient épargné.

— As pas peur ! hé, bagasse ! les Russes ne l'auront pas tout entier, dit une voix de stentor !

— Mais, c'est lui ! firent les assistants qui se levèrent comme un seul homme et donnèrent au soldat les marques de la plus vive amitié.

— Hé ! d'où sors-tu ?

— Ce n'est pas facile à dire. On était parti droit comme une baguette de fusil, et puis on revient avec un bras de moins..... Mais, bagasse ! il faut casser des œufs pour faire des omelettes..... On s'est trouvé sur le chemin d'une balle, et voilà !

— Pauvre Louis ! firent tous les assistants émus de pitié.

— Il ne faut pas le plaindre, le Robertot..... morbleu ! il est juste que chacun paye sa dette. On a payé la sienne, et c'est tout. Et puis, fit le soldat en portant la main à son bonnet, l'Empereur n'est pas chiche. On revient au pays avec la croix et cinq cents francs de pension. Mais excusez, Messieurs, il faut aller embrasser le vieux père.

— Nous allons t'accompagner, mon ami, dit le vénérable curé.

Les enfants s'étaient déjà détachés, et avaient annoncé la nouvelle au vieux Robert qui, ne pouvant modérer son impatience malgré son grand âge, accourait en faisant retentir le sol de sa jambe de bois.

Le père et le fils se tinrent longtemps embrassés.

— Ah ! mon ami, disait le vieillard, j'avais peur de mourir avant de te revoir.

— Bagasse ! père, dit le soldat en essuyant ses yeux du

revers de la main, il faut vivre, morbleu! Nous allons nous aimer tous deux comme des poulets! hein ?

— Mais..., Robertot, tu n'as plus qu'un bras ! dit le vieillard douloureusement ému ?

— Bah ! dit gaiement Louis, il en reste encore un pour vous et pour la France. Il ne faut pas que ça vous chagrine; histoire d'une balle, et vous en avez su quelque chose à Austerlitz !

Comme un vieux cheval de guerre dresse l'oreille et ressent une étincelle de son ancienne ardeur, en entendant le clairon, ainsi fit le père Robert.

— Allons ! dit-il, tu as donné un bras au neveu, et moi une jambe à l'oncle : nous avons largement payé notre dette.

— C'est vrai, ajoutèrent les assistants.

— Maintenant, dit Pierre à Louis, conte-nous ton histoire.

— Il faut boire un coup de piquette, bagasse ! Le gosier est sec comme de l'amadou.

— C'est juste, dit en souriant M. Bousquet.

— Mais vous me demandez là beaucoup ! Vous savez que je ne suis pas fort pour le bec, moi. Enfin, n'importe ! on dira comme on saura. — J'étais un pauvre élève chez M. Vimal, et j'avais appris à lire un tantinet. A l'école du régiment, j'y ai ajouté un brin d'écriture; mais, pour l'orthographe, bast !.... ni vu ni connu. Et voilà qu'après huit ans on est..... caporal, fit Robert avec confusion. Mais ça n'empêche pas de cogner dur, et aux batailles de l'Alma, d'Inkermann, de Balaclava, aux assauts de Malakoff, on a fait de son mieux. Seulement on y a laissé une patte; et voilà !... — Ouf! C'est il difficile de conter ces histoires ! s'écria le soldat en s'essuyant le front comme s'il venait d'accomplir un des douze travaux d'Hercule!

— Mais, mon ami, reprit M. Bousquet, tu as une façon trop expéditive de raconter tes campagnes.

— Ah ! bien ! c'est-il des détails qu'il vous faut? voici : le maréchal de Saint-Arnaud nous dit : « Ohé, lapins ! « vous voyez ces rochers qui ont l'air de vouloir rouler « dans le ravin : hé bien ! il faut arriver là-haut, petits, « et puis racler ces gredins de Russes ». Ah bon ! voilà que nos zouzous et nos chacals d'Afrique se font l'échinette, et grimpent comme des écureuils. En un moment, les rochers sont dépassés, et nous arrivons sur le plateau..... Mais là, presque personne, car on croyait que nous commencerions la danse d'un autre côté. — Ils ne sont pas honnêtes, les mangeurs de chandelle, de ne pas venir nous donner une poignée de main ! que nous disons. Enfin suffit. Nous arrivons à une petite batterie; nous surprenons les Russes, que nous travaillons si bien à la fourchette que pas un n'aurait su le dire, pour de bonnes raisons, vous comprenez ! On tourne les canons vers l'ennemi. Les bonnes pièces ! ça ne se fait nullement prier, et puis.... et puis, brrr..... tout le tremblement, quoi! Et les Russes, en se voyant ainsi tailler des croupières, ont fini par tourner les talons, dit le soldat avec un regard qui lançait des flammes et en tortillant sa longue moustache.

— Et tu n'as pas été blessé dans cette affaire? dit le vieux Robert.

— As pas peur, bagasse ! pas plus que rien. Tant seulement un biscaïen a emporté mon shako. — Tiens! fit le camarade Ballard, il fallait être poli, vieux : tu avais oublié de saluer, et l'on t'avertit..... Voilà.....

— Et ta blessure?

— Quant à ça, c'est à Malakoff. Ça m'a vexé tout de même. Comment bêcher la vigne au père Robert maintenant? que j'ai dit. — Mais le maréchal Pélissier, qui visitait l'ambulance, a répondu : — « Ne te chagrine

« pas, lapin : l'Empereur n'oublie pas les bons soldats
« comme toi. Tu auras du pain pour le vieux. En atten-
« dant, voici le ruban rouge : cela t'aidera à prendre
« patience. »

— Et qu'as-tu dit au maréchal?

— Hé ben! quoi? Est-ce qu'on le sait? Le zouzou a
pleuré comme une bête, et n'a pas su dire seulement
un tantinet merci. Mais ça y est tout de même là, fit
Robertot en frappant sa robuste poitrine de sa large
main.

— Oui, mon ami, ton cœur est reconnaissant; et puis
tu aimes la France, n'est-ce pas ?

— Rien que d'y songer, là-bas, chez les mangeurs de
chandelle, ça vous mettait sens dessus dessous.

— Oui, Robertot, vous sentez à votre façon la vérité
de ce vers du poëte, dit M. Bonami :

« A tous les cœurs bien nés que la patrie est chère ! »

La petite réunion se dispersa en se donnant rendez-
vous pour les jours suivants.

CHAPITRE LX.

AMOUR DE LA PATRIE.

> A tous les cœurs bien nés que
> la patrie est chère !

— Papa, dit Joseph à Valdey, que veut dire le mot
patrie?

— Il signifie terre natale du père. La France est notre
patrie, et nous devons l'aimer de toute notre âme.

— C'est pour cela sans doute que M. Bonami nous
disait ce matin ces mots, que j'ai écrits sur mon cahier

pour les mieux retenir : Mourir pour la patrie est un sort aussi doux que glorieux.

— Oui, mon enfant, et les exemples ne nous manquent point. Nous en trouvons dans toutes les positions sociales, depuis le chef de l'Etat jusqu'au manouvrier. Camille va nous raconter quelques-unes des anecdotes de l'école.

— Volontiers, papa. D'abord, comme souverains, nous avons Charlemagne, saint Louis, etc., qui se sont dévoués au bonheur de la patrie. Ils en ont vaincu les ennemis, développé les institutions, et singulièrement hâté la civilisation.

— Citons ensuite Louis XII, qui mérita le surnom de *père du peuple*. Il disait souvent: « Je préfère voir les « courtisans rire de mon avarice que mon peuple gémir « de mes dépenses ». Henri IV voulait que le cultivateur eût sa poule au pot tous les dimanches. Napoléon Ier fit pendant vingt ans de la France l'arbitre des destinées du monde ; mais, pour éviter de nouveaux malheurs à notre pays, il abdiqua généreusement à Fontainebleau.

— Et toi, Eugénie, n'as-tu rien à me dire ?

— Quoique les femmes ne soient guère appelées à la défense de la patrie, il en est cependant qui lui ont rendu les plus éclatants services en temps de guerre.

— Sainte Geneviève était une bergère des environs de Paris qui obtint, dès l'âge le plus tendre, la confiance et les bénédictions de saint Germain, évêque d'Auxerre.

« Attila venait d'inonder la France de ses innombrables bataillons. Tout fuyait avec terreur devant lui. Les Parisiens, épouvantés, allaient abandonner leur ville, lorsque Geneviève les exhorta à s'armer de courage et à faire la plus énergique résistance au conquérant barbare, les assurant du succès de leur cause.

« Songez, leur disait-elle, que vous avez de bonnes « murailles, des vivres pour longtemps et des bras

« vigoureux. Mettez votre confiance en Dieu, et résistez
« avec résolution aux menaces de l'ennemi. La pers-
« pective d'un long siège le lassera, et nous serons
« sauvés. »

Les Parisiens suivirent le conseil de la sainte fille,
et résistèrent vaillamment aux armes d'Attila qui, ne
voulant point user ses forces devant une place si bien
défendue, leva le siège, et alla se faire battre par Mérovée
dans les plaines de Châlons-sur-Marne.

— N'oublions pas la reine Blanche, dit Louise.

— Blanche de Castille, mère de saint Louis, défendit
avec courage le pays et les droits de son fils contre les
attaques des grands vassaux, et les réduisit à l'obéissance. Elle fut à deux reprises régente du royaume,
qu'elle gouverna avec une admirable sagesse.

— Et Jeanne d'Arc, ajouta le petit Joseph, M. Bonami
nous en a parlé.

— Voici ce que nous en dit Mademoiselle Dumont :
« La France était devenue presque en entier la proie des
Anglais, qui avaient surnommé, par dérision, Charles
VII le *roi de Bourges*. Orléans allait succomber devant
leurs attaques, lorsque Jeanne d'Arc, bergère de Dom-
remy, alla trouver le roi à Chinon, et lui promit de faire
lever le siège. Charles lui donna une poignée de soldats,
et l'héroïque jeune fille obligea les Anglais à se retirer. On
dut à son courage la victoire de Patay, où le général
anglais Talbot fut fait prisonnier. Elle conduisit, selon
sa promesse, Charles VII à Reims, et, après le sacre,
auquel elle assista tenant en sa main son oriflamme tant
de fois la terreur de nos ennemis, elle voulut se retirer.
Le roi s'y opposa ; mais, deux ans après, au siège de Com-
piègne, elle fut prise par les Anglais, qui la brûlèrent
toute vive à Rouen, le 30 mai 1431, en haine de la France. »

— Et l'héroïne de Beauvais ? dit Alphonse.

— Jeanne Hachette, reprit Eugénie, défendit sa ville

7

natale, en 1472, contre les assauts de Charles le Téméraire, duc de Bourgogne. On la vit sur la muraille combattre à la tête d'un grand nombre de femmes, qu'elle avait excitées à la résistance. Elle arracha des mains d'un soldat bourguignon l'étendard qu'il arborait déjà sur une tour de Beauvais, et le tua de sa main. Cet acte de courage ranima les assiégés, qui repoussèrent les ennemis.

— Les femmes ne sont guère appelées à défendre le pays les armes à la main, ajouta Louise. Dieu leur a donné en partage des attributs plus délicats que la force du corps. Elles savent se dévouer au service de la patrie sur le champ de bataille et dans les hôpitaux, en soignant les blessés et les malades. Elles ont toujours su inspirer à leurs enfants l'amour du sol natal et du souverain.

— Allons! Joseph, je vois que tu grilles de conter ton histoire, dit Valdey au jeune garçon qui s'agitait avec une pantomime expressive.

— Voici. Le petit chevalier de Boufflers, à l'âge de onze ans, se battait de son mieux près de Namur, ville de Flandre. Un soldat de haute taille, dédaignant un tel adversaire, lui dit: « Que viens-tu faire ici, petit? Va « jouer dans les bras de ta nourrice! » — Boufflers, piqué de cette moquerie, s'élance sur lui, et le traverse de son épée en lui disant: « Les enfants de ton pays « s'amusent-ils à de tels jeux? »

— Camille, raconte-nous quelque chose à ton tour, dit Valdey?

— Oui, papa, volontiers: « Vers 1648, l'armée du Parlement, commandée par lord Fairfax, alla mettre le siége devant Colchester, que défendait lord Cappel pour Charles Ier, roi d'Angleterre.

« Fairfax, ne pouvant s'emparer de la ville, fit enlever d'un collége de Londres le fils unique du général Cappel, et demanda une entrevue à ce dernier.

« Celui-ci, qui ne se doutait de rien, arriva au rendez-vous, et fut vivement pressé d'abandonner le parti de son souverain.

« J'ai juré fidélité à mon roi, et je saurai mourir pour lui s'il le faut », dit-il à son adversaire.

« — Puisqu'il m'est impossible de vous convertir à mes idées, voici quelqu'un, dit Fairfax, qui réussira mieux que moi.

« En même temps il montra au malheureux Cappel son jeune fils, sur la poitrine duquel un soldat appuyait un glaive.

« Votre réponse va décider de sa vie », ajouta le général du Parlement.

« — Barbare, dit lord Cappel en jetant un long regard de tendresse et de douleur à son fils, qui lui tendait les bras, de quel droit menacez-vous la vie de cet enfant ?

« — O mon père, s'écria le jeune garçon, faites votre devoir : défendez énergiquement les droits de notre auguste maître. Je saurai mourir et me montrer digne de vous.

« — Mon enfant, Dieu sait que je t'aime plus que ma vie, ajouta le père, suffoqué par l'émotion ; mais, comme tu le comprends déjà, je ne puis te sauver aux dépens de l'honneur. Si je consentais à ce que l'on me demande, je trahirais mon Dieu, mon souverain et mon serment. Dans un âge si tendre, tu as l'honneur de mourir pour ton roi. Adieu.

« Et le malheureux père se retira anéanti par sa douleur.

« Fairfax n'osa mettre à exécution ses cruelles menaces. Il craignit l'exécration publique, et rendit plus tard le fils de lord Cappel à la liberté. »

A ce moment, M. Bonami vint dire un cordial bonjour à la famille Valdey. On lui fit part en quelques mots du sujet de la conversation.

M. Bonami rappela le dévouement héroïque de Léoni-

das, roi de Sparte, au passage des Thermopyles, du chevalier d'Assas, etc., etc.

—Le dévouement à la patrie, continua-t-il, revêt toutes
sortes de formes, et mérite partout notre reconnaissance
et nôtre respect. Certains bravent la mort sur le champ
de bataille; d'autres l'affrontent sans éclat, mais avec autant de vertu, dans les épidémies, dans les inondations
et même dans les circonstances les plus vulgaires. Voici
un acte de patriotisme qui vaut bien un coup d'épée : La
peste faisait, vers 445 avant Jésus-Christ, beaucoup de
victimes en Perse, et menaçait de faire invasion dans la
Grèce. Artaxercès Longue-Main fit prier Hippocrate de
venir à sa cour, et lui promit les plus grands honneurs.
L'illustre médecin répondit aux envoyés du roi : « Dites
« à votre maître que mes compatriotes sont en danger,
« et que je me dois sans réserve à leur service ».

Quelque temps après, la terrible maladie sévit contre les Athéniens. Hippocrate ne cessa de leur prodiguer
ses soins, au péril de sa vie, que lorsque la contagion eut
disparu.

— Contez-nous le dévouément d'Eustache de Saint-
Pierre, dit M. Bonami au fils aîné de Valdey.

— Voici, Monsieur, ce qui en est resté dans mon souvenir : « Edouard III, roi d'Angleterre, irrité de ce que les
habitants de Calais l'avaient retenu pendant si longtemps
au pied de leurs murailles, voulait les passer au fil de
l'épée. A force d'instances, on obtint qu'il ferait grâce
aux Calaisiens, à condition que six d'entre eux iraient
volontairement se mettre à sa merci.

« Eustache de Saint-Pierre, Jean d'Aire et quatre autres généreux citoyens consentirent à se dévouer pour
leurs compatriotes. Ils se présentèrent, la corde au cou et
en chemise, devant le cruel monarque qui ordonna leur
supplice. Heureusement la reine son épouse fit tant

d'instances qu'elle put les arracher à la mort qui les attendait.

— On n'en finirait pas si l'on voulait citer tous les actes de patriotisme que nous fournissent les seules annales de notre belle France, dit M. Bonami. Terminons par celui de La Palice, né à Aubusson vers la fin du XVᵉ siècle.

« Ce brave chevalier français commandait une citadelle assiégée par les Espagnols. Dans une sortie, après avoir fait des prodiges de valeur, il est obligé de céder au nombre, et tombe couvert de blessures.

« Gonzalve de Cordoue le menace de le faire périr s'il ne rend le fort sur l'heure. La Palice écoute tranquillement l'Espagnol. — « Qu'on me porte au pied du rem« part », dit-il. Son lieutenant est appelé, et le blessé lui adresse ces paroles : « Cornon, Gonzalve, que vous « voyez là, prétend m'ôter un reste de vie si vous ne « rendez promptement la place. Mon ami, regardez-moi « comme un homme déjà mort ; soyez fidèle à votre de« voir envers le roi et la France, et défendez-vous jus« qu'au dernier soupir. »

« Gonzalve, quoique transporté de colère, ne réalisa point ses menaces. Il consentit même à échanger son prisonnier contre un officier espagnol. La Palice guérit de ses blessures, et devint maréchal du royaume. »

— J'aime bien la France et l'Empereur, comme mes parents et M. Bonami nous le recommandent..... Mais, ajouta le petit Joseph, avec une naïveté charmante, et en portant la main à son cœur..... ce n'est pas difficile à pratiquer, ça vient tout seul là.

— C'est bien ! dirent les Valdey et M. l'instituteur en l'embrassant : conserve toujours ces précieux sentiments.

— Je suis d'avis, dit ce dernier, que, pour résumer ce que nous venons de dire, il serait bon de faire la lecture d'une page de *la Morale en action*, qui me paraît digne d'être méditée.

« I. Dans le sanctuaire , un bon patriote c'est un homme qui n'élève jamais sa voix vers le ciel sans en solliciter les bénédictions pour son pays et pour ses concitoyens. Jamais il ne paraît dans la société sans travailler à affermir dans tous les cœurs la soumission et le respect que le Maître des empires exige pour ceux qui le représentent sur la terre. Dans un camp, c'est un homme qui, chargé de la défense de l'Etat, ne songe qu'à lui immoler son repos, son temps, sa vie même ; cessant d'exister pour lui-même, il ne vit plus que pour sa patrie et pour son gouvernement, dont il a les intérêts à défendre et la gloire à soutenir.

« II. Dans les tribunaux, c'est un homme qui oublie, en quelque sorte, qu'il est homme, pour se souvenir uniquement qu'il est magistrat. Semblable à la justice, ayant dans ses mains une balance et sur ses yeux un bandeau, il n'est attentif qu'à faire un digne usage de l'autorité qui lui est confiée, et à bannir du milieu des provinces la discorde et les divisions. Dans le négoce, c'est un homme qui, travaillant à sa fortune, s'occupe aussi de celle de l'Etat, honore sa patrie par sa droiture aux yeux de ses compatriotes et des étrangers, et prodigue ses trésors à son souverain, ne pouvant, comme le guerrier, lui prodiguer son sang.

« III. Dans la littérature, c'est un homme qui, loin de semer dans ses écrits cet esprit d'indépendance qui prépare la chute des Etats, cherche surtout à faire sentir au peuple son bonheur de vivre sous un gouvernement chéri, et qui combat, dans l'occasion, ces écrivains affreux qui osent répandre des maximes impies et séditieuses. A la tête d'une famille, c'est un homme qui songe moins à élever des enfants qui puissent soutenir son nom et faire vivre sa mémoire qu'à former des

sujets soumis au souverain, des citoyens zélés et vertueux.

« IV. Dans toutes les professions, un bon patriote,
un sujet fidèle, c'est un homme qui s'empresse de
supporter les charges publiques, donne l'exemple de la
soumission et du zèle, concilie au chef de l'Etat l'attachement de tous les citoyens. Appliqué à relever le
cultivateur, souvent épuisé par les travaux, plus souvent
rebuté par les duretés des subalternes, il essuie les
larmes des malheureux, que l'empereur lui-même se
ferait un plaisir d'arrêter si elles lui étaient connues.

« V. De bons patriotes et fidèles sujets sont enfin,
dans les écoles, ces instituteurs plus jaloux de faire des
chrétiens que des savants ; ces instituteurs qui veillent
eux-mêmes sur les mœurs de leurs élèves avec tant de
soin qu'ils les empêchent de tomber dans aucun des
vices où il est si ordinaire de voir la jeunesse se précipiter.
De bons patriotes, ce sont ces instituteurs qui, par leur
exemple, bien plus efficacement encore que par leurs
leçons, préparent à la société une génération pleine
d'honneur et de probité, prête à tout sacrifier pour son
Dieu, pour les lois, pour sa patrie et pour son souverain. »

CHAPITRE LXI.

LA STATUE DE L'ARCHEVÊQUE.

> Lui seul serait étonné de voir ses
> traits reproduits par le bronze.

M. Barre, sculpteur de grand mérite, avait été chargé
de couler en bronze les traits vénérés de Mgr Affre. Il
était arrivé à Saint-Rome pour choisir l'emplacement de
la statue, et avait fait abattre la halle antique dite *le
Peyrou*. Sur un terre-plein qui domine deux places

assez vastes, s'éleva, quelques jours après, un piédestal orné de tables de marbre, portant gravées en lettres d'or les dernières paroles du saint archevêque.

La statue fut placée dans les derniers jours du mois d'août 1859, et la cérémonie de l'inauguration fixée au 11 septembre suivant.

Plus de vingt mille étrangers accoururent pour assister à cette fête, que présidaient les autorités ecclésiastiques, civiles et militaires de l'Aveyron. S. S. le pape Pie IX avait envoyé un prélat de sa maison pour honorer la mémoire du martyr de la charité chrétienne.

Mgr Delalle, évêque de Rodez, prononça avec un remarquable talent l'oraison funèbre de l'archevêque. La foule l'écoutait dans un recueillement profond. Elle était émue à cet accent si vrai parti du cœur, et se reportait avec un douloureux souvenir à cette journée sans lendemain où Mgr Affre avait dit : « Au revoir ».

Elle contemplait avec attendrissement ces traits vénérés que le bronze venait de fixer avec tant de bonheur, et saluait cette figure calme et souriante de ses plus chaleureuses acclamations.

Le panégyrique du saint archevêque eut de dignes interprètes. Chacun s'estimait heureux de dire un mot en l'honneur du généreux martyr.

Le pays n'oubliera jamais et leurs paroles, et la majesté de la cérémonie de l'inauguration, et l'affluence des visiteurs, qui avaient inventé tous les véhicules possibles afin d'assister à cette fête sans précédent pour l'Aveyron.

Disons ici un mot de cette existence à la fois si courte et si bien remplie.

Denis-Auguste Affre naquit à Saint-Rome-de-Tarn en 1793. Il termina ses études à Saint-Sulpice sous la direction de son oncle M. Boyer. Il professa quelque temps la philosophie à Nantes, et quitta cette chaire pour enseigner la théologie à Issy. Il devint successivement vicaire général des diocèses de Luçon, d'Amiens et de Paris. Il venait d'être préconisé coadjuteur de l'archevêché de Strasbourg, lorsque le chapitre métropolitain le nomma vicaire-général capitulaire, à la mort de Mgr de Quélen.

Louis-Philippe le désigna pour le siége de Paris, où il fut sacré en 1840.

Mgr Affre fonda la maison des Carmes, s'occupa avec ardeur du bien de son diocèse, et montra une fermeté rare dans l'exercice de ses fonctions.

A la nouvelle de l'attentat des barricades, l'Assemblée Nationale, par un décret du 28 juin 1848, proclama ses sentiments *de douleur et de reconnaissance pour cette mort saintement héroïque.*

On décida qu'un monument serait érigé dans la cathédrale en l'honneur du martyr.

L'Académie française mit au concours son éloge. Ce fut M. Pommier qui obtint le prix en 1849.

Les œuvres de Mgr Affre sont nombreuses, et se font remarquer par la force de la logique. Ses mandements, son livre *du Temporel des paroisses*, ses *Etudes critiques sur le christianisme*, son *Traité des écoles primaires*, etc., sont justement estimés.

CHAPITRE LXII.

AMOUR DU PROCHAIN.

> Faites aux autres ce que vous voudriez
> qu'on vous fît à vous-même.
>
> (*Evangile.*)

Le lendemain de la fête, Alphonse allait reconduire un de ses parents lorsqu'il rencontra un marchand de poterie. Cet homme, furieux de n'avoir presque rien vendu, rouait de coups un vieux cheval qui, écrasé sous le poids de sa charge et celui de son maître, faisait de vains efforts pour activer sa marche. Le fouet était sanglant, et le potier articulait des jurons affreux qui faisaient trembler son haridelle.

— Epargnez donc cette pauvre bête, mon brave homme, lui dit Alphonse. Croyez-moi, tous ces vilains jurons n'avancent nullement vos affaires.

— Qui êtes-vous, jeune homme, pour vous mêler de ma conduite ?

— Qui je suis ? Un ouvrier comme vous. Vous ne feriez pas mal, ce me semble, de traiter votre cheval avec un peu plus de raison et de douceur.

— Passez votre chemin, et mêlez-vous de ce qui vous regarde.

— Toutes les fois qu'une personne voit commettre une mauvaise action, cela la regarde, car elle doit s'y opposer de toutes forces.

— Ah! ah ! je voudrais bien savoir qui m'empêchera de jurer, de battre mon cheval et de le tuer si je veux...

— D'abord on pourrait vous dire que la loi de Dieu, comme celle des hommes, condamne votre conduite. Et puis ne vous faites pas plus méchant que vous ne l'êtes au fond de l'âme, et tâchez de ne pas écraser ce pauvre animal sous le poids des fardeaux et des mauvais traitements.

— Mais, si cela me plaît ainsi, qu'avez-vous à dire ?

— Vous vous en repentirez, croyez-moi.

— Eh bien ! nous verrons !

A ces mots, il redouble de coups et de jurons. La pauvre bête, ahurie, se jette à terre, et envoie son maître rouler à trois pas de là contre une muraille.

Au lieu de rire de ce double malheur, les deux jeunes gens se mirent en devoir de secourir l'homme et le

cheval. Le potier se releva avec des contusions assez
graves. Cet accident l'avait enfin rappelé à lui-même : il
comprit qu'il avait eu tort de surcharger et de maltraiter
son bidet.

La cordialité d'Alphonse lui gagna le cœur. Il remercia les deux cousins, tout en jetant, avec un soupir
de regret, la moitié de sa marchandise, qui s'était brisée
dans la chute.

Le fils de Valdey, après avoir dit adieu à son cousin,
regagna sa maison tout en se disant :

— Le marchand a payé son acte de cruauté fort cher,
en perdant tout le fruit de son travail de plusieurs semaines. En outre il a reçu une secousse dangereuse, et
son cheval est couronné. La colère est une mauvaise con-
seillère ; celui qui a le malheur de céder à ses excitations, ressemble à un aliéné et fait, comme lui, des actes
contraires au bon sens.

Quelques moments après, Alphonse allait cultiver
une terre sur les bords du Tarn, en compagnie de Camille, qui était devenu grand, et avait fini ses études
primaires.

Ils avaient à peine commencé leur travail que des
cris : « Au secours ! au secours ! » se firent entendre. Les
deux Valdey accoururent de toute la vitesse de leurs
jambes, et virent avec effroi un malheureux qui était
sur le point de se noyer.

Ils se jettent lestement à l'eau. Après quelques brassées,
ils arrivent près d'un homme dont les forces étaient
épuisées, et qui disparaît à ce moment.

— Il faut te maintenir à la surface, et n'approcher à
mon aide que lorsque je t'appellerai. Evite surtout les
étreintes du noyé, dit Alphonse à son frère.

En un clin d'œil, il plonge, mais remonte les mains
vides. Comme il cherchait des yeux la victime, Camille,
fidèle à son poste, l'aperçoit revenant sur l'eau. Tous

deux s'en approchent avec précaution, et la ramènent enfin au rivage.

Les deux jeunes gens étendirent le malheureux sur le dos, la tête un peu inclinée, et, sans songer autrement à eux-mêmes, ils se mirent à le frictionner de leur mieux. Voyant qu'il tardait à revenir, Alphonse envoya son frère à Saint-Rome pour avoir de l'aide et des habits. Pierre et Camille amenèrent le curé, le maire, le médecin et deux hommes de bonne volonté, afin d'emporter aisément le malade sur un brancard.

Le docteur, l'ayant examiné, s'assura que le cœur battait toujours. Il lui insuffla de l'air dans la bouche, lui frotta les mains, le visage, le nez surtout, avec de l'éther, lui chatouilla la plante des pieds, pratiqua une légère saignée, et réussit enfin à le rendre à la vie.

On le transporta avec précaution chez M. le maire, dont la maison était voisine. Mademoiselle Marie, qui était devenue Madame Duval, le reçut avec sa bonté ordinaire, et lui prodigua tous les soins que réclamait son état.

Dès que le pauvre homme fut remis, il alla remercier ses sauveurs, et les combla de bénédictions.

— Je m'appelle Jean Léonard, dit-il en donnant une cordiale poignée de main à Valdey. J'habite la commune du Viala. Venez me voir, et peut-être, fit-il en souriant, trouverai-je le moyen de m'acquitter.

CHAPITRE LXIII.

LES DEUX APPRENTIS.

L'apprentissage est le noviciat
par lequel on se prépare à l'exercice d'une profession manuelle.
(BARRAU.)

Comme on aura semé, on re-
cueillera. (Prov.)

Vers l'époque où Mademoiselle Dumont s'était char-
gée de Myette, Pierre avait reçu la visite de Jacques
Armand, cordonnier du bourg et du garde-champêtre
Clopin, qui venaient tous deux lui demander conseil.
Après les compliments d'usage, il dit à celui-ci :

— Vous avez l'air soucieux, père Clopin ?

—Il y a bien de quoi. Mon plus jeune fils, Simon, vou-
drait être serrurier. Courtin, le pupille de Jacques, veut
aussi de ce métier.

— Hé bien ! il faut les mettre en apprentissage.

— C'est bientôt dit, mais il importe de choisir un bon
patron et ce n'est pas une mince affaire.

— Quant à moi, dit Armand, je suis pour l'ami Picard,
et je conseille de lui confier les deux jeunes garçons. Ils
sont cousins et ne doivent point se séparer, ce me
semble.

— D'accord, mais je préfère Vialet, dit le vieux garde
et je suis d'avis que les enfants seraient mieux placés
chez lui.

—Quels sont les motifs de votre choix, voisin Armand ?

—Les voici : Picard n'exige que deux ans d'apprentissage et deux cents francs, pour le contrat, tandis que
Vialet en demande trois et une somme double. Un an de

gagné et 200 fr. de moins à débourser, il me paraît que tout devrait être dit.

— Et vous, Clopin ?

— Ces conditions ont bien leur importance, si je ne considère que mes faibles ressources, mais il s'agit de l'avenir de mon fils et de celui d'un pauvre orphelin dont le père était mon ami et mon allié, et nous devons tenir le plus grand compte de la valeur du patron, car on dit avec vérité : tel maître, tel disciple.

— Bah ! dit Armand, Picard est un honnête homme, et cela suffit.

— Il a été convenu que vous décideriez de l'affaire, M. Valdey, dit le garde. Comme je tiens beaucoup au petit Courtin, je voudrais bien le voir en des mains sûres. Quant à mon fils, s'il eût été seul en cause, ma décision serait déjà prise.

— Puisque vous désirez connaître mon avis, je vous le donnerai volontiers, entre nous. Vous le savez, Picard abandonne sa forge la moitié du temps pour le cabaret. Il ne conclut ses marchés et ne donne ses quittances que le verre à la main. Sa capacité est bien établie, c'est vrai ; mais son caractère est faible et brutal à la fois. Il laisse volontiers causer ses ouvriers de beaucoup de choses qui ne devraient jamais occuper un chrétien. Son atelier est ouvert le dimanche, et le pauvre homme est depuis longtemps brouillé avec la religion. Croyez-moi, il est difficile d'avoir confiance en celui qui manque à ses devoirs envers Dieu.

— La conséquence de tout cela, dit Clopin, c'est que nos enfants courent le risque de ne savoir jamais leur métier et d'être des vauriens, si Picard obtient la préférence.

— Bah ! bah ! dit Armand, on sait bien qu'un atelier n'est pas une église et que ces petites misères ne sauraient empêcher qu'on devienne un bon ouvrier.

— Ces *petites misères* peuvent décider du bonheur ou du malheur d'un homme, dans ce monde et dans l'autre, voisin Jacques, dit Valdey; mais reprenons. Vialet est un homme d'un caractère ferme et laborieux ; il est sobre et capable. S'il exige trois ans d'apprentissage et 200 fr. de plus, il prend aussi l'engagement d'être un bon maître et un bon père envers les enfants. Ses ouvriers observent une discipline sévère. Il leur donne une nourriture saine et abondante, veille avec sollicitude à leur santé, n'exige aucun travail au-dessus de leurs forces et n'est inflexible que sur le chapitre des devoirs.

— Avec lui, ajouta Clopin, dont les traits se déridaient visiblement, on n'a jamais sous les yeux aucun mauvais exemple, car Vialet est un vrai chrétien. L'autre jour, en passant devant sa boutique, je vis ses ouvriers assis et ruisselants de sueur. Au lieu de l'eau-de-vie qui use le corps et l'intelligence, il leur faisait donner un verre de bon vin et un morceau de pain : « Habillez-vous, mes enfants, disait le brave homme, il est imprudent d'être découvert quand on sue et qu'on se repose ».

Ses ouvriers sont sages, laborieux, bien portants, tandis que ceux de Picard font un déplorable abus des liqueurs fortes, fréquentent bien plus le cabaret que l'église et sont souvent malades.

— Hé bien! Jacques, dit Pierre, êtes-vous décidé?

— Comme après tout je ne suis que le tuteur de Courtin, je le donne à Picard : c'est bien assez que je sois obligé de payer 200 fr.

— Mais l'apprentissage ne se fait-il pas au moyen des ressources de votre pupille, et n'êtes-vous point obligé d'avoir pour ce malheureux orphelin des entrailles de père, s'écrièrent à la fois Clopin et Valdey?

— Sans doute, sans doute, reprit le cordonnier en haussant les épaules, mais chacun sait ses affaires.

Armand se retira pendant que les deux autres secouaient

la tête avec un sentiment pénible et le regardaient s'é-
loigner.

— Pauvre orphelin, dirent-ils en se donnant une dernière poignée de main; Jacques te sacrifie à son camarade de bouteille.

Le jeune Courtin était un garçon de 15 ans, vif et
alerte. Mais, privé de ses parents lorsqu'il était encore
en bas âge, il avait fait souvent l'école buissonnière et
ne possédait qu'une teinture des connaissances indispensables. Comme son tuteur était un habitué du cabaret,
il en était résulté que son éducation avait été fort
négligée.

Simon, au contraire, était un des meilleurs élèves de
M. Bonami. Il avait joint à une bonne instruction primaire, la pratique du dessin linéaire, d'ornement et de
lavis. Il savait même un peu de géométrie et pouvait au
besoin écrire une lettre. D'un autre côté, le père Clopin
n'entendait pas raillerie sur l'article des devoirs, et tout
se faisait chez lui avec la régularité du service militaire. Le jeune garçon se trouvait ainsi dans les meilleures conditions pour faire son apprentissage avec fruit.

Le lendemain, Simon fut conduit chez Vialet qui
l'accueillit avec bonté et lui détailla ses nouvelles obligations.

— Nous sommes debout à quatre heures du matin,
mon garçon, disait-il en lui pinçant l'oreille. Les heures
des repas et du repos sont exactement marquées. Chacun
doit apprendre à connaître son travail et ne jamais se
laisser distraire par d'autres soins. Nos causeries sont
toujours convenables, et au lieu de nous acharner après
les voisins, nous frappons avec vigueur sur l'enclume.
La fréquentation du cabaret étant de nature à pervertir
les âmes les plus honnêtes, nous n'y mettons jamais le
pied. Le dimanche matin, avant les offices, on range

l'atelier, et l'on tâche ensuite de passer son temps en fidèle chrétien.

« Souviens-toi qu'un apprenti doit avoir de bonnes oreilles pour écouter les leçons, de bons yeux pour regarder les modèles et une langue pour demander conseil : hors de là, il doit être sourd, aveugle et muet. Tu comprends, n'est-ce pas ?

—Oui, patron, et je m'efforcerai de remplir mes devoirs avec exactitude.

— C'est bon, petit. Souviens-toi que tu es le fils d'un brave homme et que bon sang ne peut mentir. »

Le jeune Clopin se mit résolûment à l'ouvrage. Dans les premières semaines, la lime et le marteau lui donnaient des gerçures et des ampoules aux mains; mais il supporta avec fermeté les épreuves du début et prit vite du goût pour son métier.

Il étudiait avec attention et persévérance les modèles, s'efforçant de les imiter aussi fidèlement que possible. Il se faisait expliquer le pourquoi et le comment des diverses trempes à donner au fer et les indices auxquels on reconnaît ses qualités ou ses défauts. Ses essais furent d'abord informes, mais peu à peu, il acquit une certaine pratique et commença par compter dans l'atelier. Il s'efforçait d'exceller dans tous les travaux qui lui étaient confiés, au point qu'au bout d'un an d'apprentissage, son maître disait de lui : « Ce sera un très-bon ouvrier, on reconnaît déjà son coup de lime et de marteau. »

— Mon ami, lui dit Vialet à la fin de la seconde année, te voilà déjà un ouvrier de mérite, quoiqu'il te reste un an d'apprentissage à me donner. En conscience, je dois tenir compte des services que tu me rends, et je décharge ton père de la moitié de la somme convenue.

— Ah ! maître, répondit Simon, en essuyant une larme du revers de sa main calleuse et noircie par le contact du fer, merci mille fois pour mon vieux père dont la bourse est si souvent à sec, tant nous sommes nombreux chez nous!

— C'est bon, c'est bon! continue à te bien conduire et nous serons quittes. Va voir ton brave homme de père.

Le pauvre Courtin eut le sort qu'il était facile de prévoir. A l'exemple de Picard, il contracta des habitudes de paresse et d'ivrognerie. Au bout de deux années, dont la moitié avait été perdue au cabaret, il obtint son livret et commença son tour de France. Ses débuts furent malheureux. Se croyant habile, il prit des travaux à forfait, mais on reconnut bien vite son incapacité comme ses mauvaises habitudes et les commandes lui furent retirées. Ce fut en maudissant son tuteur et son ancien patron, qu'il se vit obligé de refaire son apprentissage à ses dépens; encore ne put-il jamais se débarrasser de toutes ses mauvaises traditions.

Simon, au contraire, fut accueilli avec faveur partout où il travailla et revint à Saint-Rome après avoir acquis une foule de connaissances et la réputation d'un ouvrier capable et honnête.

CHAPITRE LXIV.

LES DEUX PATRONS.

> La prudence, l'économie, le travail et la probité, sont des bases sûres de succès. — Sachez obéir, avant de commander. — Comme on fait son lit, on se couche. (*Prov.*)

— Bonjour, M. Valdey! dit, en entrant chez notre ami, un superbe garçon de vingt-deux ans, taillé comme un Hercule.

— Mais....... ah! c'est toi, Simon! je ne t'avais pas

reconnu tout d'abord. Peste, comme te voilà grandi ! Eh
bien ! mon enfant, es-tu satisfait de ta longue tournée ?

— Pas mal ; je m'en suis assez bien trouvé.

— Et maintenant, que comptes-tu faire ?

— Mon vieux patron veut absolument que je revienne
dans sa boutique.

— Cela me semble naturel : vous êtes faits pour vous
entendre.

— Ce n'est pas difficile avec un brave homme comme
lui.

Quelques jours après cette conversation, le jeune
Clopin était installé dans la boutique de Vialet qui ne
se lassait point de faire l'éloge de son ancien apprenti.

L'année suivante, lorsqu'arriva le jour de la Saint-Jean,
Simon, à la tête de l'atelier, alla, selon l'usage, porter
le bouquet à son patron qui, le tirant à l'écart, lui dit :

— Mon ami, je me fais vieux, ainsi que la Thérèse, et
nous n'avons pas d'enfants. Il est temps, je crois, de
nous reposer. Veux-tu la boutique ?

— C'est une chose à voir avec mon père. En attendant, merci d'avoir pensé à moi.

— Nous allons arranger tout cela avec l'ami Clopin.
Mais, si je te donne la préférence sur tant d'autres, c'est
qu'il serait cruel pour un vieux travailleur comme moi
de voir tomber en des mains inhabiles ou indignes une
clientèle qui, grâce à Dieu, a été l'instrument de ma
petite fortune. Je veux entendre résonner l'enclume et
grincer la lime sous l'impulsion d'un bras laborieux et
adroit, pendant le reste de ma vieillesse. Il m'en coûte-
rait trop de voir mon atelier en désordre ou silencieux.
Tu me comprends, n'est-ce pas ? Allons ! trêve de remerciements et que j'aie la satisfaction de songer qu'après
moi, je laisserai un successeur honnête et habile dont
on dira : « C'est toujours comme chez le bonhomme
Vialet ».

Le même jour, il alla rendre visite à Clopin qui était cassé de vieillesse. Comme Simon possédait trois ou quatre mille francs d'avances placées en rentes sur l'État, et qu'en outre il avait un livret bien garni à la caisse d'épargne, les deux vieillards s'entendirent aisément.

— Et puis, disait le vieux patron, en secouant la main débile de son camarade, ton fils a l'esprit des affaires. En un clin d'œil, il sait en calculer les avantages et les inconvénients; il est laborieux, exact, plein de délicatesse, et fait toujours son travail avec conscience. En voyant son ouvrage, on dit sans hésiter : « C'est bien là le cachet de Simon ». Aussi les commandes viennent-elles de toutes parts. Je lui donnerais mon atelier à crédit plutôt que d'accepter de l'argent comptant de bien d'autres. Ce garçon réussira, j'en ai la conviction.

— Merci, lui dit Clopin visiblement ému, c'est une affaire conclue, tope là.

— De tout cœur et bonsoir.

Le lendemain, une nouvelle enseigne annonçait aux passants que Simon Clopin succédait à Jean Vialet. Deux mois après, le nouveau patron, d'après le conseil de ses parents, du vénérable curé et de ses amis, épousait Myette.

Qu'était devenu Courtin? Après avoir parcouru bien des villes et hanté plus de cabarets que d'ateliers, il était enfin rentré à Saint-Rome. Sur ces entrefaites, Picard, dont la santé était depuis longtemps ruinée par la débauche, mourait en laissant une nombreuse famille sur les bras de sa pauvre femme. Courtin prit sa boutique à crédit et se maria avec une jeune fille qui ne songeait qu'aux amusements et à la toilette. Il dissipa en deux ou trois années le bien que lui avaient laissé ses parents. Chaque matin, à jeun, il prenait avec ses ouvriers un assez grand verre d'eau-de-vie, ne songeant pas que ce liquide excite les organes de la digestion outre mesure et les brûle comme la chaux vive qu'on mettrait avec abondance dans un sol léger. Comme il aimait le jeu et la dissipation, son ordinaire se ressentait de ses habitudes et de celles de sa femme : il était peu substantiel et négligé. Entre les repas, on avait volontiers recours au cabaret ou au café. Il s'établissait ainsi entre le patron et les ouvriers des rapports qui ruinaient la discipline et compromettaient souvent les travaux.

Si la maladie venait à sévir contre cette maison, il fallait recourir à l'hôpital, faute de quelques économies réalisées dans des temps meilleurs.

Ce fut bien autre chose lorsque vinrent les enfants : les charges de la maison furent si lourdes pour Courtin qu'il ne trouva d'autre moyen de s'étourdir que de s'adonner sans réserve à l'ivrognerie.

Avec une telle conduite, les travaux ne pouvaient plus être livrés aux termes convenus. Souvent même, ils laissaient beaucoup à désirer et Courtin entendit bien des fois des paroles comme les suivantes :

« Simon Clopin n'aurait pas livré une ferrure aussi grossièrement façonnée que celle-ci !..... Simon aurait placé exactement cette grille au jour convenu..... »

— Mais, reprenait Courtin avec une sourde colère, Simon n'aurait pas exécuté ce travail au même prix !

— C'est juste ; cependant on gagne toujours à donner la préférence aux bons ouvriers et, comme dit le proverbe : « Mieux vaut sou que denier ».

— Eh bien ! allez chez lui !

— Vous avez raison, j'y vais de ce pas.

La gêne devint si grande chez Courtin, qu'il fut réduit aux expédients pour vivre, et ses ouvriers lassés de ce genre d'existence finirent par l'abandonner.

Sur ces entrefaites, on lui réclama une somme dont le titre était périmé. Ce malheureux se tira d'affaire en opposant la prescription : il oubliait que, si les lois ont

sagement limité la valeur des contrats et des billets,
afin de ne point éterniser les procès, l'honnête homme
doit obéir à sa conscience qui lui dit clairement : *Une dette
est toujours une dette, tant qu'on ne l'a point acquittée.* Au
reste, cet acte d'indélicatesse n'améliora nullement les
affaires du pauvre Courtin. Tous ses créanciers, malgré les
sacrifices et les prières de Simon, se mirent à ses trousses,
ne lui laissèrent pas un instant de répit et le firent mettre
à la prison pour dettes. A sa sortie, ses derniers clients
l'abandonnèrent. Aujourd'hui, il est simple ouvrier, vit
au jour le jour, et le public lui refuse toute considération
et toute confiance. Son cousin est le seul qui ait voulu
consentir à lui donner du travail : encore a-t-il souvent
l'occasion de le regretter.

Pendant que son ancien camarade arrivait de chute
en chute au bas du précipice creusé par sa mauvaise
conduite, Simon Clopin voyait prospérer ses affaires.
Toujours le premier levé et le dernier couché, il avait
l'œil sur tous ses ouvriers ou apprentis, et rien n'échappait à sa vigilance, car il se rappelait sans cesse ce vieil
adage : « *L'œil du maître engraisse le poulain* ». Tous ceux
qu'il employait dans sa maison avaient pour lui à la fois
de l'affection et de la crainte. En les payant généreusement, il réalisait de beaux bénéfices.

Myette le secondait de son mieux. Elle veillait avec
une sollicitude que rien ne lassait aux soins du ménage.
Les ouvriers avaient une nourriture simple et frugale,
mais saine et bien apprêtée. A l'époque des chaleurs,
sachant qu'une boisson rafraîchissante est indispensable
à ceux qui se livrent à de rudes travaux, elle leur donnait entre les repas de l'eau légèrement acidulée avec du
vinaigre, ou de la piquette, et de temps à autre un verre
de vin pur. Dans les cas de maladie ou d'accidents, elle
les soignait avec la patience et la tendresse d'une mère.
Aussi ces braves gens avaient-ils pour elle et pour son

mari un dévouement sans bornes. Toutes les discussions étaient finies lorsqu'on disait : « Le *patron commande*, ou bien, *la Myette le veut.* »

Depuis plusieurs années, Myette était devenue mère. Dieu lui avait donné deux filles, Hortense et Madeleine, et un garçon qui s'appelait Jean, comme son grand-père. Elle les élevait de son mieux, n'oubliant pas de recourir bien souvent à l'expérience de Mademoiselle Dumont et de Louise Valdey, qui se complétaient l'une par l'autre. Malgré la confiance que lui inspirait le personnel de l'atelier, elle veillait à ce que ses deux jeunes filles surtout n'eussent que les rapports les plus indispensables avec les ouvriers. Un de ces derniers, s'étant permis un jour de proférer un mot coupable devant elles, fut immédiatement chassé de la maison.

— La maîtresse est bonne, mais elle ne veut pas qu'on plaisante avec la religion et la morale, disait-on dans la boutique : le mieux est d'être sage pour avoir le droit de vivre à l'ombre de cette maison bénie.

— Oui, mes enfants, ajouta le bon curé qui avait entendu ces propos. Myette a pris au sérieux le portrait de la femme forte des livres saints, et elle met tout en œuvre pour lui ressembler.

Le vieux Clopin était heureux des succès de son fils et des soins délicats dont Myette entourait sa vieillesse. Il s'éteignit sans douleur, bénissant la Providence qui lui avait ménagé pour ses derniers jours tant de consolation. Ses enfants comme ses amis pleurèrent cet homme modeste et honnête qui, dans une position infime, avait rendu tant de services à ses concitoyens.

Quelques jours après la mort du vieux garde, Vialet s'en vint trouver son ancien apprenti.

— Simon, lui dit-il, depuis que ma pauvre Thérèse n'est plus, la maison me semble vide. Tu as perdu ton excellent père, veux-tu me donner sa place ?

— Si notre maison vous plaît, vous y serez le bien venu. N'est-ce pas, Myette?

— Sans doute. Est-ce que le patron Vialet n'a pas toujours été un vrai père à notre égard?

— Allons, mes enfants! Je vais rajeunir de dix années, ajouta le vieux forgeron. Il me reste encore assez de force pour bercer les enfants et tirer le soufflet.

Le bonhomme Vialet a vécu de longues années au milieu de ses enfants adoptifs et, en mourant, il leur a laissé sa petite fortune.

CHAPITRE LXV.

LE PETIT JOSEPH.

> Tel père, tel fils.
> *(Prov.)*

Les enfants de Valdey grandissaient en menant une vie laborieuse et ornée des vertus chrétiennes. Ils étaient toujours disposés à faire le bien, et forts de leurs bonnes habitudes contre le mal.

Voyez deux arbres nés sur le même terrain :

L'un d'eux a été livré aux caprices des saisons et de l'orage. Nul n'a pris soin de lui : aussi a-t-il le tronc déformé, les branches emmêlées et hérissées de piquants. Ses fruits sont âpres et livrés en pâture aux animaux immondes.

D'autre part, un tuteur a redressé la taille de son voisin; on l'a greffé de bonne heure; les branches inutiles et surtout les repousses du sauvageon, qui représentent ici les vices, ont été enlevées avec sollicitude : aussi donne-t-il abondamment des fruits délicieux, et sa taille est-elle pleine d'élégance et de force.

Les enfants de beaucoup de familles ressemblent au

sauvageon ; mais ceux de Pierre Valdey, qui ont été cultivés sans relâche par une main ferme et dévouée, sont devenus semblables à l'arbre qui fait la joie du cultivateur.

Alphonse, Camille et Eugénie étaient parvenus à l'âge où l'on peut se conduire seul. Mais, sachant bien que le père et la mère *possèdent la science de ce qui fait la vie honnête, réglée et vertueuse, et que leur autorité est inaliénable par son essence même*, ils conservaient les habitudes de déférence et de soumission qu'ils avaient acquises dès leurs jeunes années.

Le petit Joseph était d'une nature délicate et pareille à la sensitive. Quoiqu'il fût âgé de dix ans, il tournait sans cesse autour de sa mère, et saisissait toutes les occasions favorables pour se blottir sur ses genoux.

Tous l'aimaient avec une vive tendresse, sans jamais le gâter. On voyait dans ses yeux pétillants qu'il était extrêmement sensible à une marque d'affection, et que rien ne lui coûtait pour l'obtenir. Il était d'autant plus facile à conduire que l'on n'avait jamais connu dans la maison d'autre volonté que celle des parents.

Les aînés avaient quelque autorité sur le petit Joseph. Ils en usaient avec modération ; et, comme les bonnes habitudes font désirer que tout soit dans l'ordre autour de soi, ils secondaient naturellement, sans effort, leurs parents dans la tâche de l'éducation de leur jeune frère.

Un jour, en revenant de l'école, Joseph trouva un porte-monnaie bien garni. Il s'empressa de le remettre à son père, qui l'envoya à M. Bousquet. Une dame étrangère, l'ayant réclamé, voulut faire connaissance avec la famille de l'honnête garçon qui avait si bien rempli son devoir. Elle trouva tout le monde au travail et la maison dans un état de propreté qui faisait plaisir à voir. Elle embrassa le petit Joseph, et voulut lui donner deux pièces de 20 fr. Valdey s'y opposa ; mais, vaincu par les instances de la dame, il consentit à laisser prendre un livret de 20 fr. au nom du petit. Déjà les aînés avaient chacun une petite somme à la caisse d'épargne : on leur avait appris de bonne heure le goût de l'ordre et de l'économie.

Quelques jours après, Joseph avait oublié son aventure, lorsque, en allant porter le dîner de son père et de ses frères à la vigne, il rencontra un jeune garçon qui pleurait à chaudes larmes :

— Qu'as-tu donc, Jacquot ? dit le petit Valdey d'un air sympathique.

— Ce que j'ai..... Ah! c'est inutile de te le conter, car tu n'y peux rien.

— Peut-être ! dis toujours, mon ami.

— Eh bien ! puisque tu veux le savoir, voici : je m'amusais dans une barque à faire des ricochets sur le Tarn, avec des cailloux plats, lorsque m'étant malheureusement courbé, j'ai laissé tomber de mon gousset quatre pièces de cinq francs dans l'eau. C'est là-bas, près de ce rocher, dans le gouffre de Lafounil, indiqua du geste et avec un gros soupir le pauvre garçon.

— Et qui te les avait données, ces pièces d'argent ?

— C'était le prix d'un mouton que maître Duguet le boucher m'avait ordonné de remettre à M. Albert. Et maintenant que vais-je devenir ? Non-seulement on me retiendra mes gages, et je priverai ma mère d'un secours dont elle a tant de besoin pour vivre, mais l'on m'accusera peut-être d'avoir volé cet argent.

— O mon Dieu, que n'ai-je ces vingt francs ! s'écria Joseph.

Mais tout à coup une bonne idée jaillit de son front, et il se mit à sauter de joie :

— Ne pleure pas, Jacquot ! viens avec moi.

Et, sans lui donner d'autre explication, il l'entraîna

en courant jusqu'à la vigne, où il conta cette mésaventure au père Valdey.

— Papa, dit-il, j'ai vingt francs à la caisse d'épargne : donnez-les à Jacquot, et vous me rendrez bien joyeux.

— Mais, mon ami, dit Pierre qui se sentait attendrir par la générosité de son fils, tu vas perdre d'un seul coup ta petite fortune, et qui sait si tu n'en auras aucun regret un jour ?

— Non, papa, répondit Joseph les larmes aux yeux : cela me fait mal de voir le chagrin de Jacquot et de songer que sa mère manquerait de pain. Ah ! si j'étais à sa place, et que maman Louise fût exposée à cela..., je serais bien malheureux !

— Allons ! calme-toi, Jacquot : tu auras les vingt francs. Va les demander de ma part à Louise en compagnie de Joseph. Seulement tâche de faire tes commissions avec plus d'exactitude à l'avenir. Tu vois ce qu'il en coûte pour une légère désobéissance.

Jacquot se jeta au cou du petit garçon, et l'embrassa mille fois avec les transports de la joie la plus vive.

— Tu me sauves plus que la vie ; mais je te le rendrai un jour, dit-il avec une sorte de solennité.

Valdey fit, à cette occasion, des remarques judicieuses sur la prudence qu'il faut mettre dans ses libéralités ; mais, au fond du cœur, il bénissait Dieu de lui avoir donné de tels enfants.

CHAPITRE LXVI.

LES IMPOTS.

> Les impôts sont une légère prime
> d'assurance au gouvernement qui
> nous garantit en retour la liberté
> et la paisible jouissance de nos
> biens.

Le lendemain, jour de dimanche, à la sortie de la grand'messe, le crieur public avertit les habitants de la commune d'*avoir à payer leurs contributions échues afin d'éviter des poursuites.*

— Toujours de l'argent, toujours à ce maudit collecteur, dit un paysan.

— Tu n'y es pas, Jacques, ajouta un autre en lui donnant une vigoureuse bourrade dans les côtes, c'est pour le gouvernement qui nous pressure de toutes les façons.

— C'est cela, firent un grand nombre d'auditeurs.

— Vous vous trompez, mes amis, reprit Valdey qui s'était mêlé au groupe.

— Comment ! Nous nous trompons ? dirent plusieurs grosses voix.

— Oui, sans doute, et je vais vous le prouver.

— Voyons, on vous écoute.

— Dis-moi, Aubaret, toi qui cries si fort, voudrais-tu nous dire comment s'est passée ton affaire avec Léonard ?

— Pardine, ce n'est pas difficile. Lundi de la semaine dernière, en me levant pour aller soigner les moutons, je m'aperçois que le rouleau de toile, apporté la veille par le tisserand, avait disparu. — Hé ! la Françon, dis-je à ma femme, as-tu serré la toile ? — Nenni, mon homme.

— Diantre, alors qu'est-elle devenue ? — Tiens, reprit-elle, ce coquin de Léonard qui rôde sans cesse, cherchant fortune , est capable de nous avoir joué le tour. — Tu pourrais avoir raison, femme.

— Abrége, mon ami, dit Valdey au narrateur.

— Soit, j'y suis. Je ne fais ni une ni deux ; je vais trouver M. le maire qui se concerte avec le juge de paix, le greffier et le brigadier de la gendarmerie. Ces Messieurs font d'actives recherches, et ma toile se retrouve chez Léonard. Le tribunal de Saint-Affrique s'est occupé de l'affaire, et mon voleur est en cage.

— Vous le voyez, mes amis, si les impôts n'existaient pas, ceux qui ont contribué à découvrir et à punir le vol dont Aubaret a été la victime auraient répondu à ses plaintes : « Ce sont là tes affaires , arrange-toi comme tu pourras ». Comme les juges, les procureurs, les greffiers, les gendarmes , etc., sont obligés de sacrifier leur peine et leur temps pour régler nos différends et nous assurer le paisible exercice de tous nos droits, n'est-il pas juste que nous leur donnions en retour de quoi vivre ?

— Vous avez raison, Pierre, dirent quelques auditeurs, en branlant leur bonne et grosse tête.

— Mais toi, Dalac, dis-nous combien valait ta vigne, il y a deux ans ?

— A peu près mille écus.

— Et maintenant ?

— Je ne la donnerais pas pour une somme double. Avant la construction de la route, il fallait bien quatre semaines pour y porter les engrais et rentrer la vendange, les fruits et les sarments.

— Sans compter, dit un voisin, la fatigue et les chevaux estropiés, tant les chemins étaient difficiles et dangereux.

— C'est vrai, reprit Dalac, mais aujourd'hui tous ces gros travaux se font en une semaine et avec une extrême facilité. Le cheval ne pouvait porter que 150 kilos et maintenant, à l'aide d'une carriole, nous voiturons sans peine une charge dix fois plus lourde.

— Sais-tu combien a coûté la route, dit Valdey ?

— Tout le monde croit qu'on a dépensé soixante mille francs.

— Ajoute que l'Etat en a donné 40 mille, le département 10 mille et la commune une somme égale, de sorte que nous n'avons supporté que le sixième de la dépense totale. Et vous autres, qui habitez le faubourg, n'avez-vous obtenu aucune satisfaction pour votre quartier ?

— Si, vraiment : nous avons un lavoir et une fontaine, ce qui nous économise beaucoup de temps et de fatigue.

— Et ceux de Lacapelle ?

— Nous avons aussi une fontaine et un four public.

— Si maintenant, des intérêts de notre commune nous remontons à ceux de l'arrondissement, du département et enfin de l'Empire, nous verrons qu'il y a des travaux d'utilité générale qui exigent le concours de tous, comme pour la route dont nous parlions tout à l'heure. Et puis, il y a autre chose que les tribunaux et les travaux publics à solder. Nous avons une puissante armée de terre et de mer à entretenir pour faire respecter le nom français et nous assurer la paisible jouissance des produits de nos champs et de nos vignes. Il nous faut en outre des curés, des instituteurs, des administrateurs de toute sorte, et c'est pour subvenir à toutes ces dépenses que les contributions ont été établies.

Supposons un instant que, faute d'impôts, la justice ne fonctionne plus. Comment fera un seul homme pour conserver ses biens, sa liberté, sa vie même, contre les attaques d'un ou plusieurs bandits qui auront juré sa perte ? Ses voisins, direz-vous, lui viendront en aide. Mais, avec la meilleure volonté, ils ne peuvent demeurer

sans cesse, non plus que lui, les armes à la main !
Qu'en dites-vous ?

— C'est bien notre avis.

— Hé bien ! il existe quelqu'un veillant pour cet
homme et pour chacun de nous ; défendant avec
énergie tout ce qui nous est cher contre tout ennemi :
ce quelqu'un, c'est le Gouvernement.

« Vous savez que la construction de la route de Saint-
Victor a été arrêtée longtemps par l'opposition de deux
ou trois propriétaires, qui s'obstinaient à refuser quelques mètres de terrain. Si chacun pouvait agir à sa
fantaisie, nous serions encore privés de cette belle route
qui a doublé la valeur de nos champs et de nos vignes.
Qui donc a fait prévaloir l'intérêt général sur le caprice
de quelques individus ? Le gouvernement.

« Il y a peu d'années, la majorité de nos municipaux
avait voté contre la création d'une école primaire. Qui a
sagement annulé ce vote déplorable et nous a valu de
savoir lire, écrire et gérer nos affaires ? Le représentant
du gouvernement, le préfet.

« A qui avons-nous recours, après Dieu, lorsque le
froid, la grêle, la sécheresse ou l'humidité nous enlèvent
nos récoltes ; lorsque les épidémies déciment les populations ; lorsque l'industrie est paralysée ; lorsque nous
manquons de fonds pour réaliser une chose profitable
au bien de tous, etc., etc. ? Toujours au gouvernement.

« Vous le voyez, mes amis, les contributions que nous
lui servons en monnaie d'argent ou de cuivre, nous
reviennent en belles pièces d'or.

Et puis savez-vous qui vote le chiffre des impôts ?

— Ce sont les députés.

— Mais d'où les députés tirent-ils leurs pouvoirs ?
N'est-ce pas de nous-mêmes ?

— Sans doute.

— Alors c'est nous en réalité qui, par nos représentants, fixons la somme indispensable à l'Etat pour faire nos affaires, nous protéger, etc. Cessons donc de nous plaindre des impôts. Travaillons avec courage, soyons économes et sobres, fuyons le cabaret, pratiquons tous nos devoirs, et les contributions nous sembleront d'autant plus légères, qu'elles sont proportionnées à nos revenus et qu'elles nous assurent des biens précieux, sans lesquels nous reviendrions bien vite à l'état sauvage.

En effet, supprimez les impôts, et les lois ne sont plus qu'une lettre morte, puisqu'il n'y aura personne qui soit chargé de les faire exécuter ; toutes nos admirables institutions retomberont dans le néant ; l'armée n'existant plus, faute de moyens pour l'entretenir, le pays sera livré à l'étranger et déchiré par les factions ; enfin la société elle-même tombera en dissolution, et, à la place de la paix, de la liberté, de la religion, du respect des mœurs, règnera un effroyable désordre où tout finira par périr.

— C'est assez, c'est assez, s'écrièrent les paysans tout d'une voix. Nous n'avions nullement réfléchi là-dessus, vous avez raison, comme toujours.

Ces braves gens regagnèrent leurs maisons le cœur plus léger. Le même soir, le percepteur avait fait une abondante recette. Les cabaretiers seuls étaient mécontents.

CHAPITRE LXVII.

L'INSPECTEUR DES ÉCOLES PRIMAIRES.

> Il honorait ses fonctions
> par sa conduite.

Par une froide matinée de décembre, un voyageur modestement vêtu, ayant un sac en bandoulière, et s'ap-

puyant sur un bâton noueux, venait de faire son entrée
à Saint-Rome. Il descendit à l'auberge la plus convenable, donna un coup de brosse à ses habits, répara le
désordre de sa toilette, et se rendit à l'école des garçons.

— Monsieur l'inspecteur, soyez le bienvenu, s'écria
M. Bonami en le voyant.

Les enfants s'étaient levés à ces mots, et attendaient
en silence.

— Asseyez-vous, mes amis, et reprenez vos travaux,
dit l'inspecteur.

M. Fontaine, car c'était lui, jeta un coup d'œil rapide
sur la tenue de l'école, causa une minute avec l'instituteur, et sortit en disant : « A bientôt ».

Ce n'était plus ce jeune blondin qui voyait tout en
rose. Les leçons de l'expérience l'avaient mûri de bonne
heure ; des rides précoces sillonnaient son large front.
Son caractère, affable et énergique tout à la fois, ne
s'était jamais démenti ; mais le calme et la dignité de
l'homme avaient fait place à la vivacité de l'adolescent.

Causant volontiers avec tout le monde, il trouvait
cependant le moyen d'éluder les questions indiscrètes ;
il savait au besoin se retrancher sans affectation dans
une froide réserve, qui le rendait impénétrable.

Lorsque sa main s'était levée sur l'Evangile pour
jurer obéissance et fidélité aux lois et au souverain,
il avait senti un tremblement religieux, comme s'il
avait eu la vision de Dieu lui-même écrivant cette
promesse solennelle sur le livre de l'éternité, et le mena-
çant de ses foudres vengeurs en cas de faiblesse dans
l'accomplissement de ses devoirs.

Sa franchise, qui ne savait jamais pactiser avec le
mensonge, lui avait causé de nombreuses et amères
déceptions ; mais, confiant dans la justice de Dieu et
de ses chefs, il se consolait en se disant : « La vérité
finira bien par avoir raison ».

Si M. Fontaine était devenu peu communicatif avec le public, il en était autrement avec les instituteurs dignes de ce beau titre. Avec eux il causait volontiers de tout ce qui pouvait leur être utile, leur donnant, avec une bonté paternelle, les meilleurs avis sur la tenue de l'école, sur leurs relations avec les parents et les autorités, et résolvant les questions qui lui étaient soumises.

Son intervention avait très-souvent calmé des susceptibilités fâcheuses, au grand avantage du bien public.

Les instituteurs aimaient M. Fontaine comme un père, et certes l'honnête et consciencieux inspecteur le leur rendait avec usure : il savait se sacrifier au besoin pour la défense de leurs intérêts.

Mais c'était surtout avec les enfants qu'il retrouvait sa bonne humeur d'autrefois. Comme le divin Maître, qui disait : « Laissez venir à moi les petits enfants », il posait les questions avec une telle simplicité, sa voix était si douce et son regard si paternel que l'enfant se sentait rassuré, et pouvait librement déployer tous ses moyens.

M. Bonami avait coutume de dire :

— M. l'inspecteur fait valoir mes écoliers mieux que je ne saurais le faire moi-même. S'ils gardent le silence, c'est qu'ils ne savent point. Aussi sa visite est-elle un stimulant et pour le maître et pour les élèves qui sont assurés que la justice la plus exacte préside aux examens.

M. Fontaine alla voir successivement les autorités du bourg, et revint à l'école communale, une demi-heure après, en compagnie de M. le maire, de M. le curé et de M. le juge de paix, membres de la délégation cantonale.

Quelques siéges avaient été disposés dans la salle d'école.

M. Bonami fit sa classe du jour devant les autorités, et, comme d'habitude, il montra du savoir, de la méthode et des résultats excellents.

M. Fontaine adressa ensuite une série de questions graduées de telle sorte qu'on pouvait s'assurer en un moment si les cours avaient été bien organisés, et s'ils avaient laissé des traces nettes dans l'esprit. Les autorités locales prirent aussi une part active à l'examen, qui eut d'abord pour objet les deux premières divisions.

— Voyons les commençants, si vous le voulez bien, Messieurs, dit l'inspecteur. Il est rare que je trouve cette division bien tenue dans la plupart des écoles.

— Voici trente élèves dans la nôtre, dit M. Bonami. Quatre moniteurs en ont sept ou huit chacun et s'en occupent sous ma surveillance. Vous allez en juger.

Les enfants, au signal donné, allèrent se grouper avec ordre autour des cercles de fer établis le long de la muraille, et chaque moniteur les fit lire aux tableaux, en se servant d'une baguette. M. Bonami, sans perdre de vue les deux premières divisions, qui faisaient un travail écrit, allait de groupe en groupe, adressant de temps à autre des observations utiles.

Après la lecture, vinrent les exercices du boulier-compteur. Les trente élèves avaient les yeux braqués sur l'instrument, et l'instituteur, par des questions vivement posées, tenait sans cesse leur esprit en éveil.

— Comment occupez-vous en outre les petits enfants ? demanda M. Fontaine.

— La lecture et le calcul oral ne sont pas les seules branches de connaissances enseignées à ces élèves, dit M. Bonami. Nous les exerçons à l'écriture et au dessin usuel sur l'ardoise, nous efforçant d'arriver aux cahiers le plus tôt possible. Notre cours d'écriture sert à la fois pour la calligraphie, la lecture et l'orthographe.

Dès qu'un enfant connaît une lettre imprimée, je l'habitue avec la forme qu'on lui donne dans l'écriture ordinaire. Cette lettre est tracée successivement sur l'ardoise, au tableau noir et sur le cahier. On apprend aussi à la trouver dans les livres et dans les modèles d'écriture. Lorsque l'élève connaît les voyelles et quelques consonnes, on lui fait écrire les syllabes de sa méthode de lecture, la suivant pas à pas, et arrivant ainsi aux mots et aux phrases. J'ai remarqué que les progrès étaient rapides, et que ces leçons se gravaient profondément.

— Et le calcul écrit ?

— Les enfants s'exercent d'abord à faire des chiffres, et apprennent sans peine à lire les nombres de deux caractères. On s'empare de leur attention en leur faisant compter des objets matériels, comme des centimes, des décimes, etc., des noisettes, des haricots, etc., qu'ils rangent par catégories d'unités simples, de dizaines, de centaines, etc. On leur fait écrire au-dessous les chiffres qui les représentent, et l'on parvient, à l'aide de questions convenablement graduées, à leur faire trouver à eux-mêmes les règles de la numération, de la lecture et de l'écriture des nombres, de l'addition, de la soustraction, etc.

Quant au système métrique, nous possédons un nécessaire Carpentier, et nous familiarisons tous les élèves avec les poids et les mesures.

— Dites-nous seulement en gros les autres matières de l'enseignement dévolues aux plus jeunes élèves ?

— Nous ajoutons à ce qui précède des notions de choses, quelques exercices pratiques de grammaire, la récitation de quelques pièces de poésie destinées à l'enfance, des anecdotes propres à former le cœur et l'esprit, enfin l'enseignement de la prière et du petit catéchisme.

Les enfants aiment l'école, peut-être parce qu'ils ne sont pas une minute abandonnés à l'oisiveté.

M. Fontaine connaissait l'instituteur de longue date, et cependant il fit tout passer en revue devant lui. Les enfants se tirèrent avec honneur de cette épreuve, qui leur valut les félicitations des autorités.

M. l'inspecteur lut ensuite à haute voix les noms des élèves inscrits au tableau d'honneur, et leur distribua des éloges et des récompenses.

— Maintenant, reprit-il, M. Renaud, notre excellent sous-préfet, qui fait le plus noble usage de sa fortune, a mis à ma disposition un beau livre par école. Il est destiné à l'élève qui aura montré le plus de docilité envers ses parents et de politesse envers ses supérieurs.

— Le suffrage des élèves et le mien, dit M. Bonami, n'hésiteront pas à vous désigner Joseph Valdey.

Les autorités locales donnèrent un avis favorable au jeune garçon qui, rouge comme un bouton de rose, s'approcha en baissant les yeux avec modestie.

M. Fontaine, en lui décernant le prix, mit sur ses joues fraîches et rebondies un baiser paternel, et lui dit :

— Mon enfant, que cette récompense soit un encouragement pour vous et un stimulant pour vos camarades. Celui qui honore ses parents et ses supérieurs, s'amasse des trésors dans ce monde et dans une meilleure vie, selon la parole de Dieu.

— Et le tableau noir, dit M. le curé, ne faudrait-il pas en effacer les noms ?

— Merci ; mais c'est inutile, dit M. Bonami : il est vide depuis longtemps, et les punitions elles-mêmes sont fort rares.

— C'est un beau résultat : nous ne pouvons que vous en féliciter, dirent les autorités.

Les registres et les archives de l'école furent trouvés en bon état et bien tenus.

— Mes enfants, dit M. l'inspecteur, l'examen que nous venons de vous faire subir prouve une fois de plus que M. votre instituteur s'acquitte avec intelligence et dévouement de la tâche qui lui a été confiée.

« Nous avons trouvé ici des cours sérieusement organisés, des leçons rédigées et sues avec netteté par la première division, qui est suivie de près par la seconde. La section des commençants nous a vivement intéressés, et mérite particulièrement nos éloges. Nous sommes heureux de constater que votre école donne les meilleurs résultats à tous les points de vue.

« On s'occupe du bien-être de votre corps ; on donne à votre esprit la culture la mieux entendue, et l'on s'efforce de vous rompre aux bonnes habitudes : cette éducation répond aux exigences les plus sévères.

« Vos jeunes cœurs éprouvent, je le sais, une vive gratitude pour M. votre digne instituteur et pour l'autorité qui veille sur vous avec tant de sollicitude.

« Aimez toujours vos parents, et soyez d'une obéissance exacte pour leurs moindres volontés.

« Aimez et vénérez le souverain, qui est le père de la patrie. Apprenez à le connaître de plus en plus. Ouvrez vos cœurs à la reconnaissance que nous lui devons pour son gouvernement sage, juste et ferme, qui assure le bonheur et la gloire de notre belle France.

« Enfin aimez la religion et ses pratiques. Mettez toujours votre conduite d'accord avec sa divine morale, et vous deviendrez à la fois des fils respectueux, des citoyens fidèles et des membres utiles à la société. »

Les autorités locales et l'instituteur remercièrent M. l'inspecteur pour ses bonnes paroles. On vit ensuite les autres écoles avec la même sollicitude, et l'on constata que Mademoiselle Dumont marchait exactement sur les traces de M. Bonami, et que la salle d'asile était bien tenue.

CHAPITRE LXVIII.

LES DEUX SŒURS.

Garde-toi, tant que tu vivras,
De juger des gens sur la mine.
(LA FONTAINE.)

Un soir que le vent sec et froid du nord gémissait dans les branches des arbres et dans les fentes des cloisons, la famille Valdey se groupait autour d'un feu clair et pétillant.

Un coup vigoureux retentit à la porte.

— Entrez, dit Pierre.

— A la bonne heure : il ne fait pas bon dehors, dit une femme de haute stature qui entrait en ce moment.

— Ah ! c'est vous, Hortense ? quel bon vent vous amène ici ?

— J'ai un voyageur malade à l'auberge, et je viens vous prier de me céder un barbeau pour lui.

Valdey lui accorda sa demande de la meilleure grâce, et la renvoya satisfaite.

— Vous nous avez promis l'histoire d'Hortense, papa, dit Eugénie : ayez la bonté de nous la dire.

— La voici, mes enfants. M. Leroux, honnête commerçant d'une ville voisine, était un homme de haute taille, aux traits anguleux, à la crinière épaisse et noire comme l'aile du corbeau. Il avait la voix rude ; mais son extérieur était l'opposé de son âme, qui était douce et bonne. Il épousa une petite femme d'une beauté rare, timide et fraîche comme une fleur nouvellement éclose. Madame Leroux, étant adulée du matin au soir, contracta par désœuvrement des goûts ruineux. Dieu lui donna d'abord une petite fille, qui lui ressemblait, et la jeune mère était ravie en extase devant les grâces de son enfant.

L'année d'après, elle eut une seconde fille, qui était l'image fidèle du père, et qui reçut le nom d'Hortense.

Le père et la mère n'avaient de regards que pour l'aînée, qui se nommait Berthe. Quant à l'autre, on lui donnait une nourriture convenable et des habits décents ; mais on s'en tenait là.

L'aînée conserva toujours les formes mignonnes de sa mère. La cadette au contraire, semblable à un arbre de haute futaie, se développa, et prit une tournure masculine.

Berthe fut mise en pension; mais, gâtée par ses parents, qui ne savaient rien lui refuser, elle s'attacha avec plus d'ardeur que de raison à tout ce qui pouvait faire valoir ses agréments, et négligea les sciences utiles.

Quant à Hortense, elle ne reçut qu'une instruction ébauchée. A seize ans, elle avait la taille d'un tambour-major. Sa voix rude, son geste impérieux et ses allures l'avaient fait surnommer *l'Ouragan*.

Berthe rentra à la maison infatuée d'elle-même. Ses parents, qui la croyaient une merveille, ne pouvaient lui donner une juste idée de son mérite. Elle traitait sa sœur comme une servante ; mais celle-ci, semblable au lion qui dédaigne les insultes d'un caniche, ne faisait aucune attention à ses taquineries. Un jour que Berthe l'agaçait un peu trop, elle se contenta d'en rire en montrant une formidable et double rangée de dents blanches comme du lait et en ouvrant la bouche jusqu'aux oreilles.

— Oh ! tu me fais peur, lui dit l'enfant gâtée.

Et Hortense d'enlever sa sœur comme une plume, et de l'embrasser sur les deux joues.

— Va, mignonne, tu auras beau faire, l'Ouragan est une bonne fille qui t'aimera toujours.

La beauté et la dot de Mademoiselle Leroux attiraient des prétendants en grand nombre. Il vint un jeune homme au parler doucereux, à la mine recherchée, à la moustache élégamment redressée, etc., qui tourna la tête de la pauvre fille.

— Laisse ce petit roquet qui veut faire le lionceau, dit Hortense à sa sœur. Je crains qu'il ne te rende malheureuse, car il fait bon marché des principes de la religion et de la morale.

Mais Berthe se contenta de la toiser d'un regard dédaigneux, et, sans autre explication, lui tourna le dos en murmurant :

— Est-ce que cette montagne de chair peut avoir quelque intelligence ?

L'Ouragan exhala un soupir digne d'un soufflet de forge.

— Cette enfant se perdra, dit-elle, car nos parents la croient un miracle de raison. Mais, hélas ! qu'y faire ?

Le mariage s'accomplit, et Berthe devint Madame Rouget. Son mari l'entraîna à Paris malgré les larmes et les supplications de ses parents, qui furent contraints de lui céder la moitié de leur fortune.

Au bout de peu d'années, M. Rouget, ayant dévoré le bien de sa femme, l'abandonna lâchement.

Les prodigalités de Madame Leroux et la révolution de février achevaient de ruiner cette famille, lorsqu'elle apprit le malheur de Berthe.

— Ma vieillesse et mes infirmités m'empêchent d'entreprendre le voyage de Paris, dit M. Leroux. Si Hortense voulait s'en charger ?.....

— Volontiers, père : vous savez bien que votre Ouragan est toujours à votre disposition.

— Hélas ! firent les parents, qui commençaient à ouvrir les yeux, pourquoi ne t'avons-nous pas écoutée ?

— Ne pensons plus à cela. Le vin est tiré, il faut le boire, dit le proverbe ; et je pars.

La généreuse fille vola auprès de cette sœur si cruellement délaissée. Elle s'en empara, comme fait une mère de son enfant chez une mauvaise nourrice, et la ramena au logis paternel.

Berthe, de même que sa mère, était incapable de tout travail. Elle ne savait que se parer, chanter quelques romances, danser, et faire tout au plus quelques broderies.

Il fallut bien agiter cette terrible question de l'avenir, et les deux femmes virent qu'il y a mieux à faire qu'à user sa vie devant des colifichets.

— Allons ! je vois bien que l'Ouragan sera bonne à quelque chose à cette heure.

— Toi ! dirent les autres membres de la famille.

— Et pourquoi non ? On manque d'instruction , c'est vrai ; mais on aime le travail , on a de l'honneur et un brin de religion, on sait faire la cuisine, et, Dieu aidant, on pourrait ouvrir une auberge qui amènerait du pain au logis.

Dans la situation où était la famille Leroux , il n'y avait pas à balancer. On s'occupa de réaliser les débris d'une fortune jadis assez brillante, et Saint-Rome compte depuis cette époque une auberge de plus.

L'Ouragan ne donne jamais à boire aux ivrognes ni aux désœuvrés. Sa maison est fermée aux consommateurs du bourg à l'heure des offices. Elle traite ses voyageurs et ses pensionnaires avec tous les soins et tous les égards désirables. Les gens tranquilles lui donnent la préférence, et son auberge a la meilleure clientèle du pays.

Son père et sa mère sont morts sans avoir connu les privations. Elle entoure sa sœur d'une sollicitude maternelle, et ne souffre pas la moindre allusion à ses défauts. En toute circonstance, elle est heureuse de rendre service à son prochain.

Un jour qu'elle conduisait sa charrette en revenant du Languedoc, elle s'arrêta à Saint-Georges pour donner l'avoine aux chevaux. En entrant dans la remise, elle vit trois ou quatre jeunes gens qui s'égayaient aux dépens de Mathurin, grand garçon de vingt ans, constitué comme un Hercule, mais poltron comme un lièvre.

— Vlin! vlan! attrape! s'écria l'Ouragan en leur administrant une vigoureuse correction.

Devant les coups, qui pleuvaient comme grêle, ils disparurent en un clin d'œil.

— Pourquoi te laisses-tu battre par ces godelureaux, grand benêt?

— C'est que..... c'est que..... je n'ose pas.....

— Ils osent bien, eux! Fais bonne contenance, et tu verras leurs talons comme tout à l'heure.

En arrivant à son auberge, elle trouva sa sœur en discussion avec deux individus qui, après avoir bu largement dans les tavernes voisines, voulaient absolument du vin. Madame Rouget ne pouvait leur faire entendre raison.

— Nous en voulons, et nous en aurons, disaient les obstinés ivrognes, ou sinon.....

— Ou sinon qu'on décampe sur-le-champ, dit une voix rude accompagnée d'une large main qui les saisit au collet et les poussa vers la porte.

— C'est ce diable d'Ouragan; il n'y a pas à plaisanter, dirent-ils en s'esquivant sans demander leur reste.

— Voilà. La journée est bonne aujourd'hui. Comment as-tu passé ces deux jours, petite? fit Hortense en adoucissant sa voix.

— Médiocrement. Nous avons eu du monde, et Suzette a fait la boudeuse, parce qu'elle te savait en voyage.

— On réglera cela. Et toi, comment va cette chère santé ?

— Je ne vais jamais bien quand tu n'y es pas.

— C'est-il vrai, cela ?

— Oui, bonne sœur; je commence enfin à te connaître.

— Tiens ! dit-elle en la soulevant entre ses bras nerveux et en l'embrassant avec tendresse, je ne donnerais pas ma vie pour tout l'or du monde !

Et de grosses larmes de bonheur coulaient sur les joues de la généreuse fille.

Un instant après, une religieuse venait timidement solliciter quelques restes pour un malade.

— Il y en a toujours, dit l'Ouragan, mais aujourd'hui c'est double ration : il faut que les pauvres du bon Dieu partagent ma joie.

C'est ainsi que la bonne Hortense passe sa vie à faire le bien. Elle remplit ses devoirs religieux avec la plus rigoureuse exactitude, et Dieu bénit toutes ses entreprises.

CHAPITRE LXIX.

LE TIRAGE AU SORT.

> Un frère est un ami donné par
> la nature.   (LEGOUVÉ.)

On était au commencement de 1860.

Alphonse, âgé de vingt et un ans, allait tirer au sort pour le service militaire. Valdey aurait bien voulu le garder auprès de lui; mais, désireux de payer sa dette à la patrie, il renonça à l'exonérer.

Le jour du tirage au sort arriva. Une foule de jeunes

gens suivaient les tambours en dansant, et faisaient retentir les airs de leurs chansons patriotiques. Quelques mères essuyaient furtivement leurs yeux humides de larmes ; mais, comme toujours, la conscription était accueillie sans défaveur

— La France a besoin de soldats, disaient les anciens troupiers. Nous avons fait nos sept ans, et nous voici debout encore. Les conscrits d'aujourd'hui feront comme nous.

Quant aux jeunes gens, ils mettaient là main dans l'urne sans la moindre émotion. M. Renaud, l'honorable sous-préfet, trouvait toujours une bonne parole à l'adresse de ceux que la chance désignait pour le service militaire.

Alphonse amena un des premiers numéros. Il songea seulement à l'affliction de sa mère, et ce fut tout.

La pauvre Louise fondit en larmes à l'idée d'une séparation qui lui semblait inévitable.

Mais Camille, sans rien dire à personne, avait formé son projet. Il alla trouver M. Bousquet.

— Monsieur le maire, lui dit-il, je vois qu'Alphonse rend à la maison des services plus utiles que les miens. Et puis.....

— Eh bien ! après, mon ami ? aurais-tu quelque dessein en tête ?

— Et puis mon frère a été toujours si bon pour moi que je serais heureux d'être soldat à sa place.

— Et qu'en disent tes parents ?

— Ils l'ignorent encore. Je désirerais que vous eussiez la bonté d'intervenir pour faire accepter mes offres.

— Volontiers, mon ami : tu fais là une belle action, que Dieu ne laissera pas sans récompense.

— Oh ! monsieur le maire, dit Camille en rougissant, Alphonse en aurait fait autant à ma place !

— Allons ! je vois avec plaisir que les Valdey ont toujours du sang généreux dans les veines.

M. Bousquet parla de cette affaire à Pierre et à Louise, qui ne savaient à quoi se résoudre. Ils ressentaient une égale affection pour leurs enfants, et la conduite de Camille mettait le comble à leur indécision.

Alphonse ne voulut jamais consentir au sacrifice de son frère, qui partit en cachette après avoir obtenu à grand'peine le consentement de ses parents.

Le jeune conscrit s'engagea dans l'armée d'Afrique. Il eut l'avantage d'être sous les ordres des anciens camarades de son père, dont la plupart étaient devenus officiers, et qui lui évitèrent les misères de son début. Accoutumé de bonne heure à l'obéissance et au respect envers ses parents et les autorités, il se fit avec une extrême facilité à la discipline militaire, et obtint la confiance de ses chefs. Actif, courageux et honnête envers tous, imbu de sentiments religieux, sincères et éclairés, il évita toutes les occasions de querelle, si fréquentes parmi les soldats. Comme il savait lire, écrire, calculer et rédiger une lettre, il eut bientôt conquis le grade de caporal et, au bout d'un an, il était sergent-fourrier.

Il écrivait souvent à Saint-Rome. Alphonse lui répondait d'ordinaire, et lui reprochait son généreux sacrifice, ajoutant qu'il ne l'oublierait de sa vie.

Camille, de son côté, vantait le bonheur de l'état militaire, et prétendait qu'on ne lui devait aucune reconnaissance d'un acte tout simple et tout naturel.

Au lieu de se livrer à la passion si funeste de la bouteille, le jeune sergent était un modèle de sobriété et de bonne tenue. Son capitaine l'affectionnait particulièrement. Il le recommanda au colonel qui, charmé de ses qualités, se promit de lui donner de l'avancement à la première occasion.

CHAPITRE LXX.

LE COMMIS VOYAGEUR.

> L'insensé a dit dans son cœur :
> « Il n'y a point de Dieu ». — La
> paix a déserté son âme. (*Eccl.*)

Un léger incident suffit dans un bourg pour exciter la curiosité publique. On s'entretenait donc à Saint-Rome de la toilette et des allures du jeune Félicien Tournon, qui venait passer quelques jours de villégiature au lieu de sa naissance.

Félicien était entré en qualité de commis dans une maison de nouveautés de la capitale. En revenant au pays, après dix ans d'absence, il n'avait eu garde d'oublier l'attirail de sa toilette, qui reproduisait les modes les plus extraordinaires.

Son père et sa mère étaient de très-bonnes gens, qui ne laissaient pas que de regarder d'un œil inquiet le brillant jeune homme; mais la tendresse l'emportait sur la raison. Ils étaient comme fascinés par son verbiage, et ne trouvaient mot à dire à ses paradoxes les plus hasardés. Sa mère surtout l'adorait, et lui trouvait un esprit sans rival. Quant à sa jeune sœur Françoise, qui avait reçu une éducation solide chez Mademoiselle Dumont, elle ne voyait pas sans alarmes les travers de Félicien.

Le dimanche qui suivit son arrivée, le commis voyageur, frisé, parfumé, vêtu de son plus bel habit et le chapeau sur l'oreille, fumait un cigare de la Havane sur le carrefour de l'église.

Aux sollicitations de ses parents, qui voulaient l'entraîner à la messe, il avait répondu en lançant contre les pratiques religieuses quelques lazzis de mauvais goût, qui avaient excité leur sourire, mais qui alarmaient leur foi et leur bon sens.

Quant à Françoise, elle avait aussi échoué dans ses instances.

— Allons donc, petite, lui avait répondu son frère, la religion est bonne pour les vieillards, les enfants et les femmes !

La pauvre fille l'avait quitté de guerre lasse, le cœur gros, en demandant à Dieu le retour au bercail de cette brebis égarée.

Comme Félicien pérorait au milieu d'une foule d'étourdis ou de badauds qui l'écoutaient comme un oracle, Alphonse vint à passer.

Les deux jeunes gens se donnèrent une poignée de main.

— Qu'est-ce que tu portes là ? dit d'un ton goguenard le soi-disant parisien.

— C'est mon livre de Prières, dit simplement le fils de Valdey.

— Tu vas donc à la messe encore ?

— Mais sans doute, et je serais bien fâché de manquer à ce devoir.

— Je te croyais assez d'intelligence pour avoir relégué toutes ces vieilleries dans les oubliettes !

— Ah çà ! mon ami, respecte la religion de nos pères !

— Bah ! comédies que tout cela !

— Mais alors ton père et ta mère sont des comédiens ! Ta sœur, si bonne et si vertueuse, n'est aussi qu'une comédienne ! Toi-même, jusqu'à l'âge de quinze ans, tu n'as été qu'un petit comédien ! Qu'as-tu fait des principes de ta famille, si honorable à tous égards ?

Le commis voyageur était confondu, et les rieurs n'étaient plus de son côté. Après avoir essayé sans succès de ses plaisanteries ordinaires, il en vint à dire :

— Je crois seulement à ce que je comprends et à ce que j'ai vu.

— Dans ce cas, dit Alphonse, ton symbole doit être bien maigre : comprends-tu comment un grain de blé, en pourrissant dans la terre, fait naître un épi qui donne vingt grains pour un ? Et cependant tu crois aux moissons !

— Mais c'est la nature qui l'a établi de la sorte.

— Tu es donc forcé de croire aux conséquences d'un fait sans pouvoir remonter aux causes. Tu ne peux comprendre le mystère d'un grain de blé, et tu aurais la prétention de sonder les abîmes sans fond de l'Etre infini lui-même ?

— Oh ! je ne vais pas si loin ! L'homme est bien fou de se creuser le cerveau sur de telles matières ! La raison dit que la religion doit être à sa portée, et je m'en tiens à ce principe : « Crois seulement à ce que tu as vu de tes yeux ».

— Et comment fera l'aveugle ? Et toi-même es-tu bien sûr de n'admettre l'existence que de ce que tu as vu ?

— Quant à cela, c'est chose arrêtée dans mon esprit, et je ne veux pas en démordre.

— As-tu vu Constantinople ?

— Non.

— Crois-tu à son existence ?

— Dame ! personne n'en doute.

— Te voilà donc forcé malgré toi d'admettre la valeur du témoignage des hommes. Mais n'allons pas chercher nos preuves si loin : as-tu vu ton dos ?

— Mais où veux-tu en venir ?

— Réponds nettement, et ne vas pas te jeter à côté.

— Eh bien ! non.... ; mais.....

— Et cependant tu crois à sa réalité, et ton père t'a prouvé bien des fois, avec des arguments directs et sans réplique, que ton dos n'était pas une chimère..... Hein ! qu'en dis-tu ?

A ces mots, il se fit une télle hilarité dans l'auditoire , que Félicien, malgré tout son aplomb, se vit désarçonné. Il pâlit, rougit, balbutia, et rentra chez lui furieux de son humiliation.

Alphonse, entré dans l'église, pria de tout son cœur pour la conversion du commis.

Quelques jours après, en revenant de la vigne, il rencontra le lion parisien. Celui-ci aurait bien voulu l'éviter ; mais il n'était plus temps. Ils échangèrent quelques paroles d'un air contraint.

— On dirait que tu m'en veux ? dit le fils de Valdey.

— Il est vrai que tu ne m'as guère ménagé dimanche.

— Mon ami, si j'avais eu affaire à un homme qui, après avoir étudié loyalement les sublimes vérités de la religion, en serait venu à quelques erreurs involontaïres, je l'aurais conduit à M. le curé, car je ne suis nullement théologien, et je sais mieux labourer un sillon que faire une dissertation quelconque. Mais sois de bonne foi : veux-tu me permettre de te dire que tu n'as étudié la religion que dans les romans et les mauvaises compagnies ? Tu admettras bien que, pour avoir le droit de discuter sur un sujet, il faut l'avoir étudié autre part que dans les livres destinés à amuser l'imagination et à flatter les passions humaines. Et puis, mon cher Félicien, songe donc aux tristes conséquences de ces doctrines qui révoltent l'esprit et le cœur. Si l'on était assez malheureux pour y croire, il faudrait admettre que l'âme elle-même n'est qu'un souffle qui s'éteint avec la vie, et que nous sommes au niveau des brutes. Plus de morale, plus de principes conservateurs pour la société : tout disparaît, et il ne reste rien que des ruines. Est-ce donc là ce que tu veux ?

« Au contraire , pour le chrétien, tout s'explique.

tout s'enchaîne. La chute originelle rend compte de nos misères. Si nos fautes, nos penchants désordonnés accusent notre nature faible et misérable, nous avons aussi des moyens assurés de conquérir notre pardon et notre innocence.

Au lieu des désolantes doctrines enfantées par des cerveaux en délire ou par des cœurs gâtés au souffle empesté du mal, nous avons les consolantes vérités d'une Providence qui veille sur nous avec tant de sollicitude qu'il a été dit : « Il ne tombe pas un cheveu de votre tête sans la permission de votre Père qui est au ciel ».

Lorsque la mort nous enlève des êtres qui nous sont chers, nous avons la certitude de les retrouver dans un monde meilleur. En attendant, pour soutenir notre faiblesse, nous avons la prière et les sacrements, qui ont le privilége de calmer les plus cuisantes douleurs.

Renonce, mon cher ami, à tes malheureuses aberrations. Rappelle la foi de tes aïeux, qui n'est qu'endormie dans ton cœur. Fais la consolation de ton excellent père, de ta digne mère, de ta sœur Françoise, qui tous gémissent de tes erreurs. Souviens-toi du jour de ta première communion. Tu étais heureux ce jour-là, j'en ai la conviction ?

— Oui, mon ami, dit Félicien d'une voix sourde.

— Eh bien ! rappelle-toi le serment solennel que tu as fait à Dieu de lui être toujours fidèle, et tu retrouveras le bonheur de tes plus belles années.

Alphonse avait senti cette douce chaleur qui émeut l'âme lorsqu'elle accomplit un grand devoir. Son visage avait un reflet de la grâce divine, et son regard était comme inspiré.

Il saisit la main de Félicien, qui, brisé par l'émotion, ne put que lui dire :

— Tu as raison : ma vanité m'a perdu. Il me reste encore assez d'années, je l'espère, pour racheter mes erreurs. Merci de m'avoir ouvert les yeux en me rappelant aux sentiments de ma première jeunesse ! Mes parents m'ont élevé dans des habitudes honnêtes et religieuses. Leurs semences de vertu, recouvertes un moment par les mauvaises passions, vont reprendre vigueur. Mais j'ai besoin d'appui et de conseil : veux-tu être mon ami ?

Alphonse se jeta dans ses bras les larmes aux yeux.

Le dimanche suivant, Félicien, vêtu sans aucune recherche, conduisait sa sœur à l'église. Son père et sa mère les suivaient avec une vive satisfaction.

Quelques semaines après, notre ci-devant esprit fort s'agenouillait à la table sainte, et réparait ainsi le scandale qu'il avait causé.

CHAPITRE LXXI.

HISTOIRE D'UN AVARE.

> Il (l'avare) ne possédait pas l'or,
> Mais l'or le possédait.
>
> (LA FONTAINE.)

Le même soir, après avoir remercié Dieu du changement de Félicien, il fut question d'un avare qui venait de mourir à Saint-Georges, presque d'inanition, au milieu de son or.

— Augustin Lejeune, un de nos voisins, parent éloigné de ce malheureux, en a hérité, dit l'oncle Brunet. Il ne doit cette préférence qu'à sa passion bien connue pour l'avarice. Il n'a pas toujours fait d'aussi brillants héritages. Pierre, tu pourrais nous raconter l'histoire du singulier trésor que lui a légué son père ?

— Volontiers, mon oncle, la voici, dit Valdey en souriant :

Il y a quelques années, Guillaume Lejeune, ne voulant, disait-il, s'occuper que du salut de son âme, qu'il avait un peu négligé, partagea son bien entre ses deux enfants, donnant un tiers seulement à sa fille Thérèse, et le reste à son fils Augustin. Celui-ci, qui était dévoré de la passion d'acquérir, et qui n'était pas étranger aux dispositions de Guillaume, sut gagner les bonnes grâces de Jeanne Redon, une des filles les mieux dotées des cultivateurs du bourg. Il n'ignorait pas qu'elle avait un caractère acariâtre et boudeur ; mais, comme elle ajoutait à sa dot l'amour du travail et même un grain d'avarice, Augustin n'eut garde d'écouter les conseils de son père, et le mariage se fit.

Guillaume acquit bientôt la triste certitude que sa vieillesse serait malheureuse. Il fut relégué dans une petite chambre, où l'on daignait de temps à autre lui envoyer quelques aliments.

Les enfants vinrent. Ils furent mal élevés, et n'eurent aucun respect pour l'aïeul. Ils lui faisaient entendre bien des fois, hélas ! qu'il vivait trop longtemps, et qu'il ruinait la maison.

Le pauvre vieillard, désolé de voir ses cheveux blancs devenir un objet de mépris, vint chercher un mot de consolation auprès de nous.

— Bonjour, Pierre, me dit-il.

— Bonjour, père Guillaume. Comment va la santé ?

— Moi ! fit-il avec un soupir, je ne suis qu'un meuble incommode, maintenant que je n'ai plus rien à donner.

— Allons donc ! chassez ces idées.

— Hélas ! il serait inutile de le dissimuler, mon ami : quoi qu'il m'en coûte, je suis obligé de reconnaître que mon fils n'a point d'entrailles, surtout depuis son mariage.

— Oh ! lui dis-je, il n'a point oublié sans doute que vous lui avez donné les deux tiers de votre bien ?

— Et c'est là mon tort ! J'aurais été plus sage de faire trois parts égales, et d'en garder une pour moi.

— C'était prudent, il faut en convenir ; mais on pouvait faire mieux encore.

— Laissons cela puisqu'il n'est plus temps. Donne-moi un bon conseil pour ramener mon fils à de meilleurs sentiments, ou bien je vais lui intenter une action devant les tribunaux.

— Ne le faites pas, voisin ; car, outre la douleur des dissensions de famille, vous auriez le chagrin d'allécher les avoués, les huissiers, etc., qui dévoreraient le plus clair de votre avoir. Vous savez le proverbe : « De deux plaideurs l'un s'en revient nu et l'autre en chemise ».

— C'est juste ! mais que devenir ?

— Attendez : avez-vous toujours le vieux coffre bardé de fer où vous mettiez autrefois bien des écus ?

— Oui ; mais, par malheur, il est vide, et j'ai donné les derniers à mon fils, il y a trois mois.

— La serrure est-elle bonne ?

— Excellente ; mais à quoi bon ?

— Ecoutez : mon oncle, qui a la manie d'avoir toujours deux ou trois mille francs en espèces, va vous les prêter.

— Allons, mon neveu, ne te gêne pas, dit avec bonhomie le vieux Brunet à ces derniers mots.

Valdey sourit et continua.

— Oui, dit Guillaume, mais.....

— Pas de mais ! Vous les emportez ; vous vous enfermez dans votre chambre ; vous les comptez de manière à attirer l'attention de vos enfants.....

— Oui, oui, elle sera vite éveillée leur sollicitude pour les écus ! Je comprends, ajouta Guillaume : je répète ce manége quelquefois ; puis je remplace l'argent, que je rends à ton oncle, par des cailloux : je fais le gros dos, et je suis *bon papa chéri*, hein ?

— C'est cela même : vous y êtes.

Les choses se passèrent comme il avait été convenu. Les deux avares furent tout yeux et tout oreilles, au bruit de l'argent qui tintait dans la chambre de l'aïeul. Ils inventèrent mille câlineries pour gagner ses bonnes grâces. Désormais les enfants eurent des attentions presque délicates pour Guillaume, qui passa une vieillesse tranquille et honorée. Il connaissait bien le mobile honteux des soins dont il était l'objet. S'il éprouvait au fond du cœur une certaine amertume, il se consolait en sauvant les apparences à l'égard du public.

Le vieillard mourut cinq ans après. Ses enfants s'empressèrent de visiter le coffre-fort : ils n'y trouvèrent que les pierres, avec une feuille de papier sur laquelle on avait écrit : *Ces cailloux sont destinés à lapider ceux qui donnent leur bien avant de mourir.* Les deux avares furent d'abord stupéfaits ; ensuite ils éclatèrent en invectives ; mais, tout bien considéré, ils jugèrent à propos de garder le secret sur leur aventure, pour ne pas faire rire à leurs dépens.

CHAPITRE LXXII.

LES ÉCOLES DU SOIR ET DU DIMANCHE.

Remplissez les écoles, et vous viderez les prisons.
(S. Exc. M. DURUY.)

Les soirées d'hiver avaient repris leur cours ordinaire. Comme toujours, l'autorité locale veillait avec sollicitude aux intérêts des populations.

Depuis longtemps on était frappé du peu de respect

que les jeunes gens de tout âge avaient pour les auteurs
de leurs jours et leurs supérieurs. Persuadées qu'il fallait
attaquer le mal dans sa racine, et le suivre pas à pas à
tous les âges de la vie, les autorités locales cherchaient
d'abord le moyen d'agir sur les parents ; mais c'était
une entreprise difficile.

Quant à M. Bonami, il avait toujours pris sa tâche au
sérieux, et disait avec l'illustre Fénelon :

— « Vous croyez avoir tout fait ; mais vous n'avez rien
fait si vous n'allez au fond, si vous n'attaquez les racines,
si vous ne labourez profondément. »

Partant de ce principe, et sachant bien que celui-là est
le plus habile qui connaît le mieux les instruments
dont il se sert et les matières qu'il emploie, il étudiait
avec soin l'esprit et le cœur de ses élèves et les moyens
les plus efficaces de leur donner la meilleure éducation.
Comme sa foi était vive, son dévouement sans bornes et sa
capacité des mieux établis, il avait obtenu les résultats
les plus satisfaisants.

Mais, dès que les écoliers étaient livrés à eux-mêmes,
après avoir terminé les études primaires, ils tombaient
d'ordinaire sous l'influence pernicieuse de beaucoup de
jeunes gens, et, puisqu'il faut le dire, ils ne tardaient
point à perdre leurs bonnes habitudes sous le coup des
mauvais exemples de leurs parents.

Il fallait donc trouver le moyen, non-seulement de conserver les traditions de l'école, mais de les fortifier de
plus en plus, et de faire disparaître les causes de chute,
malheureusement si nombreuses.

Après y avoir mûrement réfléchi, le maire et le curé,
de l'avis de l'instituteur, de l'institutrice et des notables,
décidèrent qu'on commencerait par défendre les veillées
qui n'offraient point des garanties irréprochables, et que
des visites fréquentes seraient faites dans les cabarets et
les cafés. Une salutaire rigueur, combinée avec les

moyens de persuasion que l'on employait vis-à-vis de la jeunesse, des chefs de famille, des débitants, etc., amena une prompte amélioration dans l'état des choses.

Mais il fallait, maintenant qu'on attaquait ainsi les usages et les habitudes de vieille date, détourner vers un but utile l'activité du public, et chercher à lui donner d'autres goûts en harmonie avec ses besoins.

Deux grandes mesures furent mises à exécution dès les premières semaines de l'hiver : l'établissement d'une école du soir et du dimanche et la fondation d'une bibliothèque publique.

M. Bousquet obtint du conseil les fonds nécessaires pour le chauffage et l'éclairage d'une vaste salle, qui fut appropriée à sa nouvelle destination. Il donna gratuitement tous les livres, cahiers, etc., nécessaires.

L'ouverture de l'école se fit le premier dimanche de novembre 1861, à trois heures du soir, en sortant de vêpres.

Le curé l'avait annoncée en chaire, et n'avait rien omis pour stimuler le zèle des parents et des jeunes gens.

Dès la première séance, la salle ne put contenir la foule, qui obéissait surtout à un sentiment de curiosité.

M. Bousquet s'était chargé de faire un cours de principes d'éducation. M. le curé devait s'occuper du catéchisme de persévérance et de l'histoire sainte. M. le juge de paix avait l'histoire de France et la géographie, et notre ami Valdey, l'agriculture. M. Bonami devait enseigner les notions pratiques de grammaire, de calcul, de toisé, de dessin linéaire et enfin de musique.

Alphonse et Jules Charpin étaient les moniteurs généraux. Ils s'occupaient aussi de la lecture et de l'écriture des commençants.

Après les premières séances, on constata quelques désertions. Il fut convenu qu'un règlement, obligatoire pour tous, serait établi. Il fixait une légère amende au profit de l'école pour toute absence sans motifs suffisants.

Comme tous ceux qui avaient entrepris cette tâche étaient animés d'un véritable dévouement, ils préparaient avec soin leurs leçons, et les rendaient aussi attrayantes que possible.

Pour délasser l'esprit, après les deux heures de classe réglementaires, il était permis de causer autour des poêles, et de faire quelques parties aux jeux de dames, de loto, etc., toujours sous la surveillance des autorités.

La bibliothèque avait été organisée. Elle contenait un millier de volumes donnés par M. le maire, M. le curé, les notables et l'administration. Elle se composait en grande partie d'ouvrages d'histoire, d'agriculture, d'industrie, de la collection du *Magasin pittoresque*, du *Musée des familles*, etc.

Alphonse et Jules tenaient exactement les registres de l'entrée et de la sortie des livres.

A la fin de chaque classe, M. Bonami, aidé des moniteurs, faisait ranger en cercle son nombreux auditoire, et l'on chantait avec ensemble des chansons patriotiques ou des hymnes religieuses. On se séparait ensuite avec ordre pour se retrouver le lendemain.

— Nous avons jusqu'ici négligé les filles, dit un jour M. Bousquet au curé : n'y a-t-il rien à faire pour elles ?

— La classe du soir me paraît ici plus dangereuse qu'utile, répondit le vénérable ecclésiastique ; mais nous avons chaque dimanche deux heures de liberté avant vêpres : nous pourrions les leur donner.

— Eh bien ! à l'œuvre donc !

L'autorité locale fit appel au dévouement des institutrices et de plusieurs dames, et prêta elle-même son concours. L'école du dimanche compta de ce côté de nombreuses élèves.

CHAPITRE LXXIII.

QUELQUES FRUITS DE LA BIBLIOTHÈQUE.

> Les bonnes lettres forment le cœur, polissent l'esprit, rectifient les mœurs. Elles prêtent des grâces au printemps de la vie, délassent l'âge mûr et tiennent compagnie à la vieillesse et la consolent.   (ROLLIN.)

> Un mauvais livre est plus redoutable que le poignard de l'assassin : celui-ci ne tue que le corps, mais l'autre donne la mort à l'âme.   (L.)

M. Bousquet dit un jour à ses collaborateurs pour l'école d'adultes :

— Notre bibliothèque est assez bien garnie, mais ne serait-il pas utile de savoir quelles traces laisse dans l'esprit la lecture de nos livres ?

— Je suis de votre avis, reprit le curé ; il me semble que, outre l'examen mensuel destiné à constater les progrès de nos adultes dans les cours du soir, il serait bon d'en faire souvent un autre, afin de bien apprécier les fruits que les élèves retirent de la bibliothèque.

— C'est aussi le nôtre, répondirent les autres maîtres ou moniteurs.

Le dimanche suivant, une centaine de jeunes gens et de pères de famille se réunissaient dans la salle ordinaire sous la présidence de M. Bousquet. Beaucoup d'entre eux rendirent compte de leurs souvenirs au sujet des livres

d'agriculture, d'industrie, d'histoire, de géographie, etc.
Quelques erreurs furent redressées, et l'on dut invoquer
le secours de l'enseignement régulier à diverses reprises ;
mais on constata avec satisfaction que la bibliothèque
avait apporté un puissant concours à l'œuvre des écoles
du soir : les livres développaient et fortifiaient l'enseignement oral.

— Joseph Valdey, dit M. Bousquet, rapportez-nous les
conseils qui vous ont été donnés pour retirer autant de
fruits que possible d'une bonne lecture ?

— M. Bonami nous a répété bien des fois qu'il est très-
utile d'écrire un petit résumé de chaque chapitre, lorsque nous avons à rendre compte d'un livre de sciences
d'histoire, etc. Quant aux biographies, une notice
substantielle paraît suffire.

En général, lorsque nous avons eu la pratique de la
lecture et de ces sortes de résumés, il nous a été recommandé de suivre les avis ci-après pour juger sainement
de la valeur d'un livre.

Il convient d'abord de rechercher le *but* de l'auteur,
ce que l'on connaît ordinairement par la lecture de la
préface et de la table des matières. Si le livre a été écrit
dans une pensée hostile à la religion, à la morale, aux
lois du pays, au respect et à l'obéissance que l'on doit
aux pouvoirs établis; si même il traite légèrement de
matières graves, son *but* est mauvais; nous devons en
rester là de notre examen et détruire ce livre, si cela est
possible.

Si au contraire le but est *utile* ou simplement *honnête*,
on passe à la lecture de quelques chapitres importants
destinés à montrer la pensée de l'auteur d'une manière
plus nette. Enfin, on entreprend une lecture suivie et
l'on compare ensuite la disposition et le style de l'ouvrage autant que cela est possible, avec les œuvres du
même genre de nos meilleurs maîtres. Je ne dois pas

oublier qu'il est toujours fort utile de consulter une
personne grave, avant de se hasarder à lire un livre,
que le hasard, ou une complaisance plus ou moins inté-
ressée fait tomber sous la main, et qu'on ne saurait trop
se rappeler ces paroles : « Un mauvais livre est plus
« redoutable que le poignard de l'assassin; celui-ci ne
« tue que le corps, mais l'autre donne la mort à l'âme ».

— Maintenant, ajouta M. Bousquet, lisez-nous quelques notices, comme spécimen de votre travail.

— J'ai cru devoir les partager en quatre séries : hommes de guerre, savants, littérateurs et artistes. Je les ai
classées par ordre chronologique, dans chaque série;
mais je me bornerai, selon vos désirs, à vous lire quelques-unes des plus intéressantes. Je dois ajouter que
M. Bonami les a revues et corrigées avec soin.

— C'est bien, mon enfant; vous faites acte de justice
et de modestie.

— Le fameux vicomte de Turenne naquit en 1611, à
Sédan. Tout le monde connaît sa gloire militaire que le
grand Condé a pu seul balancer dans son temps; mais,
ce qui est plus rare, la patience et la modestie de ce héros
égalaient sa valeur.

Un jour que le vicomte, vêtu avec une grande simplicité, se promenait dans une des allées de Luxembourg,
il fut accosté par des joueurs de boules qui le prièrent de
décider d'un coup. Il s'y prêta avec complaisance et
mesura avec sa canne. Celui qui perdit sa cause, ne
connaissant pas l'illustre maréchal, l'apostropha avec
inconvenance. Pour toute réponse, Turenne mesura de
nouveau et se contenta de dire à ce brutal : Mon ami,
vous avez eu tort de croire que je voulusse vous tromper.

Turenne était calviniste, mais, en 1668, le grand Bossuet convertit sa belle âme au catholicisme. A partir de
ce moment, sa vie fut une suite de bonnes œuvres et
d'exemples de vertu. Il fut tué d'un coup de canon, en

8**

1675 et pleuré, non-seulement de la France entière, mais encore de nos ennemis eux-mêmes.

— Le maréchal de Luxembourg (1628-1695), qui conduisit si souvent nos soldats à la victoire, était bossu. On lui rapporta que le fameux prince d'Orange le tournait en ridicule, à cause de son infirmité. Le maréchal se contenta de répondre avec finesse : « Qu'en sait-il ? Je ne lui ai jamais tourné le dos. »

Au moment de rendre son âme à Dieu, il disait ces paroles remarquables. « Je donnerais toutes mes victoires « pour un verre d'eau offert à un pauvre, au nom de « Jésus-Christ ».

— Jean Bart (1651-1702), natif de Dunkerque, se signala sur mer par une indomptable bravoure et par des connaissances nautiques rares pour son époque.

Un jour qu'il avait consenti à rendre une visite de politesse à un chef d'escadre anglais, celui-ci, qui n'avait jamais pu le vaincre les armes à la main, le retint prisonnier contre la foi jurée et au mépris du droit des gens. L'intrépide marin, après avoir réclamé vainement sa mise en liberté, s'avance vers la soute aux poudres et, tirant deux pistolets de sa ceinture, menace de faire sauter le vaisseau. L'Anglais, qui le savait capable d'exécuter sa menace, se hâte de mettre à terre le terrible capitaine.

Jean Bart ouvre dignement cette carrière où se sont illustrés les Duguay-Trouin, les Tourville, les Duquesne, etc., etc; et, plus près de nous, les Galissonnière, les Duperré, les Tréville, qui sont la gloire de Rochefort et de La Rochelle.

— Lannes, duc de Montebello, était fils d'un garçon d'écurie de Lectoure. Il partit comme volontaire et devint maréchal de l'Empire. On disait de lui : « Brave comme Ney et Murat ». Il fut tué glorieusement à Essling, en 1809, sous les yeux du grand empereur.

— Cambronne est connu pour son mot héroïque à la funeste journée de Waterloo : « La garde meurt et ne se rend pas ».

— Bertrand, maréchal de l'Empire, était fils d'un maître des eaux et forêts de Châteauroux. Son nom est entouré d'une auréole impérissable pour sa fidélité envers l'illustre exilé de Saint-Hélène.

CHAPITRE LXXIV.

SUITE DU PRÉCÉDENT.

> Les paroles, quelque touchantes qu'elles soient, ne peuvent jamais donner aux enfants d'aussi fortes idées des vertus et des vices que les actions des hommes. (LOCKE).

— Olivier de Serres, né à Villeneuve-de-Berg, dans l'Ardèche, mérite la première mention parmi nos savants modernes. Il fut le père de l'agriculture en France. Non-seulement il publia des écrits qui font encore autorité, mais il prêcha d'exemple. Il naturalisa l'industrie des vers à soie qui, pendant deux siècles, a enrichi le bassin du Rhône, et planta 10 mille mûriers blancs dans le jardin des Tuileries.

— Riquet, né à Béziers en 1604, construisit le fameux canal de Languedoc. Il mourut en 1681, et ce ne fut qu'en 1724 que ses héritiers, les princes de Caraman, commencèrent à tirer un revenu des immenses travaux qui avaient coûté 34 millions.

Un jour, Riquet parlait, à Versailles, des difficultés qu'il avait eu à vaincre pour la construction des écluses et du bassin de Saint-Ferréol. Un courtisan vaniteux avança que le premier venu aurait pu imaginer et réaliser ces gigantesques travaux.

— Puisque cela vous paraît si aisé, reprit l'habile ingénieur, donnez-nous une preuve de votre génie en faisant tenir un œuf sur le petit bout ?

Le courtisan, piqué au vif, accepte la proposition.

— Bah ! c'est impossible, dit-il au bout d'un quart d'heure d'inutiles tentatives.

— Vous vous trompez, Monsieur, dit Riquet.

En même temps, il s'empare de l'œuf, le casse légèrement sur la pointe et le fait tenir debout sans peine.

— Mais, reprit le courtisan humilié, de cette manière, cela n'est pas difficile.

— Le premier venu pouvait le faire, c'est vrai, mais il fallait en avoir l'idée.

— Blaise Pascal (1623-1662) était un mathématicien célèbre, à l'âge où tant d'autres sont encore sur les bancs des écoles. Il inventa la règle à calcul, la presse hydraulique et confirma les expériences du célèbre Galilée sur la pesanteur de l'air. Mais, comme si les plus hautes intelligences devaient payer un large tribut à la faiblesse humaine, il s'imaginait avoir à son côté droit un précipice toujours ouvert pour l'engloutir, ce qui le tourmentait singulièrement et lui donnait une démarche toute bizarre.

Pascal a écrit des pensées admirables de foi et de profondeur sur la religion et la philosophie. Il est mort à l'âge de 39 ans, après en avoir passé plus de vingt dans de continuelles souffrances.

— Vaucanson (1709-1782) est célèbre par ses automates, dont les plus connus sont le joueur de flûte et le canard imitant tous les actes d'un animal vivant.

Un jour que Vaucanson se cachait par modestie au milieu de la foule des courtisans d'un prince d'Allemagne, il fut étonné et honteux d'être l'objet de mille attentions délicates, tandis que Voltaire était oublié. En regagnant le coin d'où il n'était sorti qu'à regret, il dit à l'écrivain trop célèbre :

— Son Altesse m'a fait le plus grand éloge de vos écrits et de votre personne.

— Je reconnais bien là le talent que vous avez de faire parler les automates, répondit l'orgueilleux et malin vieillard.

— Jacquart, né à Lyon en 1752, inventa les admirables métiers qui portent son nom et qui font cette grande cité sans rivale pour la fabrication des étoffes de soie. Le peuple, ne comprenant pas que les machines perfectionnées exigent encore plus de bras que les autres, à cause de l'abaissement des prix de revient qui triplent la consommation, voulut, à diverses reprises, jeter l'habile mécanicien dans le Rhône, après avoir dévasté ses ateliers. A sa mort, ce même peuple lui élevait une statue.

— Disons un mot des docteurs Corvisart (1755-1821) et Larrey (1766-1842), médecins de Napoléon Ier et barons de l'Empire. On cite une foule de traits de bienfaisance de Corvisart qui prodiguait les mêmes soins à l'indigent qu'au riche. A l'exemple de Dupuytren (1777-1836), il répondit à un grand seigneur qui lui disait :

— Ne me traitez pas comme ces pauvres diables de l'hôpital.

— Monseigneur, ces *pauvres diables* sont tous des Altesses pour moi.

Larrey donna le premier l'exemple d'enlever les blessés sous le feu de l'ennemi. Il ne craignit pas d'affronter la peste à Jaffa et réussit à remonter le moral des soldats. Il avait le plus grand respect pour les admirables Filles de la Charité, que l'on trouve partout où il y a du bien à faire, et qui rendent de si précieux services à nos malades et à nos blessés. L'empereur, qui se connaissait en hommes, l'appelait le *vertueux Larrey*; il lui légua cent mille francs par son testament.

— A la tête des poëtes français, nous trouvons Corneille, Racine, Boileau, etc. Un pauvre cultivateur se contente d'admirer ces grands maîtres, dont il ne lit cependant que les œuvres choisies, laissant à de plus habiles le soin d'en faire l'analyse. Mais il se rappelle avec plaisir le récit des vertus chrétiennes de ces grands auteurs et s'arrête avec complaisance sur des détails comme celui-ci : Boileau avait été invité un vendredi chez le duc d'Orléans. Comme on ne servit que du gras, le poëte, fidèle aux lois de l'Église, se contenta de manger du pain. Le prince, s'en étant aperçu, lui dit négligemment :

— Mon ami, je regrette qu'on ait oublié le maigre. Pour une fois, il me semble que vous pourriez vous dispenser de l'abstinence ?

— Monseigneur, lui répondit Boileau, Votre Altesse n'a qu'à frapper la terre du pied, et les poissons en sortiront en foule.

Le duc sourit et commanda que l'on servît du maigre, ce qui fut exécuté sur-le-champ.

— Le grand évêque de Meaux, Bossuet, et son digne émule Fénelon, archevêque de Cambrai, ont rempli le monde de leur renommée. Le peuple lit volontiers les *Oraisons funèbres* et l'*Histoire universelle* du premier ; mais il ne se lasse point de relire les *Fables*, le *Télémaque* et le *Traité de l'éducation des filles* du second.

On ne peut se rappeler sans attendrissement l'anecdote de la vache perdue.

L'archevêque de Cambrai, étant allé visiter un hameau, dans les environs de sa résidence, trouva une famille de cultivateurs dans une grande peine, à cause de la disparition d'une vache qui était leur principale ressource.

— Mes enfants, leur dit le bon prélat, voici de quoi en acheter une autre et consolez-vous.

— Mais, Monseigneur, disaient-ils avec chagrin, nulle autre ne vaudra Brunon. Elle nous connaissait tous, elle nous aimait et n'avait jamais fait de mal à personne. Hélas! voilà deux jours que nous la cherchons inutilement !

— Que faire, mes bons amis; Dieu vous la rendra peut-être; mais il est plus sage de se soumettre à sa volonté.

— Si Monseigneur la demandait au bon Dieu, ajouta naïvement une robuste fille de quinze ans, je suis sûre qu'elle nous serait rendue.

— Volontiers, mon enfant, répondit le prélat en souriant : qu'à cela ne tienne.

Quelques instants après, il les bénissait de sa main paternelle et reprenait le chemin de Cambrai.

Comme le prélat achevait de réciter son bréviaire, il lève les yeux et voit, embarrassée dans des broussailles, une vache en tout pareille au portrait de Brunon et qui semblait demander du secours pour se tirer d'un inextricable fourré.

— Une tache blanche sur le front.... ; le poil d'un noir d'ébène.... ; des cornes fines et déliées... : ce doit être Brunon, dit le bon archevêque.

« Aussitôt, sans songer aux difficultés de l'entreprise et à la nuit qui commençait à surgir du fond de la vallée, il s'approche de la pauvre bête, qui le regardait avec ses grands yeux plein de douceur, et la délivre.

— Il est bien tard, se disait-il, mais je ne saurais résister au plaisir de rendre la tranquillité à ces pauvres gens.

Et voilà celui qui avait été longtemps le familier

du grand roi, s'empressant de reconduire la vache au hameau.

Les villageois surpris et heureux firent éclater les plus joyeuses démonstrations. Ils baisaient avec amour et respect les mains et la soutane du grand archevêque et ne savaient comment lui témoigner leur admiration et leur reconnaissance. Ils improvisèrent avec des branches vertes un trône rustique et, portant le digne prélat sur leurs épaules, ils firent une entrée triomphale dans la ville, au milieu d'une population respectueuse et attendrie que la nouveauté de l'événement avait attirée dans la rue.

Fénelon mourut en 1715 et passa sur la terre, comme le *juste*, en faisant le *bien* ; quant à ses écrits, ce sont tous des chefs-d'œuvre inimitables.

— Au siècle de Louis XIV, appartient saint Vincent de Paul, modèle accompli des plus admirables vertus. Il naquit en 1576 près de Dax (Landes) d'une famille pauvre. Il garda les troupeaux de son père dans son enfance. Vincent fut ordonné prêtre à Toulouse en 1600. En allant par mer de Marseille à Narbonne, il fut pris par un corsaire de Tunis et vendu comme esclave. Ses vertus touchèrent le cœur de son maître, qui était un renégat et il revint avec lui en France au bout de deux ans. Admis comme instituteur auprès des enfants du comte de Gondi, général des galères, il s'efforça de convertir les galériens, d'adoucir leurs misères et poussa son héroïque dévouement jusqu'à prendre la place de l'un d'eux. Entre autres bienfaits, on doit à saint Vincent l'institution des Sœurs de *Charité*, des prêtres de Saint-Lazare et la fondation d'un grand nombre d'hospices pour les enfants trouvés.

— Je mentionnerai Lesage, soit à cause de son mérite, soit à cause de l'expédient qu'il avait trouvé pour se défaire des importuns.

Lorsque la conversation lui paraissait utile ou simplement raisonnable, quoiqu'il fût un peu dur d'oreille, il y prenait part avec une gaieté charmante et savait donner un tour intéressant aux choses les plus vulgaires. Mais, dès qu'elle avait pour mobile la vanité, la médisance ou tout autre sentiment condamnable, il répondait une fois pour toutes : Excusez-moi, j'ai oublié mon cornet.

Un jour que Nicolas, beau garçon de vingt-cinq ans, espérant réaliser ses songes dorés, cheminait vers Paris dédaignant la profession de son père, il rencontra Lesage qui le questionna avec intérêt. Aux premiers mots du jeune homme, l'écrivain fronça le sourcil et brisant là-dessus, lui dit :

— Mon ami, je ne vous entends pas ; j'ai oublié mon cornet.

Nicolas, un peu déconcerté, tourna les talons et reprit son chemin ; mais il avait la tête basse et ne marchait plus avec la même assurance.

— Que veut dire ceci, se disait-il ? Le vieux monsieur m'entend à merveille, lorsque je lui parle du temps où je secondais mon père dans la culture de nos terres, et la surdité le prend lorsque je lui fais part de mes projets ! Allons, Nicolas, pas de bêtises, tire cette affaire au clair !

Il revient sur ses pas et rencontre le vieillard assis paisiblement sur une borne.

— Peut-être, M. Lesage, dit-il en le saluant avec respect, n'ai-je pas bien réfléchi à mon affaire. Vous plairait-il de me donner un bon avis ?

— Ah ! c'est singulier, répondit l'auteur avec un grain de malice, j'entends vos paroles sans cornet. Mais que prétendiez-vous faire à Paris ?

— Il y a bien cent moyens de gagner de l'argent dans

une grande ville ! je serais entré dans une maison riche, en qualité de valet.

— Vous oubliez que, s'il existe cent moyens de gagner de l'argent, il y en a mille de le dépenser. Comptons bien : votre père jouit de l'estime publique ; l'amour du travail joint à une conduite irréprochable lui donnent la santé, la tranquillité et une modeste aisance. Chaque année, il arrondit sa petite bourse et, de temps à autre, il achète un lopin de terre. Au lieu de lui venir en aide et de prendre votre part des fatigues qu'il s'impose uniquement pour vous, au lieu de chérir comme lui la véritable indépendance, vous abandonnez le foyer qui vous a vu naître, vous désolez votre père, vous faites couler les larmes de votre excellente mère qui n'a eu d'autre tort que celui de vous aimer avec excès.... et pourquoi ? pour devenir un valet, sans aucune nécessité. Vous allez exposer vos plus belles années et détruire la paix de votre maison sur un peut-être ! Craignez, mon enfant, que la grande ville ne vous donne, en retour de votre belle jeunesse et des heureuses qualités dont vous êtes doué, les vices les plus honteux qui causeraient votre ruine et le désespoir de vos bons parents.

Pendant que Lesage achevait ces dernières paroles, Nicolas visiblement ému essuyait du revers de la main quelques grosses larmes qui perlaient à l'extrémité de ses cils. Après un moment de silence, il répondit au vieillard :

— C'est dit, Monsieur Lesage, vous n'avez pas volé votre nom. Je rentre chez nous.

Terminons là nos lectures, dit M. Bousquet, et, comme Nicolas, attachons-nous au sol qui nous a vu naître. N'oublions pas avec Sully que *le labourage et le pâturage sont les deux mamelles de la France.*

CHAPITRE LXXV.

RÉSULTATS DES ÉCOLES D'ADULTES.

> Une partie de la semence tomba
> dans un bon terrain et produisit
> au centuple.   (*Évangile.*)

Quelques mois s'étaient à peine écoulés depuis l'ouverture de ces cours et de la bibliothèque, et déjà l'on remarquait des symptômes de favorable augure dans les mœurs des habitants de Saint-Rome.

M. Bousquet, qui avait une expérience déjà très-vieille du cœur humain, avait su donner un tel intérêt à son cours de principes d'éducation qu'on avait pu remarquer l'affluence du public lorsque le digne magistrat devait prendre la parole. Une diction claire, simple et pittoresque tout à la fois tenait les auditeurs suspendus à ses lèvres. Le digne maire en profitait pour dérouler le tableau des facultés de l'enfant. Il en suivait le développement, et expliquait avec lucidité les fonctions de l'esprit et du cœur; il montrait l'heureuse influence du père et de la mère pénétrés de leurs devoirs; il peignait en traits chaleureux leur sollicitude, épiant le réveil des germes du bien pour aider à leur développement, et détruisant sans fausse pitié les racines du mal.

D'un autre côté, il entrait dans les détails les plus intimes de l'éducation qui se donne dans beaucoup de familles, et signalait, en les accompagnant d'anecdotes vives et saisissantes, pour mieux faire toucher du doigt ses utiles conseils, la faiblesse, l'ignorance ou la vanité de certains parents. Il ne trouvait aucune parole assez énergique pour flétrir la conduite de ceux qui, par

paresse ou par dégoût, abandonnent les enfants à eux-
mêmes, comme si leur éducation n'était pas le plus
rigoureux devoir d'un père et d'une mère.

Un dimanche que les autorités sortaient de l'école
en compagnie de l'instituteur et de Valdey, quelques
mères de famille les accostèrent en leur adressant force
révérences.

— Messieurs, dit la mère Leroux, nous venons vous
prier d'agréer nos remerciements pour le bien qu'ont
retiré nos familles de vos bonnes leçons.

— C'est bon ! c'est bon ! on continuera, répondit M. le
curé.

— Il y a quelques mois encore, reprit la bonne femme,
nous toutes qui sommes ici, la Pilone, la Gauberte, la
Dalmasse et d'autres encore, nous ne pouvions gouver-
ner nos enfants, qui se moquaient de nos ordres.

— Et maintenant ?

— Ah ! c'est autre chose : mon petit Jean est devenu
laborieux et rangé comme une fille ; il n'entre pas une
fois dans la maison sans dire : « Bonjour, père ; bonjour
mère » ; il est toujours disposé à nous être agréable ; il a
renoncé au cabaret et au jeu.

— Quant au mien, dit la Pilone, il travaille à l'atelier de son père. Les classes du soir et du dimanche lui
ont donné du goût pour la serrurerie. Dès qu'il a un
moment, il dessine des balustrades, des grillages, et
montre tout cela à mon mari, qui commence à y comprendre quelque chose. Je dois ajouter qu'Augustin,
notre contre-maître, est un modèle d'exactitude et de
sobriété depuis qu'il assiste à vos leçons.

— Mon fils Julien, dit la Gauberte, a pris le goût de
la lecture. Il passe toute sa journée du dimanche aux
offices, à l'école ou dans un coin de la cheminée à lire.
Je ne pouvais autrefois lui commander quelque chose
sans qu'il me répondît en jurant : « Je ne veux pas le

faire ! » Il allait au café ou courait avec les vauriens du
bourg. Aujourd'hui il est devenu bon et serviable. L'autre jour il m'a donné même une leçon que je n'oublierai
jamais. Le mendiant Laverdure était entré chez nous,
demandant du vin avec insolence. Comme je vis qu'il
en tenait déjà trop, je lui refusai tout net. Laverdure,
qui a la langue assez méchante, m'adressa des litanies
désagréables. J'ai le caractère un peu vif, il faut en convenir : je me saisis d'un balai, et j'étrille mon impertinent d'une belle façon. Par malheur, il fait un faux
pas en s'en allant, et roule dans l'escalier. Julien rentrait
à cet instant. Il s'empresse de relever le mendiant, le fait
entrer dans la maison malgré sa résistance et ses invectives, lui donne un cordial, et le renvoie satisfait en
mettant dans sa main dix sous qui formaient toute sa
fortune, car la veille il avait épuisé sa bourse en ache-
tant quelques bons livres. Il se met ensuite tranquillement à lire près du foyer, sans m'adresser aucune
observation.

« — Je vous avoue, Messieurs, que le balai me tomba
des mains, et que j'étais fort mécontente de moi.

— Julien, dis-je à mon fils, est-ce que tu as ramassé
ce drôle pour te moquer de ta mère ?

— Dieu m'en garde, maman ! s'est-il écrié : ce malheureux était en peine ; je l'ai soulagé comme fit le Sa-
maritain, et voilà tout.

— Mais tu me condamnes cependant.

— Laverdure avait tort sans doute, puisqu'il vous
avait mise en colère, et qu'il avait trop bu.

— Allons ! petit, tu as un excellent cœur : viens que
je t'embrasse.

— Volontiers : je préfère vous voir ce regard que celui
de tout à l'heure.

— Dès ce moment, je vous assure, Messieurs, que
j'ai été tellement honteuse de mes mauvaises habitudes

que je n'ai reculé devant aucun effort pour me corriger.

« Mon mari ne sait pas lire; mais il écoute les lectures que nous fait Julien, et ne va plus régler ses comptes au cabaret. Si nous avons occasion de nous mettre en colère ou de lâcher quelque gros mot, nous regardons auparavant si Julien n'est pas là pour nous entendre.

« Quant à notre fille Marion, elle marche sur les traces de son frère, et nous rend la vie agréable. »

L'autorité locale était heureuse de ces petites confidences. M. Bousquet se frottait les mains de satisfaction, et M. le curé souriait à la pensée de l'amélioration morale qu'accusaient ces aveux.

— Et vous, mère Dalmasse, ajouta M. le curé, n'avez-vous rien à nous dire ?

— J'ai bien quelque chose, mais ce n'est pas trop honorable pour moi. N'importe ! ce sera une expiation de ma faute : autant vaut-il vous le conter. Paul, vous le savez, Messieurs, avait une caractère brusque, revêche et des plus difficiles. Aujourd'hui c'est un garçon religieux, poli, honnête, grâce à vos excellents conseils. Vendredi dernier, je lui avais donné quelques restes de viande du souper de la veille. Comme je vis qu'il se contentait de manger le pain sec, je lui en fis l'observation.

— C'est vendredi, mère, me dit-il.

— Eh bien ! est-ce que cela peut t'empêcher de manger cette viande ?

— Sans doute, puisque les commandements de l'Eglise l'ont défendu.

— Ouais, Monsieur ! Tu es bien scrupuleux maintenant : laisse-la, mais tu n'auras plus rien.

— Soit, mère : vous êtes la maîtresse.

« Il partit alors, sans répliquer, pour la vigne. Je ne pus y tenir, je l'avoue, et je réparai bien vite ma faute. Jusque-là son père et moi nous n'avions guère respecté les défenses de la loi de Dieu ; mais nous sommes résolus d'y être fidèles à l'avenir. »

— C'est bien ! reprit M. le curé : ne donnez à vos enfants que de bons exemples, et nos écoles produiront les meilleurs résultats.

Déjà l'on pouvait remarquer que les habitudes bruyantes et quelquefois coupables des jeunes gens commençaient à céder le terrain à la politesse. Les vieillards, les parents, les autorités, recevaient désormais les égards qui leur étaient dus. Si quelque esprit rebelle aux bons exemples osait renouveler les scènes d'autrefois, il était l'objet d'une telle réprobation qu'il perdait l'envie de faire de nouvelles tentatives.

Les parents eux-mêmes mettaient plus de discrétion dans leurs actes et leurs paroles. Bien des fois la présence de leurs enfants arrêta une expression grossière ou un acte de violence. Cette heureuse contrainte porta ses fruits, et les bonnes habitudes succédèrent insensiblement aux mauvaises.

Chaque dimanche, la jeunesse se faisait un plaisir de rehausser de ses chants harmonieux l'éclat des cérémonies du culte. Aux grands jours des fêtes nationales, c'étaient des messes, des motets, des *Salvum fac*, etc., exécutés avec goût à l'église. On chantait ensuite des hymnes patriotiques au pied de la statue de l'archevêque, dont la figure souriante avait l'air de les encourager dans la voie du progrès moral, et les rappelait au sentiment des convenances.

Les livres de la bibliothèque communale étaient dans toutes les mains, et avaient apporté un concours très-utile à l'œuvre de régénération qui avait été entreprise.

Afin de donner plus de chance de durée aux cours du soir et du dimanche, M. Bousquet, sentant que l'âge et les travaux avaient usé ses forces, en assura l'existence par des fondations. Il créa en outre des médailles nombreuses pour la bonne conduite, le travail, la politesse et les bonnes actions. Il voulut inaugurer lui-même la première distribution des prix, afin, disait-il, de laisser sa dernière pensée à ses concitoyens.

CHAPITRE LXXVI.

LA DISTRIBUTION DES PRIX.

> Que ces couronnes soient un gage
> de celles qui vous attendent dans un
> monde meilleur.

Lorsque le mois de mai avait reparu avec son cortége de fleurs, les journées, devenues longues, avaient amené la suspension des cours du soir; mais les écoles du dimanche étaient toujours suivies avec régularité. Vers la fin du mois d'août, il fut résolu que, selon l'usage, on prendrait quelques semaines de vacances, et qu'une distribution de prix serait faite aux adultes de l'un et l'autre sexe. La vaste cour de l'école primaire fut couverte d'une tenture qui devait amortir les rayons du soleil. Une estrade pavoisée de belles draperies, de dessins, de planches d'écriture, etc., était destinée aux autorités et aux notables.

La foule avait sa place dans le reste de l'enceinte.

M. Bonami avait préparé pour la circonstance divers morceaux de musique. Après une ouverture qui fut exécutée avec ensemble, un dialogue instructif et amusant tout à la fois fut déclamé avec succès par quelques jeunes garçons.

On applaudit avec chaleur. Les autorités locales félicitèrent M. l'instituteur du talent qu'il avait montré dans la rédaction de cet ouvrage et de l'habileté de ses interprètes.

M. Bousquet, revêtu de l'écharpe de premier magistrat de la commune, prit ensuite la parole au milieu d'un religieux silence, et s'exprima en ces termes :

MES CHERS COMPATRIOTES,

« Dix mois se sont écoulés depuis le moment où les cours des adultes se sont ouverts. Ils ont été suivis avec beaucoup de zèle et nous ont donné les plus heureux résultats.

« Votre reconnaissance vous parle au cœur, je le sais; mais la meilleure manière de la témoigner c'est de ne jamais perdre de vue les leçons qui vous ont été données; c'est de montrer par votre conduite que le progrès n'est pas seulement à la surface, mais qu'il a pénétré jusqu'au fond de vos âmes.

« Nous avons essayé de vous donner de bonnes habitudes, et de combattre surtout celles qui sont contraires au respect que vous devez à vos parents et à vos supérieurs.

« Vous savez, mes chers amis, les malheurs qui ont fait disparaître du milieu de nous des familles entières qui avaient méconnu ces devoirs. Vous me pardonnerez donc de vous montrer sans ménagements le précipice où sont tombés nos malheureux compatriotes, et où les suivront leurs imitateurs. Nous puiserons là des motifs d'actions de grâce pour le bien accompli et de salutaires réflexions pour l'avenir.

« Lorsque l'autorité et la vieillesse sont universellement respectées, la paix règne dans tous les cœurs, et le foyer, comme la place publique, est calme; l'on respire une atmosphère qui semble apporter avec elle le bonheur.

« Mais, si ce commandement de Dieu : « Tes père et mère honoreras, etc. », est méconnu, alors le lien social est relâché; le mal se glisse partout; toutes les positions sont infectées des idées d'irrévérence et de révolte, au fond desquelles se trouvent les malheurs publics et privés.

« Tâchons, mes chers compatriotes, de réaliser le premier tableau, et résistons de toutes nos forces à l'invasion des principes qui nous conduiraient dans l'abîme.

« Nous verrons donc les graves *inconvénients* du manque de respect des enfants et des jeunes gens envers leurs parents et leurs supérieurs; en second lieu, quelles en sont les *causes;* enfin quels sont les *moyens* d'y remédier.

CHAPITRE LXXVII.

INCONVÉNIENTS DU MANQUE DE RESPECT.

> Il ne faudrait jamais souffrir que la différence des conditions fît perdre aux enfants le respect qu'ils doivent à la nature humaine.   (LOCKE.)

« Elles sont graves, mes chers amis, les suites du défaut de respect envers les parents et les supérieurs ! Et d'abord c'est un outrage à la loi de Dieu, qui a inscrit cette obligation en tête de la seconde table sur le mont Sinaï.

« Dieu est notre créateur; il est le principe et la fin de notre existence ; chaque moment de notre vie lui appartient, et nous constitue ses débiteurs. Puisque nous sommes son ouvrage, il a donc sur nous les droits les plus absolus. Est-ce que l'auteur n'a pas une autorité sans limites sur son œuvre ?

« Désobéir à la loi de Dieu c'est donc violer le principe de toute autorité, c'est manquer au père par excellence, c'est s'exposer à des châtiments terribles, soit ici-bas, soit dans une autre vie. La punition de Cham, celle des enfants de la veuve de Césarée et tant d'autres montrent que Dieu n'attend pas toujours au terme de la vie pour l'exécution de ses décrets.

« Le Créateur n'a pas jugé utile de faire un commandement explicite aux pères et mères d'aimer leurs enfants ; il a mieux fait que cela : il leur a mis au cœur un ardent foyer d'amour.

« Voyez-vous cette tendre mère qui, en embrassant son nouveau-né, oublie tout ce que lui a coûté la frêle créature ? Elle l'entoure des plus chauds témoignages d'amour, le nourrit de son lait, le berce sur ses genoux, pleure de ses larmes, rit de ses joies enfantines, se lève à toute heure du jour ou de la nuit, ne serait-ce que pour écouter sa respiration ; brave le froid, le chaud, la fatigue, la maladie, les privations. Elle supporte des épreuves qui eussent brisé des santés de fer. Où puise-t-elle le secret de sa force ? Dans un sentiment plus puissant que le trépas lui-même : l'amour maternel.

« Le cœur d'une mère est si grand que le Sauveur des hommes ne pouvait trouver des mots plus expressifs que ceux-ci : « *Je vous aimerai plus qu'une mère* ».

« Et pour reconnaître cette immense dette, pour tant d'amour, vous manqueriez de respect au sein qui vous a portés et nourris ; au père qui vous a consacré lui aussi le fruit de ses sueurs, et qui vous a entourés des plus ardents témoignages de tendresse ! Ah ! ce serait un sanglant outrage à la loi de Dieu et à la nature !

« Rappelez-vous, mes chers amis, les exemples que nous ont donnés les païens eux-mêmes. Cependant ils n'avaient d'autre guide que des lois civiles et religieuses informes et l'instinct naturel, au milieu d'une société cruelle malgré son vernis de civilisation, tandis que nous sommes éclairés du flambeau du christianisme, et que nous avons été bercés de sa douce et tendre morale. Et cependant Énée sauvait son père Anchise des flammes de Troie au péril de sa vie ; Coriolan renonçait à sa vengeance contre les Romains ingrats, à la prière de sa mère, et se dévouait ainsi à une perte certaine ; la fille du général Polydore le sauvait d'une mort lente et terrible en le nourrissant de son lait !.... Il serait facile de multiplier les traits de ce genre, et de faire rougir les soi-disant disciples de l'Evangile qui n'ont pas les vertus des païens.

« Vous affectez des airs d'indépendance, d'insubordination, de révolte enfin vis-à-vis de ceux qui ont droit à votre obéissance, à votre respect, à votre tendresse : vous relâchez ainsi les liens de la famille ; vous contristez vos maîtres et ceux qui sont chargés de veiller sur vous. Plus tard, car Dieu est juste, votre autorité sera méconnue, et vous pourrez vous rappeler le triste retour des choses d'ici-bas comme le fils dénaturé dont nous parlions dans une de nos dernières causeries.

« Ce malheureux avait abreuvé son vieux père de toutes sortes de dégoûts. Il eut enfin la barbarie de le conduire à l'hospice. Comme ils mettaient le pied dans cet asile du malheur, le vieillard lui dit : « Hélas ! c'est ainsi que j'ai traité mon père !... Dieu est juste : il me punit comme je l'ai mérité. »

« Puisqu'il en est ainsi, reprit le fils, je ne veux pas que mes enfants me donnent à mon tour l'hôpital pour dernière demeure. » Cela dit, il ramène son père à la maison, change de conduite, et recueille les fruits de son retour au sentiment de ses devoirs.

« Souvenez-vous encore de ce malheureux qui traînait l'auteur de ses jours sur les marches de l'escalier. Arrivé à un certain degré : « Arrête ! arrête ! s'écria le vieillard : je n'ai pas traîné mon père plus loin un jour que, comme toi, j'avais levé une main sacrilége sur ses cheveux blancs ». Le coupable n'ose avancer, et, faisant un retour salutaire sur lui-même, il demande son pardon, et court au pied des autels gémir de son crime.

« Sans doute de pareilles violences sont heureusement assez rares ; mais on ne se fait aucun scrupule, dans bien des familles, de proférer des paroles grossières et souvent très-coupables.

« Parents et maîtres, enfants et serviteurs, ouvriers et patrons oublient volontiers leurs droits et leurs devoirs, et portent le trouble jusque dans la société. Nous l'avons vu à certaines époques, le désordre a passé de la maison dans la-rue, car ceux qui ont contracté les déplorables habitudes de l'indépendance envers l'autorité paternelle sont faibles contre le mal, et n'ont aucun respect pour les lois. Alors on voit des enfants abandonner leurs parents aux infirmités, à la vieillesse, aux privations ; les domestiques manquer de convenance et de probité envers leurs maîtres ; des jeunes gens, à l'exemple de leurs pères, mépriser les autorités, passer leur vie dans l'oisiveté, la débauche et quelquefois, hélas ! dans le crime.

« Toutes ces doctrines perverses, que la main puissante de notre grand souverain a pu seule refouler dans l'abime, ont de grandes chances auprès de ces gens-là, qui n'ont pas même au cœur l'amour de la patrie, ce sentiment qui s'éteint le dernier, et qui d'ordinaire survit au naufrage de toutes les vertus !

« Résumons-nous. Les inconvénients du mal que nous signalons nous paraissent être une désobéissance à la loi de Dieu, qui a montré, par les faveurs qu'il promet aux fidèles observateurs de ce commandement, l'importance qu'il y attache ; c'est ensuite un outrage à la nature, le mépris des lois humaines, le relâchement dans les liens de la famille et de la société ; c'est, comme conséquence, le crime lui-même.

CHAPITRE LXXVIII.

CAUSES DU DÉFAUT DE RESPECT.

> Les soins du corps et l'ignorance
> des devoirs sont les caractères de
> l'éducation nouvelle.
> (JOUBERT.)

« Examinons maintenant, sans fausse complaisance, les causes du mal qui fait l'objet de notre étude.

« Ils sont rares les futurs époux qui examinent leur vocation devant Dieu, qui ne se font point illusion sur les grands devoirs dont ils vont assumer la responsabilité, et qui ont consulté dans leur choix les qualités morales de préférence aux avantages matériels. L'intérêt ou le caprice : tels sont les mobiles ordinaires du mariage. Quant aux obligations étroites qu'il impose, on n'y songe guère : aussi la tâche la plus importante de l'homme, celle d'élever les enfants, les prend-elle au dépourvu. Vous admettez qu'il faut une étude pour distinguer un animal sans valeur d'un autre qui peut rendre de grands services, et vous croyez inutile d'acquérir la moindre notion de vos plus grands devoirs ?

« A l'ignorance on joint encore la faiblesse ou des préférences qu'on ne saurait justifier aux yeux de la raison et de la justice.

« Voyez les deux fils de Jacques Dalbin. L'aîné, Jean, a été défiguré par la petite vérole. Son intelligence est médiocre ; mais il est studieux et possède un cœur excellent.

« Auguste, son frère cadet, a une gracieuse figure, des yeux bleus, des cheveux blonds et bouclés, des lèvres roses et souriantes. Il est vif et intelligent ; il sait des fables qu'il récite devant le premier venu, et l'on mendie pour lui des louanges. Tout ce qu'il dit est spirituel, voire les jurons et les paroles grossières. S'il lui prend envie de tourmenter son aîné, ses parents l'excitent de leurs rires et de leurs quolibets. Comme il apprend tout ce qu'il veut, on décide qu'il sera prêtre.

« Qui sait, dit modestement sa mère, si mon fils ne sera pas un jour évêque ? »

« Le tirage au sort arrive : Jean est soldat, pendant que son frère achève ses études au collège.

« Dix ans après, l'aîné Dalbin, qui avait su mériter l'estime et la confiance de ses chefs, était lieutenant. A l'immortelle campagne de Crimée, il devenait capitaine. A Solferino, l'Empereur le décorait de sa main, et le nommait chef de bataillon.

« Quant à son frère, il avait quitté, repris et abandonné la soutane. Pour le guérir d'une maladie imaginaire, on lui donnait le bouillon de malheureux poulets plumés tout vifs. En peu d'années il dévorait la petite fortune de ses parents, qui seraient tombés dans la misère sans le secours de leur généreux fils aîné.

« Aujourd'hui, vous le savez, mes chers amis, Auguste s'est fait chasser de toutes les maisons que lui avait ouvertes la bonté de son frère. Il s'est adonné à la débauche ; il est dégradé par les lois...., et il mendie !

« Ses parents sont morts de chagrin.

« Il me serait facile, sans aller au delà des bornes de la commune, de citer bien des jeunes gens qui ont dû leur perte à la faiblesse et à la vanité de leurs parents. Je pourrais raconter l'histoire de Loriol qui, après avoir dépensé follement une brillante fortune, usé sa santé, causé la mort de sa mère, finit à cette heure sa misérable existence dans une maison d'aliénés.

« Je pourrais ajouter, à l'adresse de certains chefs de famille, celle d'un père qui s'est vu abandonner par ses enfants, que son égoïsme avait rebutés. Il cherchait vainement, à sa dernière heure, la main d'un ami pour lui fermer les yeux.

« Mais nous devons nous borner dans cette liste des misères humaines.

« La vérité nous force de dire à plusieurs : Si les liens de la famille se sont relâchés ; si vos enfants méprisent vos ordres et vos conseils ; si le cabaret, le jeu et la débauche se partagent leurs moments, la cause première en est aux mauvais exemples qu'ils ont sous les yeux. Vous leur donnez le spectacle des dissensions intestines, des expressions grossières, des plaisanteries souvent immorales, de l'irrévérence envers l'autorité, de l'éloignement et du mépris pour les devoirs religieux, etc..... Avez-vous le droit de vous étonner que des enfants, des jeunes gens, des domestiques n'ayant que des modèles déplorables sous les yeux, vous refusent le respect et l'obéissance ?

« Que dirons-nous des mauvaises compagnies et des mauvaises lectures, au sujet desquelles votre sollicitude s'endort avec tant de facilité ?

« Si vous placez un fruit gâté au milieu d'une corbeille de fruits sains, qu'arrivera-t-il ? L'expérience et le bon sens nous diront que tous deviendront semblables au premier. Il en est ainsi des mauvaises compagnies : de là le proverbe : *Dis-moi qui tu hantes, et je te dirai qui tu es* ».

« L'habitude funeste du cabaret et du café engendre celle de la lecture des journaux. Les feuilles les moins estimables ont le triste privilége d'avoir les préférences de la jeunesse.

« La littérature malsaine de beaucoup de feuilletons exerce une influence délétère sur leur esprit en idéalisant jusqu'aux vices les plus honteux, jusqu'aux passions les plus condamnables. Quant aux écrits rédigés par les hommes sages, religieux, moraux, on les repousse avec dédain comme indignes d'occuper les loisirs de malheureux qui ne voient le progrès que dans le mal.

« Tâchons aussi, mes chers compatriotes, de sacrifier

un peu moins au luxe, à la vanité, aux exigences de l'amour-propre, sachons faire revivre la modestie et la simplicité de nos aïeux. Lorsque l'orgueil est assis à notre foyer, la maison est près de sa ruine.

« En résumé, les causes du manque de respect des enfants et des jeunes gens envers leurs parents et leurs supérieurs tirent leur origine, à notre avis, de l'ignorance, de la faiblesse, des préférences coupables, de l'affaiblissement des idées religieuses, de la vanité, des mauvais exemples, des compagnies et des lectures malsaines, et nous pourrions ajouter en outre, du funeste spectacle des insurrections politiques.

CHAPITRE LXXIX.

MOYENS D'Y REMÉDIER.

> C'est l'éducation qui fait la grandeur
> des peuples, prévient leur décadence,
> et au besoin les relève de leur chute.
> (Mgr Dupanloup.)

« Maintenant, mes chers amis, cherchons dans la droiture de notre cœur et de notre raison les moyens de remédier aux abus que nous n'avons cessé de déplorer et de combattre de notre mieux.

« Nous avons essayé de lutter contre l'ignorance en établissant les écoles du soir et du dimanche, et en instituant une bibliothèque communale. Le nombre des lecteurs augmente tous les jours, et les résultats obtenus sont des plus satisfaisants.

« La connaissance des devoirs et les rudes leçons de l'expérience vous guériront, je l'espère, de votre faiblesse. Lorsqu'on a la science claire, exacte, de ses obligations, il est rare qu'on manque de fermeté. Et

puis, vous le savez, il est impossible à l'homme d'avoir
une affection réelle pour celui qui rampe devant lui.
Que les parents ne cèdent jamais aux caprices de leurs
enfants ; qu'ils tiennent les rênes de l'autorité d'une
main ferme, et ils auront, non-seulement l'obéissance,
mais encore le respect et l'amour.

« Les meilleurs préceptes ne peuvent nous suffire ; il
faut la plus efficace de toutes les leçons, celle de
l'exemple. Comment voulez-vous que l'enfant soit porté
à faire le bien, s'il voit commettre le mal tous les jours
sous ses yeux ? Que les parents, les patrons, l'autorité,
ne donnent jamais l'occasion de trouver un désaccord
entre leurs principes et leurs actes ou leurs paroles. On
l'a souvent remarqué, l'enfant a une logique inexorable.
Il saura bien dire dans le fond de son cœur et plus tard
laisser monter jusqu'à ses lèvres :

— « Vous m'ordonnez telle chose sous des peines plus
ou moins graves, et cependant votre conduite dément
vos maximes : que dois-je faire ? suivre votre exemple
ou vos préceptes ? »

« Mais, si le jeune écolier sait si bien trouver votre
faible, que sera-ce lorsqu'il sera devenu adolescent ?
Alors, au lieu de s'arrêter à la surface de quelques
imperfections, il sondera votre cœur, et, telles prémis-
ses étant données, il en concluera, hélas ! avec juste
raison peut-être, que ses supérieurs à tous degrés
sacrifient plus ou moins à l'avarice, à l'orgueil, à la
paresse, etc. Dès ce moment, votre autorité est anéan-
tie, et le malheureux jeune homme va grossir la liste si
nombreuse des gens sans valeur morale, qui sont le
fléau des parents et de la société.

« Veillons donc sur nous-mêmes si nous voulons
maintenir dans la voie du bien la jeunesse, qui est
l'espoir de la famille, de la France et du souverain. Pour
donner au bien des fondements durables, commençons

par nous améliorer nous-mêmes, qui sommes les premiers auteurs du mal. Si nous avons le courage de rompre avec les mauvaises habitudes, nos enfants et nos inférieurs suivront nos traces, et obtiendront les plus heureux résultats.

« Il n'est pas inutile d'insister sur l'amour de la religion à une époque où les vieilles croyances sont rudement secouées par l'impiété. Certains s'efforcent de détruire notre foi dans le Christ, sans réfléchir peut-être que nous arracher du cœur cette base divine, ce serait ruiner de fond en comble non-seulement la religion, mais encore toute espèce de moralité, et ouvrir la porte à tous les crimes. Que les parents, les maîtres, les patrons, les représentants de l'autorité, à l'imitation du souverain lui-même, soient fermes contre l'envahissement des doctrines antichrétiennes et contre leurs suites déplorables. Que l'exemple de la soumission aux principes religieux soit donné partout ; que les actes soient conformes aux paroles si nous voulons résister au torrent dévastateur !

« Revenons à la modestie de nos pères sans renoncer pour cela aux utiles conquêtes de la civilisation. Au lieu de tout sacrifier au luxe, à la vanité, aux passions, vivons avec simplicité ; donnons à nos enfants, à nos serviteurs, à nos subordonnés, le spectacle de l'accomplissement de tous les devoirs religieux, civils et moraux. Au milieu de cette atmosphère pure et sereine, ils pratiqueront les meilleures habitudes sans effort, et feront notre consolation, en attendant qu'ils deviennent les plus fermes soutiens de la société chrétienne, de la patrie et de la dynastie.

« Lorsque l'enfant a fait sa première communion, on s'occupe d'ordinaire de lui choisir un état. Au lieu de se laisser séduire par le mirage trompeur de la ville, et de croire à ce dicton populaire : « *Qui a métier a denier* », il

serait plus sage de se rattacher à la terre arrosée de la
sueur de nos aïeux. Ceux qui lui demandent des moyens
d'existence trouvent dans les sillons la santé et la paix du
cœur. Que faut-il de plus ? Est-ce à dire que nous con-
damnons l'industrie manufacturière ? Non, sans doute ;
mais nous ne saurions nous empêcher de gémir de cette
aberration qui précipite le peuple dans les ateliers, au
détriment de la morale et de la santé, et qui laisse l'agriculture manquer de bras. Quelque réflexion le ramène-
rait à des idées plus saines. Hélas ! que de malheureux
désertent le village et la terre qui les a nourris pour aller
en quête d'un bien-être imaginaire dans les villes industrielles ou commerçantes !

« Nous avons, en France, la passion du *fonctionna-
risme :* qu'on nous passe le mot. Beaucoup s'efforcent
d'atteindre à des fonctions publiques, et dépensent leur
temps, leur activité et leurs derniers écus à la poursuite
de cette chimère. Les déceptions sont nécessairement
nombreuses, attendu que le chiffre des demandes est
vingt fois supérieur au nombre des postes vacants. Aussi
les personnages déclassés, inquiets, inhabiles aux travaux de leurs pères, qui, en assurant leur existence,
eussent fait leur bonheur, sont-ils de jour en jour plus
nombreux. Plus de bon sens et moins de vanité évite-
raient aux familles l'obligation d'entretenir des paresseux, et la société verrait disparaître un puissant levain
de désordre et de démoralisation. Les autorités locales,
les instituteurs, devraient corriger autant que possible les erreurs de vocation dues à la faiblesse ou à la
vanité des parents. Leur intervention est souvent fort
naturelle, puisque, dans les villages surtout, les parents se font d'ordinaire un devoir de recourir à leurs
lumières.

« Lorsque les adolescents ont atteint leur quinzième,
leur seizième année, et que, depuis deux ou trois ans,

ils ont quitté les bancs de l'école primaire, un grand
nombre n'ont plus que des idées vagues de ce qu'ils
avaient appris. Alors, pendant les longues soirées d'hiver, qu'on les réunisse sous la direction des instituteurs
et des autorités locales. Bien chauffés, bien éclairés,
fournis des objets de classe gratuitement, ils viendront
d'abord, ne fût-ce que par curiosité. Mais, si l'on établit
des cours réguliers, aussi variés que possible, dépouillés
de leur sécheresse ordinaire, si l'on a soin de préparer
les leçons, d'exciter l'intérêt des auditeurs par des remarques utiles ou piquantes, nous avons la certitude que
les écoles du soir et du dimanche auront des élèves nom
breux et assidus.

« Non-seulement nous conseillons un cours régulier
de morale comme corollaire obligé de l'instruction religieuse, mais il nous semble utile de ne négliger aucune
occasion de semer du bon grain. Il arrive un accident;
il se produit une scène regrettable; un exemple fâcheux est donné à la jeunesse qui en fait l'objet de ses
conversations : c'est le moment favorable pour faire
goûter une bonne leçon sur les suites funestes de la
cause originelle du mal signalé. Une vigoureuse sortie
sur les effets de l'intempérance, de la précipitation, de
la colère, etc., ou de tout autre vice auteur du mal, produit un résultat souvent décisif. Le fait donne raison au
principe, et, l'un soutenant l'autre, ils ont une vive action
sur l'esprit. Quant au cours régulier de morale, il nous
semble utile d'appuyer chaque règle d'anecdotes aussi
intéressantes que possible : la raison en est facile à saisir.

« Les principes d'éducation peuvent-ils faire l'objet d'un
cours attrayant? Pourquoi l'art d'élever les enfants, cet
art qui est le plus indispensable de tous, serait-il exclu
des divisions élevées de l'école et des classes d'adultes
surtout? Il est facile de voir que notre pensée s'arrête au
seuil des connaissances philosophiques, mais pourquoi

ne pas associer l'enfant de douze à quatorze ans, ou le
jeune homme, au travail de son éducation?

« Nos élèves des écoles d'adultes auront pour récompense de leur travail et de leur bonne conduite des livrets de la caisse d'épargne, des chefs-d'œuvre classi-
ques, etc. Afin d'encourager les efforts dans la voie des
progrès, quelque tardifs qu'ils puissent être, il nous a
paru utile de faire quatre catégories quant à l'âge des
élèves, qui seront ainsi classés : 1° ceux de moins de
seize ans; 2° de seize à dix-huit ans; 3° de dix-huit à
vingt ans; 4° de vingt et un ans et au-dessus.

« Leurs compositions ont été examinées avec soin, et le
public sera tout à l'heure admis à les vérifier.

« Le goût de la lecture est une suite naturelle de l'existence de nos écoles. Votre bibliothèque communale sera
toujours fournie de bons livres, nous l'espérons.

« Au risque de nous répéter, nous dirons que les mauvais livres n'ont guère de prise sur les esprits droits fa-
çonnés de longue main par les bonnes lectures. Ce n'est
pas toutefois une raison pour laisser endormir la juste
sollicitude des parents et de l'autorité. Les loisirs de
tous les âges ne sauraient inventer un meilleur passe-
temps que la lecture des bons livres, qui achèvent à
petit bruit le travail commencé par les écoles ou par les
leçons de l'expérience. Les bons ouvrages sont des amis
toujours sûrs, toujours disposés à répondre ou à s'effacer,
laissant toute latitude au lecteur.

« Certains disent : « Si le peuple ne savait pas lire, il
ne saurait être gâté par les lectures malsaines ».

« Les couteaux nous rendent de grands services, et cependant il y a des maladroits ou des criminels qui en
usent mal. Faut-il les proscrire?

« Au lieu de déclarer la guerre à la lecture, faisons-la
impitoyable aux mauvais livres. Livrons à très-bas prix
les plus saines productions de l'intelligence humaine, et

faisons pour le bien ce que d'autres font largement, et de gaieté de cœur, pour le mal.

« Il est facile d'observer que les familles patriarcales, où les fils, quoique mariés, vivaient sous le toit de leurs pères, sont aujourd'hui fort rares. Et cependant les jeunes couples trouveraient des avantages inestimables à être toujours à portée de sentir les effets de la sollicitude de leurs parents. Sans doute l'obéissance ne doit plus être la même; mais les enfants ne sont jamais dispensés des devoirs de déférence, d'amour filial, de gratitude envers les auteurs de leurs jours. Où pourraient-ils trouver des avis plus sages, plus désintéressés, marqués au coin de la plus vive tendresse? Si les vieilles habitudes de nos pères devaient renaître, les liens de la famille en seraient énergiquement resserrés; bien des causes de désordre qui minent la société seraient affaiblies, et ne tarderaient pas à disparaître.

« Ainsi, en résumé, le meilleur moyen d'obtenir des habitudes de respect de la part des enfants et des jeunes gens c'est, à notre avis, l'établissement et la bonne organisation d'un plus grand nombre d'écoles d'adultes, de filles, etc., de bibliothèques communales; les bons exemples de tous; la fidélité aux principes religieux et moraux; la fondation de prix de bonne conduite; la guerre aux mauvaises compagnies, aux mauvais livres, aux cabarets, etc.; l'extension des droits paternels, et l'amélioration du sort des instituteurs et des institutrices.

CHAPITRE LXXX.

DERNIERS CONSEILS.

> L'éducation ne peut rien sans
> l'exemple.   (P. JANET.)

« Maintenant veuillez me permettre, en guise de péroraison, de vous faire quelques récits, destinés à montrer les avantages des habitudes de déférence et de politesse.

« La conduite de Sem et de Japhet leur valut les bénédictions de Noé. Dieu a ratifié les paroles du vieux patriarche, et c'est dans leur race qu'on trouve à la fois la puissance, la noblesse et la valeur intellectuelle et morale, tandis que celle de Cham est écrasée sous le poids de la malédiction céleste.

« Un jour que Frédéric II avait sonné sans qu'on vînt à son appel, il ouvre la porte de l'antichambre, et trouve le page de service endormi. Il allait l'éveiller lorsqu'il voit un bout d'écrit sortant de la poche du dormeur. Il s'en empare et le lit. C'était une lettre de la mère du jeune garçon, qui le remerciait des secours qu'il lui avait envoyés. Frédéric, charmé de la conduite de ce bon fils, prend un rouleau de ducats, et le glisse avec la lettre dans la poche de l'enfant. Rentré dans son cabinet, il sonne vivement, et le page accourt en se frottant les yeux.

« — Vous avez dormi, à ce que je vois.

« — Sire....., mais.....

« — Eh bien ! qu'avez-vous ?

« — Hélas ! Sire, dit le jeune homme en pâlissant, je ne sais d'où me vient ce rouleau d'or.... C'est quelqu'un sans doute qui veut me perdre !

« — Mon ami, la fortune vient quelquefois endormant. Envoyez cette somme à votre mère, qui est heureuse d'avoir un tel fils, et dites-lui que j'aurai soin d'elle et de vous. »

« Sedaine était le fils aîné d'un entrepreneur de bâtiments. A la mort de son père, il quitta le collége, et se fit apprenti maçon afin de venir en aide à sa mère, chargée de nombreux enfants. Le principal du collége, qui l'avait pris en amitié, reconnaissant en lui un grand fonds d'intelligence, lui donna des leçons. Sedaine fit ses études de latin sans abandonner son métier.

« Désireux d'apprendre l'architecture, il se rendit à Paris, où il continua sa vie sage et laborieuse. Il réussit à devenir un architecte habile et un littérateur distingué.

« Sedaine s'occupa avec un zèle digne d'éloge de l'établissement de ses frères et sœurs. Il entoura la vieillesse de sa mère de toute sorte de témoignages de respect et de dévouement. Il mourut en 1797, à l'âge de soixante-dix-huit ans, possesseur d'une grande fortune, honoré de ses concitoyens, membre de l'Académie Française et de celle des Beaux-Arts. »

« Jacques Boyer était le plus jeune des fils d'un vigneron de l'Hérault. Désireux d'acquérir de la fortune, il partit pour les Etats-Unis, et sa famille, n'entendant plus parler de lui, le crut mort. Au bout de quelques années, il revint à Montpellier.

« — J'ai deux neveux, se dit-il. D'abord Jean, qui est riche, mais dur et avare. Quant à Louis, je viens d'apprendre que c'est un instituteur sans fortune et chargé de famille. Il avait le cœur bon lorsqu'il était enfant; mais est-il toujours le même ? Nous verrons bien !

« Alors Jacques endosse une redingote usée, se couvre la tête d'un vieux chapeau, chausse des bottes en mauvais état, et se présente chez M. Jean Boyer, riche usurier de la ville. Ce dernier, qui était assis derrière son bureau, daigna fixer le visiteur à travers ses lunettes vertes. Il l'examina avec un coup d'œil incisif de la tête aux pieds, fit la grimace, et lui demanda ce qu'il voulait.

« — Je suis, lui dit le vieillard, Jacques Boyer, le plus jeune des frères de votre père.

« — Monsieur, lui dit Jean, j'ignore si vous êtes celui dont vous prenez le nom. Et, au fait, ajouta-t-il avec un ricanement brutal qui rendit encore plus repoussante sa figure osseuse, pâle et décharnée, je n'ai guère envie de le savoir.

« — J'avais espéré un accueil différent, Monsieur. Je pense toutefois que vous n'aurez pas le courage de laisser votre oncle à la mendicité, et que vous lui donnerez une place bien modeste dans un coin de votre maison : n'est-ce pas ? dit le vieillard en joignant les mains.

« — Je ne vous connais pas ! fit le premier avec un geste de colère en montrant la porte, tandis que son œil fauve lançait des flammes.

« — Oh ! ne refusez pas, de grâce, de me prêter cinq francs. J'ai usé mes dernières ressources...., et je suis à jeun.....

« — Allons ! fit l'avare exaspéré en saisissant le vieillard par le bras, qu'on déguerpisse ! Assez de mendiants ! S'il vous prend fantaisie de revenir, j'avertis le commissaire.

« Et l'avare lui ferma la porte brusquement.

« Jacques avait le cœur brisé. Il jeta un sombre regard à cette maison, et se rendit chez Louis, qui n'était point encore rentré.

« Sa femme Joséphine, excellente petite créature, toute rebondie et fraîche comme une pomme d'api, malgré ses quarante années et ses huit enfants, le reçut avec une affabilité qui lui gagna le cœur.

« Louis entra sur ces entrefaites.

« — Voici ton oncle Jacques qui nous revient d'Amérique, lui dit avec une joyeuse impétuosité la bonne femme.

« — Qu'il soit le bienvenu ! ajouta l'instituteur en embrassant le vieillard, dont les joues ridées étaient couvertes de grosses larmes.

« — Je vous avais bien dit que mon mari est le meilleur des hommes, dit Joséphine en redressant sa petite taille et avec l'accent d'un légitime orgueil.

« — Allons, mon oncle ! on fera ce que l'on pourra. Nous allons fêter la joie de votre retour. Il reste, je crois, deux bouteilles de vieux frontignan. Mets la nappe, Odilotte, fit-il en s'adressant à une belle enfant d'une douzaine d'années, qui partit comme un trait, et eut mis le couvert en un clin d'œil.

« Pendant ce temps, une fourm....ère d'enfants se démenait dans le modeste logis. Les plus jeunes grimpaient sur les genoux de leur père et du vieillard, qui les embrassait en souriant de bonheur.

« — Ah çà ! mon oncle, fit Louis en le tirant à l'écart, ma garde-robe n'est pas des plus cossues, mais j'ai deux habits assez bons : nous ferons de moitié. Et puis, en attendant que nos finances nous permettent de faire mieux, nous vous monterons un lit dans le cabinet, et vous ne nous quitterez plus, n'est-ce pas ?

« — Mon enfant, dit le vieillard, suffoqué par l'émotion, c'en est trop ! je ne puis y tenir. Au lieu d'être Jacques le mendiant, comme l'a dit ton frère, je suis Jacques le millionnaire. Tes huit enfants sont riches, puisque je le suis, et je t'adopte pour mon fils.

« En apprenant cette nouvelle, Jean se mordit les doigts. Il essaya de regagner les bonnes grâces de son oncle ; mais il perdit son temps. »

Je n'en finirais pas si je voulais épuiser cette mine

féconde, heureusement pour l'humanité, en traits dignes d'éloges.

« Montrons en peu de mots les suites d'un acte de politesse.

« Alexis Baldous n'avait d'autre ressource, à la mort de son père, qu'une lettre de recommandation pour une maison de commerce de Bordeaux.

« Au moment d'entrer dans la diligence à Limoges, il se trouve à côté d'une dame qui se désolait faute d'une place pour sa fille.

« —Madame, lui dit Alexis, je serais heureux de vous offrir la mienne s'il vous était agréable de l'accepter.

« —Mais, Monsieur, je ne voudrais point abuser de votre complaisance et vous faire manquer ce départ.

« — Qu'à cela ne tienne ! madame : je monterai sur l'impériale, ce qu'il s'empressa de faire aussitôt.

« Après quelques relais, il se trouva une place vide dans l'intérieur de la voiture, et le conducteur y fit descendre Alexis.

« La dame exprima de nouveau ses remerciements au jeune homme, et lui offrit ses services. En causant, elle apprit son nom, ses projets d'avenir, et lui dit :

« — Monsieur, je suis charmée que le hasard nous ait si bien servis tous deux. Mon mari est ce même négociant à qui vous êtes recommandé, et je vous promets de sa part le meilleur accueil.

« Au bout de quelques années, le patron, gagné par l'intelligence et la bonne conduite d'Alexis Baldous, lui donnait, avec sa fille unique en mariage, une brillante fortune. »

« Les exemples de politesse nous viennent aussi bien souvent des classes les plus élevées de la société. Une foule d'hommes remarquables doivent une grande partie de leur popularité à l'urbanité de leurs manières. Citons l'exemple d'un de nos compatriotes.

« En entrant dans le collége dont j'étais le principal, M. Raymond Gayrard, ancien graveur du cabinet de Charles X, salua avec une extrême courtoisie un homme de peine de la maison.

« — Ce n'est qu'un garçon de cuisine, lui dit-on.

« — Je serais bien fâché qu'un garçon de cuisine fût plus poli que moi, dit-il avec un fin sourire. »

« En 1856, lorsque l'habile sculpteur vint donner le dernier coup de ciseau au fronton du palais de justice de Rodez, je l'accompagnais dans un de ses jours de visite. Je le vis avec surprise grimper quatre étages, à soixante-douze ans, et s'arrêter à la porte d'une mansarde, où il frappa doucement.

« — Entrez, dit une voix cassée par l'âge.

« — Adieu, Janet, dit le membre de l'Institut en donnant une poignée de main à un vieillard, qui s'empressa de se lever.

« — Comment, M. Raymond, vous ici, dans la demeure du carillonneur de Saint-Amans ?

« — Mais, mon ami, je n'ai pas oublié que nous avons joué ensemble au palet, il y a bien longtemps de cela, n'est-ce pas, mon vieux ?

« — Oh ! c'est bien de l'honneur que vous me faites !

« — Tiens, voici un gros palet, fit M. Gayrard en lui donnant une superbe médaille.

« Quelques moments après nous rencontrions dans la rue une bonne vieille qui se traînait avec peine en s'appuyant sur un bâton.

« — Bonjour, mère Brunières.

« — Ah ! bonjour, monsieur Gayrard.

« — Et les affaires, comment vont-elles ?

« — Hélas ! mon fils m'oublie sans doute, fit-elle les larmes aux yeux.

« — Nenni : il m'a dit de vous remettre ceci.

« En même temps le généreux artiste glissait une pièce

d'or dans la main de la bonne vieille, lui épargnant le chagrin de se voir négligée de son fils, et de recevoir un secours. »

« Si maintenant nous jetons un coup d'œil sur les familles du bourg, partout nous verrons prospérer celles qui ont conservé les bonnes traditions de déférence envers les parents et les supérieurs, tandis que les autres où ces devoirs sont méconnus deviennent un foyer de dissensions intestines. Elles périssent de bonne heure, sans laisser autre chose qu'une terrible leçon pour ceux qui seraient tentés de marcher sur leurs traces.

« Est-ce donc si pénible d'obéir à ceux qui sont chargés de nous guider dans le cours de notre vie, et à qui nous devons tout après Dieu ? Est-il contre nature que le maître commande, et que le serviteur obéisse avec respect ? Voyez Jésus-Christ lui-même, qui n'a pas dédaigné, lui, le Dieu de l'univers, l'Etre à qui tout doit son existence, de se soumettre pendant trente ans à sa sainte mère et aux ordres d'un pauvre charpentier !

« Que ce sublime exemple surtout fasse sur notre âme une vive et salutaire impression !

« Vous le savez, mes chers compatriotes, j'ai plus de quatre-vingts ans. C'est à peine s'il me reste quelques jours, quelques heures peut-être à vivre. Ce n'est pas lorsqu'on a un pied dans la tombe qu'on se laisse égarer par des rêveries. Voici mon dernier avis, mon testament en un mot. Le moyen le plus sûr de bien s'acquitter de tous ses devoirs, c'est de suivre à la lettre cette parole du Sauveur, qui est l'abrégé du christianisme tout entier :

« Aimez Dieu de toute votre âme, et votre prochain comme vous-même pour l'amour de lui.

« Tant qu'elle sera votre guide, vous ne saurez méconnaître vos obligations. »

Les paroles de M. Bousquet avaient été écoutées avec

un profond silence. Bien des larmes avaient été répandues ; bien des résolutions généreuses avaient été prises dans le secret de l'âme.

Enfin l'on sé sépara en se disant au revoir, car les écoles d'adultes avaient jeté des racines impérissables.

CHAPITRE LXXXI.

UNE VISITE AUX MUSÉE DE RODEZ.

> Nous pouvons imiter les vertus
> dont les grands hommes nous ont
> donné l'exemple.

Valdey fut compris dans la liste des jurés de la cour d'assises. Il se rendit à Rodez en compagnie d'un bon cultivateur qui maugréait de toute son âme d'avoir la même obligation à remplir.

Pierre lui fit sentir, non sans peine, les avantages d'un tribunal qui donne à l'accusé toutes les garanties désirables, et calma sa mauvaise humeur.

La session fut de courte durée. M. Charpin, qui avait promis de ramener notre juré à Saint-Rome, offrit une place dans sa voiture aux deux fils de son ami. Ils partirent donc ensemble pour Rodez, et Valdey eut le plaisir d'embrasser ses enfants deux jours plus tôt.

Il mit à profit la circonstance, et fit une visite au musée. Comme ils entraient dans la salle des objets d'art, ils eurent la bonne fortune de rencontrer un antiquaire de leur connaissance qui venait d'assister à une réunion de la Société des lettres, sciences et arts de l'Aveyron. Il se fit un plaisir de leur montrer la galerie des hommes remarquables du Rouergue.

— Ce personnage, dit-il, couvert d'une armure qui laisse visible une partie de la face, c'est le chevalier d'Estaing. Il sauva Philippe-Auguste à la bataille de Bouvines.

— Celui qui vient après, et dont le visage angélique forme un contraste avec l'appareil guerrier de son voisin, est un de ses descendants. C'est le bienheureux François d'Estaing, que Rodez s'honore d'avoir eu pour évêque. Nous lui devons le chœur de la cathédrale, la magnifique tour du clocher, et, ce qui vaut mieux encore, l'exemple d'une vie semée de bonnes œuvres. Le saint prélat vivait du temps de Louis XII et de François Ier.

— Voici Dieudonné de Gozon, qui tua un serpent monstrueux dans l'île de Rhodes en 1345. Il devint grand-maître de l'ordre des chevaliers, qu'il restaura. Il laissa une réputation de courage qui n'avait d'égale que celle de sa vertu. Il était né au château de Gozon, dont les ruines existent encore à deux lieues de Saint-Rome-de-Tarn et de Saint-Affrique.

— C'est cela, dit M. Charpin : elles sont au sommet d'une colline abrupte qui domine une profonde vallée. On y voit encore les restes de la chapelle et du donjon.

— Vois-tu, petit, dit l'antiquaire à Joseph, qui était tout yeux et tout oreilles, ce personnage moitié soldat et moitié religieux ?

— Oui, Monsieur : il a plutôt l'air d'un guerrier que d'un moine.

— C'est Parisot de Lavalette, premier grand-maître de Malte. Il naquit dans le Rouergue en 1494, et gouverna l'ordre des chevaliers de 1557 à 1568. La capitale de l'île lui doit son nom et son existence. En 1565, il résista à toutes les forces de Soliman II, sultan des Turcs, et se couvrit de gloire.

— Que représente ce tableau où l'on voit un guerrier couvert d'une brillante armure, au panache noir et à la cotte de mailles de même couleur ? Il est entouré de

quelques personnages vêtus de pourpre, et qui regardent
d'un œil irrité deux hommes debout, la tête nue, attendant une sentence.

—C'est le conseil de guerre que préside le célèbre Prince
Noir. A la désastreuse bataille de Poitiers, Jean Ier, mal-
gré sa bravoure, tomba entre les mains de son vainqueur.
Le chevalier de Pomairols, sénéchal de Villefranche, et
Garrigues, consul de la cité, suivirent la fortune du roi
de France.

« Edouard, qui voulait s'emparer du Rouergue, dépê-
cha ces deux derniers prisonniers vers leurs compatriotes, avec ordre de les exhorter à la soumission. Pomairols et Garrigues se rendirent à Villefranche. Ils engagè-
rent le peuple à ne reconnaître d'autres droits que ceux
du légitime souverain, et à combattre à outrance l'invasion anglaise. Ils ne reprirent le chemin de l'armée
étrangère que lorsqu'ils eurent mis la ville en bon état
de défense. Arrivés devant Edouard, ils lui rendirent un
compte exact de leur conduite. Pomairols fut mis dans
les fers, mais Garrigues paya de sa tête son héroïque dévouement à la cause de son pays et de son roi.

— Voilà certes deux hommes qui honorent notre
Rouergue, ajouta Valdey. Mes enfants, aimez la France
et la famille impériale. S'il le faut, n'hésitons pas à leur
faire le sacrifice de notre vie, à l'exemple de Garrigues
et de Pomairols.

— Voyez-vous, dit M. le président, ce portrait, dû au
pinceau de Dubufe, qui représente un homme d'un âge
mûr, au coup d'œil plein d'intelligence et de vivacité ?
C'est Raymond Gayrard, auquel notre musée doit la plupart de ses richesses artistiques. Il est né à Rodez en 1777,
et la mort nous l'a enlevé, à Paris, en 1858. Cet artiste,
d'un grand mérite, a débuté dans la carrière par quelques ouvrages d'orfèvrerie. Un camée, qu'il avait ciselé
avec un goût exquis, attira sur lui l'attention de l'impé-

ratrice Joséphine. Vers 1817, il exposa la statuette de
Cupidon, où l'on trouve le caractère gracieux et élevé
qui forme la marque distinctive de ses œuvres. Après cet
heureux essai, il fit un grand nombre de statues, de bas-
reliefs et de médailles qui ont obtenu les suffrages des
maîtres et les honneurs du salon.

« On admire avec juste raison la pureté et la noblesse
de ses vierges. Celle de la cathédrale de Rodez est d'une
si ravissante beauté qu'elle fait songer involontairement
au génie du plus suave des maîtres italiens et aux ré-
gions célestes.

« Nous devons au burin de Gayrard plus de trois cents
médailles qui retracent le souvenir des événements mé-
morables de notre époque.

« Charles X l'avait nommé graveur du cabinet royal. Il
avait voulu lui conférer le titre de baron ; mais notre modeste artiste refusa avec une noble simplicité, de l'avis
de sa femme : ces deux belles âmes étaient faites pour se
comprendre.

« Gayrard a laissé un assez grand nombre de fragments
de poésie. Ils retracent, souvent avec bonheur, la pensée
qui avait inspiré son burin ou son ciseau.

« M. Jules Duval, un des membres les plus distingués
de la Société et écrivain de grande réputation, a publié
une biographie de Gayrard. »

« Le département de l'Aveyron compte un bien petit
nombre d'artistes : aussi n'ai-je à vous nommer que Richard, né à Milhau vers 1770, et dont la plus grande
gloire est d'avoir été le maître de Brascassat, un de nos
meilleurs peintres d'animaux. Richard nous a laissé un
grand nombre de paysages estimés, qui ornent les gale-
ries du musée de Rodez et de celui de Toulouse, sa seconde patrie. »

CHAPITRE LXXXII.

SUITE DE LA VISITE AU MUSÉE.

> Les hommes illustres sont les
> plus belles pierres de l'écrin de
> la patrie.

— Quel est ce buste en marbre de Carrare, signé
R. Gayrard, représentant un personnage aux traits vigou-
reusement accentués, à l'œil quelque peu vagabond?
dit Pierre Valdey.

— C'est une de nos illustrations douteuses : c'est Ray-
nal, qui doit sa réputation surtout à son grand ouvrage
intitulé : *Histoire philosophique et politique des établissements et du commerce des Européens dans les deux Indes*,
condamné par le Saint-Siége en 1781. Il naquit à Saint-
Geniez en 1713, et mourut dans le dénûment en 1796.

— Voici encore un buste en marbre du même auteur;
on dirait un prélat, dit Alphonse.

— C'est en effet Mgr Frayssinous, évêque *in partibus*
d'Hermopolis. C'est un des fils les plus recommandables
du Rouergue. Il naquit à Curières près Saint-Geniez en
1765. Pendant plus de dix ans, il donna avec un grand
succès des conférences sur la religion, dans l'église de Saint-
Sulpice. Ses discours ont été publiés en quatre volumes.
On y retrouve les traditions d'élégance, de pureté et de
logique qui distinguent les écrits de l'inimitable Fénelon.
Mgr Frayssinous devint ministre des cultes et grand-
maître de l'université sous la Restauration. Il fit prévaloir dans les études les principes religieux qu'il avait si bien
défendus du haut de la chaire de vérité. Il est mort, en
1840, à Saint-Geniez, où l'on voit son tombeau de marbre blanc sculpté par l'habile ciseau de Gayrard, son
compatriote et son ami.

— Encore une notabilité ecclésiastique ! C'est l'abbé Boyer, second supérieur de Saint-Sulpice depuis la restauration de cet établissement.

« Nous avons de lui des ouvrages de théologie qui font autorité. Il a formé le cœur et l'esprit de son neveu Denys-Auguste Affre, le martyr de la charité pastorale, votre compatriote.

« A ce nom vénéré, les quatre Saint-Romains se découvrirent avec respect. Ils jetèrent ensuite un coup d'œil plein d'émotion sur une statue tombale du prélat, que Gayrard a généreusement donnée au musée de sa ville natale.

— Quelle est cette grosse et vigoureuse tête ornée des insignes sacerdotaux ? dit M. Charpin.

— C'est le portrait de M. Carrière, qui vient de mourir supérieur général de Saint-Sulpice. Il est l'auteur d'une théologie qui se distingue par une immense érudition et par une netteté et une force remarquables de raisonnement.

— A ses côtés, vous voyez M. le vicomte de Bonald, un des plus illustres philosophes du XIXᵉ siècle. Il est né à Milhau en 1753. La Restauration lui conféra la dignité de pair de France en 1823. Nous avons de lui des ouvrages qui font époque dans les annales de la philosophie moderne, entre autres sa *Législation primitive*.

M. de Bonald est mort, en 1840, dans son château natal. C'était un chrétien fervent. On montre dans le pays une grotte ornée d'une croix, à 4 kilomètres du Monna, et qu'il visitait à pied, tous les vendredis, jusqu'à la fin de sa vie, malgré ses quatre-vingt-six ans.

— Ah ! voici un président de cour d'assises, dit Joseph qui venait de considérer avec attention un tableau représentant un personnage en robe rouge.

— C'est mieux que cela, dit l'antiquaire, c'est le baron de Goujal mort, depuis quelques années, dans un âge avancé.

Il a été premier président de la cour impériale de Montpellier. Notre pays lui doit une histoire du Rouergue en quatre volumes où l'on trouve une vaste érudition et un style magistral unis aux sentiments les plus honorables et les plus patriotiques. C'est encore une de nos gloires les plus pures.

— Nous trouvons ensuite M. Girou de Buzareingues, qui nous a laissé un grand nombre d'ouvrages remarquables sur l'agriculture, les sciences physiques et naturelles, la philosophie, l'éducation, la religion, etc. Il était membre correspondant de l'Institut et de plusieurs sociétés savantes.

— Voici M. de Monseignat, un des légistes du premier empire. En 1793, il sauva de la destruction, au péril de sa vie, la tour de la cathédrale, que des sansculottes voulaient abattre.

— Maintenant nous trouvons Alexis Monteil, l'auteur de l'*Histoire des divers états*. Son ouvrage est écrit avec un goût et une entente parfaite des mœurs de nos aïeux aux principales époques de l'histoire. On cite du même auteur une géographie du département de l'Aveyron fort recherchée de nos jours.

— Voici Claude Peyrot, l'ancien curé de Pradinas. Ses vers patois lui donnent une grande popularité dans le Rouergue.

— Vient ensuite le fameux médecin Alibert, auteur de la *Physiologie des passions* et de plusieurs autres ouvrages de médecine. Il naquit à Villefranche en 1766, et mourut à Paris en 1837. Napoléon Ier le créa baron de l'Empire. Il devint médecin du roi après 1830.

— Nous sommes arrivés à la galerie des généraux modernes. Voici d'abord le portrait de Fouquet de Belle-Isle, né à Villefranche en 1684. Il était petit-fils du fameux surintendant des finances. Promu au grade de maréchal de France en 1740, il contribua puissamment à nous assurer la Lorraine. Il s'empara de la ville de Prague, et sauva l'armée française dans une retraite devenue célèbre. Louis XV le nomma son ministre de la guerre. Le maréchal porta un esprit sage et organisateur dans son administration, et fit cesser un grand nombre d'abus. Il mourut en 1761.

— Ses quatre voisins, Solignac, Tarayre, Béteille et Viala sont des généraux qui ont fait toutes les campagnes de la République et de l'Empire. Ils s'étaient engagés comme volontaires. On peut compter leurs faits d'armes par leurs innombrables et glorieuses cicatrices.

— Nous trouvons ensuite le général comte de Ricard, issu d'une vieille famille du Rouergue. Son nom est cité avec les plus grands éloges dans les bulletins impériaux. Il a commandé des corps d'armée considérables, et s'est couvert de gloire dans les immortelles campagnes de Prusse, d'Autriche, de Russie et de France.

— Enfin le dernier de tous est le général d'artillerie de Laumière, dont l'impétueuse bravoure a causé la mort au dernier assaut de Puebla. Il n'était âgé que de quarante-deux ans, et donnait les plus brillantes espérances. »

Nos amis remercièrent l'antiquaire de sa complaisance, se promirent de lui faire une visite, et continuèrent leur promenade à travers le cabinet des médailles, des manuscrits, des collections d'histoire naturelle, etc.

Comme ils étaient sur le point de sortir, on fixait, dans la galerie, le portrait de M. Hippolyte de Barrau, fondateur de la Société. Pendant plus de 30 ans, cet homme estimable en a dirigé les travaux avec un talent supérieur et un zèle extrême. On doit, à son initiative ou à ses encouragements, un grand nombre de découvertes archéologiques et de mémoires du plus vif intérêt. M. de Barrau a publié 4 volumes de notices historiques et de nombreux et savants mémoires qui lui assurent un rang des plus honorables parmi nos meilleurs chroniqueurs.

Pierre, qui ne laissait échapper aucune occasion d'instruire ses enfants, les conduisit à la cathédrale, vaste monument gothique, dont la masse domine toute la cité. Cet édifice a cent mètres de long, quarante de large et trente-trois de hauteur sous clef. Il a été construit, en grande partie, aux XVᵉ et XVIᵉ siècles. Le jubé, deux chapelles sculptées en calcaire d'un grain délicat, et reproduisant des scènes de la Passion avec le chaud coloris du moyen âge; une autre chapelle de la renaissance; un immense buffet d'orgues, contenant quatre mille tuyaux, la plupart fort médiocres, tels sont les restes de son ancienne splendeur. Quant aux vitraux, ils ont été dévastés.

Parmi les œuvres d'art modernes, on remarque le baptistère, dû au ciseau de Raymond Gayrard, et la Vierge du maître-autel, chef-d'œuvre du même auteur.

Des balustrades en fer, de très-mauvais goût, ont remplacé les anciennes grilles de pierre qui ornaient le tour du chœur et les chapelles.

Nos promeneurs gravirent les quatre cent marches qui conduisent sur la plate-forme de la tour, élevée de quatre-vingts mètres au-dessus du pavé. Ils admirèrent en passant le beau carillon dû au zèle et à la générosité de NN. SS. Giraud et Croizier, dont la mémoire est impérissable dans le diocèse.

Les nombreux étages de cette imposante masse sont découpés à jour, sur les deux tiers de la hauteur. Un beffroi surmonté d'une statue colossale de la sainte Vierge s'élance encore à six mètres au-dessus de la plate-forme ce qui donne au clocher une hauteur totale de quatre-vingt-six mètres.

Après avoir descendu l'interminable escalier de la tour, ils allèrent admirer la statue colossale de Samson et le fronton du palais de justice, œuvres magistrales dues à Gayrard.

La première se dresse sur la place d'Armes, et domine de son regard fier et puissant une foule sans cesse renouvelée qui s'agite autour de son piédestal.

Rodez est aujourd'hui une ville de quinze mille âmes. Ses rues s'élargissent ; ses vieilles maisons de bois cèdent la place à de belles constructions en pierres de taille. Son commerce et son industrie sur les étoffes acquièrent tous les jours plus d'importance, et rien ne ressemble moins à la vérité que les descriptions des géographes touchant cette ville.

Le lendemain, la famille Valdey, en compagnie de M. Charpin, s'achemina vers Saint-Rome. Durant le trajet, Pierre eut soin de revenir sur les notices historiques des hommes remarquables du Rouergue, et d'en tirer des conclusions morales au profit de l'éducation de ses enfants.

— Il n'est donné qu'à un très-petit nombre d'être des hommes de génie, disait-il ; mais, si nous ne pouvons gagner des batailles comme Lavalette, Belle-Isle, etc., ou faire des œuvres immortelles comme les de Bonald les Frayssinous, les de Gaujal, les Gayrard, etc., nous pouvons imiter les vertus privées de ces hommes illustres, et, dans l'occasion, leurs vertus publiques.

« Les grandes pensées nous viennent du cœur, dit le poëte moderne Lamartine, ce qui nous fait croire avec une nouvelle conviction que les actes héroïques peuvent se réaliser dans les plus humbles états. Le dévouement des Pomairols et des Garrigues est de toutes les positions et de tous les âges. »

CHAPITRE LXXXIII.

LES BUVEURS D'ABSINTHE.

> L'intempérance ruine le corps,
> l'esprit et le cœur.

En sortant du musée, nos voyageurs aperçurent une foule de gens réunis autour d'une maison d'où s'échappaient des cris de désespoir.

— Serait-il arrivé quelque malheur, dit M. Charpin à un vieillard qui parlait à un cercle de curieux ?

— Hélas ! Monsieur, c'est bien comme vous le dites. On vient de porter chez lui le corps du pauvre Joachim qui a été retiré tout à l'heure de l'Aveyron.

— Est-ce un assassinat ou une mort volontaire ?

— Les médecins et les magistrats sont d'accord pour admettre un suicide ; quelques lignes tracées hier au soir par le malheureux ne laissent aucun doute à ce sujet.

— Ah ! mon Dieu ! dirent les assistants en joignant les mains ; et quelle est la cause de ce malheur ?

— Joachim, reprit le vieillard, était contre-maître dans une des filatures de la banlieue. C'était autrefois un garçon laborieux et honnête ; mais, ayant contracté la passion de l'absinthe, il se dérangea insensiblement. Sous le coup des excitations continuelles de la perfide liqueur, sa santé et son intelligence s'étaient altérées, au point qu'il ne semblait guère que l'ombre de lui-même. Dimanche dernier, son patron lui a remis 500 fr. pour la quinzaine des ouvriers. Joachim a eu le malheur de retenir la moitié de la somme et de la dissiper avec ses compagnons d'orgie. Comme il était dans l'impossibilité de la rendre, le désespoir s'est emparé de lui et il s'est noyé. Il laisse dans une profonde misère sa femme et ses jeunes enfants.

— Ne pourrait-on faire quelque chose pour ces malheureux, dit Valdey ?

En même temps, il ôta son chapeau, y mit une pièce de cinq francs et parcourut les rangs de la foule qui devenait plus compacte à chaque minute. En un quart d'heure, il avait recueilli 300 fr. qu'il remettait au vieillard, s'esquivant avec ses enfants et M. Charpin, pour se dérober aux félicitations dont il était l'objet.

Arrivés sur la place de la cité, ils s'arrêtèrent pour jeter un coup d'œil sur la statue de Mgr Affre, coulée en bronze d'après celle de Saint-Rome.

Cependant, Valdey considérait avec attention un homme d'une maigreur effrayante et dont les jambes flageolaient à chaque pas. A mesure qu'il approchait, on remarquait, avec un vif sentiment de compassion, ses yeux caves entourés d'un cercle noirâtre, ses joues creuses et ridées, sa bouche dégarnie et son teint verdâtre. Il s'appuyait avec effort sur une canne et jetait de temps à autre un regard terne et indécis sur les rares promeneurs qui l'entouraient.

Tout à coup, son œil s'illumina d'un faible éclat. Il s'avança vers les quatre Saint-Romains et, tendant la main à Pierre, lui demanda des nouvelles de sa santé.

Au contact de cette main sèche et brûlante, au son d'une voix creuse et saccadée, Pierre ressentait une impression douloureuse et cherchait en vain à reconnaître son interlocuteur.

— Vraiment, dit ce dernier, suis-je tellement changé que tu ne reconnaisses plus Jean Faron ?

— Pardonne, mon ami, dit Valdey, en lui rendant son étreinte..... Je te croyais établi à Milhau.

— Allons renouveler connaissance, dit Jean. Vous accepterez bien un verre d'absinthe, n'est-ce pas ?

— Nenni, mon cher ; viens dîner avec nous et laisse cette perfide liqueur.

— Tu pourrais avoir raison ; c'est ce que je me dis tous les jours; mais la passion est plus forte que moi et je ne puis me corriger. Tu sais le proverbe : *Qui a bu boira.*

En même temps il riait d'un rire de moribond qui faisait mal à voir.

La soirée fut triste, comme il est facile de le deviner. Après le départ de Jean, Valdey reprit :

—Mes enfants, vous avez eu sous les yeux un des exemples les plus ordinaires des funestes conséquences de la passion pour les liqueurs fortes en général et l'absinthe en particulier. Jean a fait de bonnes études et serait arrivé à une brillante position s'il avait eu le courage de renoncer à cette terrible liqueur. Au lieu de s'occuper de ses affaires, il s'est adonné à l'oisiveté et aux plaisirs. Autrefois c'était un jeune homme intelligent, plein de cœur et sincèrement chrétien. Hélas ! aujourd'hui il traîne ses derniers jours au milieu des souffrances les plus cruelles et assiste à chaque moment à la ruine de sa fortune, de sa santé et de son âme. C'est à peine s'il a 45 ans, et déjà il ressemble à un vieillard décrépit. Heureux si le corps n'était point l'image fidèle de l'âme !

— J'ai remarqué, en effet, dit M. Charpin, que ses discours n'étaient pas toujours suivis et qu'ils annoncent une perturbation et un affaiblissement notables de l'intelligence.

— Et vous n'avez que trop raison, mon ami. Cet esprit autrefois si net et si délié est descendu jusqu'à de singulières pauvretés; et cette âme si chrétienne, si généreuse n'a plus ni goût, ni énergie pour le bien.

— Le mal est-il sans remède, dit Alphonse ?

— Les excès ont détruit le principe vital dans cette organisation jadis si riche et si puissante. Il ne reste plus à Jean Faron qu'à rentrer en lui-même et à se préparer au passage de l'éternité. Dieu veuille éclairer son âme d'un rayon de la grâce : c'est tout ce que nous devons espérer pour lui.

— J'ajouterai deux observations à ce que nous venons de dire, reprit M. Charpin.

J'étais, au mois de juillet dernier, dans une ville importante du littoral de l'Océan et je me promenais dans un bosquet qui longe les remparts, lorsque mon attention fut éveillée par les cris d'une foule de gens rassemblés autour d'un ormeau de la plus belle venue. En voyant que tous les yeux et tous les bras se dirigeaient vers les plus hautes branches de cet arbre, je fis comme les autres et mon regard se fixa, à ma grande et pénible surprise, sur le corps d'un malheureux suspendu à 15 mètres au-dessus du sol.

Quelques moments après, un magistrat me faisait le récit suivant : « Il n'est personne, dans la ville de R...
« qui n'ait remarqué le grand Lucas, jeune homme de
« 27 ans, bien fait, mais d'une intempérance et d'une
« paresse sans bornes. Pendant la belle saison, on était
« sûr de le rencontrer, couché tout de son long sur
« l'herbe du rempart. Avait-on une commission ou un
« travail à lui donner, il exigeait un prix exhorbitant, et,
« dès qu'il avait quelques sous, il les dépensait en verres
« d'absinthe. Inutile d'ajouter qu'il faisait bon marché
« de la religion et de la morale.

« Depuis quelques semaines, le malheureux ayant
« épuisé ses dernières ressources et ne pouvant se résou-
« dre au travail et à la tempérance, avait donné quel-
« ques signes d'égarement qui l'avaient fait admettre à
« l'hospice. Il a essayé, à diverses reprises, de mettre
« fin à ses jours, mais on avait dérangé ses plans. Enfin,
« ces jours-ci, trompant la surveillance dont il était
« l'objet, il s'est évadé, et vous savez le reste.

« Que de victimes fait la passion pour cette détestable

« liqueur, ajouta le magistrat ! Il n'est pas jusqu'à un
« jeune garçon de 14 ans qui, la semaine dernière, par
« suite de ce goût dépravé, n'ait voulu en finir avec la vie.
« Ce pauvre enfant, devenu orphelin de bonne heure,
« est tombé entre les mains d'un tuteur qui n'a rien
« trouvé de mieux que d'en faire, dès l'âge de 10 ans, un
« garçon de café. L'occasion et les exemples de ses ca-
« marades eurent bien vite gâté ce malheureux, dont les
« excès ont ruiné la santé. Il a été renvoyé par son
« patron à la suite de quelques attaques d'épilepsie, cau-
« sées par l'usage de l'absinthe, qui mine les organisa-
« sations les plus vigoureuses, à plus forte raison celle
« d'un pauvre enfant. Comme il avait été privé du bien-
« fait d'une éducation chrétienne, il n'avait trouvé
« d'autre remède à ses maux que la mort volontaire.

« Hélas ! ces malheureux oublient donc que Dieu
« nous ayant donné la vie a seul le droit de la
« reprendre ! Ils s'exposent à une éternité de supplices
« en cédant à un sentiment de lâcheté. Oui, c'est une
« lâcheté, dit le juge avec feu, d'abandonner le poste
« que la Providence nous a confié et de reculer devant
« les obligations qu'elle nous impose. Comment nomme-
« t-on le soldat qui jette les armes et fuit devant l'en-
« nemi ? un lâche : il en est de même de ceux qui se
« dérobent aux conséquences de leur conduite ou qui
« refusent d'accepter le lot de peines et de travaux qui
« leur est échu.

« Au reste, celui qui a sucé le lait des principes si
« consolants et si sublimes du christianisme, repousse
« les dangereuses tentations du vice. Il conserve avec
« soin le trésor de la foi qui le soutient, de la charité
« qui l'anime et de l'espérance qui le console. Viennent
« quelques défaillances inséparables de notre nature, il
« se relève et se hâte de recourir aux divins remèdes de
« la religion : les sacrements et la prière. Le remords

« et la pénitence achèvent de purifier son âme, et il
« reprend avec courage sa marche dans le sentier du
« devoir.

« Celui qui, au contraire, a eu le malheur d'être
« privé de l'inestimable avantage d'une éducation chré-
« tienne, ou qui a déserté le drapeau de la Religion,
« n'a plus d'autre guide que sa raison obscurcie par les
« passions et d'autre soutien que sa faiblesse. Comment
« ne ferait-il pas naufrage ? »

— Le magistrat avait raison, mes enfants, dit Valdey,
ne l'oubliez pas.

CHAPITRE LXXXIV.

CROQUIS DE GÉOGRAPHIE ADMINISTRATIVE [1].

En revenant à Saint-Rome, nos voyageurs égayaient
le chemin par des réflexions intéressantes sur ce qu'ils
avaient remarqué à Rodez.

— Puisque vous avez acheté une géographie administrative de la France, auriez-vous la bonté de nous en lire
quelques extraits, dirent à leur père Alphonse et Joseph ?

— Volontiers, mes enfants ; pendant que M. Charpin
veillera aux rênes du cheval, nous pourrons la feuilleter
à notre aise. Lisons d'abord quelques lignes sur les
attributions du souverain et des trois grands corps de
l'Etat.

— La France a pour chef suprême un *Empereur* qui
gère les affaires intérieures et extérieures du pays. Il fait

---

[1] Nous sommes obligé, bien à regret, de renfermer dans un cadre
trop étroit quelques notions de géographie administrative qu'on nous
a demandées. Nous comptons sur la bonne volonté des directeurs et
directrices d'école pour donner des détails sur ces matières que nous ne
pouvions, faute d'espace, qu'effleurer légèrement.

la paix ou la guerre, commande les armées, conclut les
traités avec les nations étrangères , promulgue les lois,
etc. La justice se rend en son nom; tout pouvoir exécu-
tif émane de lui. Aucune décision n'a force de loi que
lorsqu'elle est revêtue de son approbation souveraine.
Parmi ses prérogatives, figure au premier rang le droit
de gracier les condamnés.

Trois corps délibérants assistent l'empereur et sont
chargés d'élaborer ou de voter les lois qu'il juge à propos de leur soumettre.

Le Conseil d'Etat rédige les projets de loi et en soutient la discussion devant le Corps législatif et le Sénat.
Il prépare les décrets impériaux et donne son avis sur
toutes les questions qui lui sont soumises par l'empereur
ou par les ministres.

Le Conseil d'Etat est présidé par un ministre spécial;
ses membres portent le titre de *conseillers* ou *d'auditeurs*.

Le Corps législatif se compose de 300 membres environ. Il y a un *député* à raison de 35 mille électeurs; néan-
moins, il en est attribué un de plus à chaque département dans lequel le nombre excédant d'électeurs dépasse
17,500. Ils sont élus pour 6 ans, par le suffrage universel et direct, sans scrutin de liste, et reçoivent une in-
demnité.

Le Corps législatif discute et vote, tous les ans, les
projets de loi et les impôts , ainsi qu'une adresse en réponse au discours de la couronne.

Le Sénat est le gardien de la constitution, des lois
et des libertés publiques. Aucune loi ne peut être pro-
mulguée sans lui avoir été soumise et avoir reçu son
approbation. Les pétitions concernant les lois ou règle-
ments doivent lui être adressées.

Les princes de la famille impériale, les cardinaux et
les maréchaux de France sont sénateurs de droit. Les

autres membres, au nombre de 170 environ, sont nommés à vie par l'empereur.

L'administration de la France se partage en dix départements ministériels. Chaque ministre présente les candidats à l'empereur pour les places vacantes, ou nomme directement, selon les cas. Il surveille son administration par des inspecteurs à différents degrés.

Ministère d'Etat. Le *Ministre d'Etat* sert d'intermédiaire entre l'empereur et les trois grands corps délibérants ou les autres ministres. Il contresigne les décrets impériaux, portant nomination des ministres, des bureaux du Corps législatif ou du Sénat, leur convocation, etc. Il rédige les procès-verbaux du conseil des ministres.

Ministère de la Justice et des Cultes. Ce ministère se partage en deux divisions. La première a dans son ressort l'administration de la Justice. Elle comprend *les justices de paix* qui sont établies dans chaque canton et peuvent prononcer définitivement sur les affaires dont la valeur n'excède pas 400 fr. Viennent ensuite les *tribunaux de première instance*, établis dans chaque arrondissement, au nombre de 370 pour tout l'empire. Ces tribunaux ressortissent des *cours d'appel*, chargées de réviser ou de réformer leurs jugements. Les cours d'appel, au nombre de 27, décident en outre de la mise en accusation pour crimes. Un de leurs membres préside les *cours d'assises* départementales.

Au-dessus de tous les tribunaux, se trouve la *cour de cassation* qui veille à la stricte application de la loi quant au fond et quant à la forme, et décide en dernier ressort de la validité des jugements en matière civile, correctionnelle ou criminelle.

Les crimes commis contre le souverain ou l'Etat sont jugés par le Sénat.

Auprès des tribunaux de première instance, le ministère public est représenté par des *procureurs impériaux* et des *substituts*. Les premiers ont le nom de *procureurs généraux* ou d'*avocats généraux*, devant les cours supérieures.

La deuxième division, ou celle des *cultes*, prépare les décrets relatifs au personnel, aux édifices sacrés, aux congrégations, etc. Elle comprend 16 archevêchés et 69 évêchés, ou 85 diocèses pour toute la France. Il faut y ajouter l'évêché d'Alger, suffragant de l'archevêché d'Aix.

Les évêchés de la Réunion, de la Martinique et de la Guadeloupe se rattachent au ministère de la marine.

Les évêques sont assistés par des vicaires généraux. Ils nomment les curés, avec l'agrément de l'empereur, et pourvoient directement aux succursales et aux vicariats.

La France compte 40 mille prêtres en exercice. Au ministère des cultes, se rattachent en outre les églises des protestants et les synagogues des Juifs.

Sur 37 millions d'habitants, la nation française se compose en nombres ronds de 35 millions de catholiques, de 1,800,000 protestants luthériens ou calvinistes et de 200,000 juifs.

Ministère de la maison de l'Empereur et des Beaux-Arts. Le ministre chargé de ce département gère les revenus et les dépenses de la couronne et du domaine privé. Il pourvoit aux nominations du personnel attaché à la famille du souverain. Il a aussi dans ses attributions les écoles des beaux-arts de France et de Rome, les expositions artistiques, les archives de l'Empire, la chancellerie de la Légion d'honneur, etc.

Ministère des finances. Ce département est chargé de l'administration des revenus publics, de la dette inscrite, des monnaies, du budget de l'empire, etc.

Sous l'autorité du ministre chaque département

compte un trésorier-payeur général, qui a sous sa juridiction les receveurs des finances des arrondissements, les percepteurs et receveurs municipaux établis dans les communes.

A ce ministère se rattache indirectement la grande institution de crédit connue sous le nom de banque de France, dont les succursales sont déjà au nombre de 25. Elle est constituée au capital de 1,200 millions.

Ressortissent de ce ministère : la *cour des comptes*, chargée de vérifier tous les documents relatifs aux dépenses publiques; la *caisse des dépôts et consignations*; les *caisses d'épargne*; la *caisse de retraite pour la vieillesse*; *l'enregistrement et les domaines* qui prélèvent les droits sur les ventes, les successions, donations, etc.; les *contributions indirectes* recueillant les impôts sur les boissons, les voitures publiques, etc. ; les *manufactures de tabacs* qui rapportent 200 millions à la France; les *douanes* qui prélèvent les droits d'entrée et de sortie sur les marchandises ; les *postes*, dont l'institution remonte à Louis XI ; et enfin l'administration des *eaux et forêts*, chargée de gérer les bois du domaine de l'Etat et de surveiller ceux des départements et des communes. Chaque division ministérielle a pour chef un *directeur général*.

Ministère de la guerre. Le ministre de la guerre est chargé de pourvoir au recrutement de l'armée. Il en dirige les mouvements et les opérations.

L'armée française, qui se compose de 400 mille hommes en temps de paix et de 6 à 700 mille en temps de guerre, se divise en sept corps dont les quartiers généraux sont : Paris, Lille, Nancy, Tours, Lyon, Toulouse et Alger. Chacun d'eux est commandé par un maréchal de France ou un général en chef.

Le pays tout entier compte 22 divisions militaires et 89 subdivisions : une par département, sous les ordres d'un général de brigade.

De ce ministère dépend en grande partie la gendarmerie à cheval et à pied qui forme une compagnie par département, sous les ordres d'un chef d'escadron et 16 légions pour toute la France, commandées par des colonels. Chaque canton a d'ordinaire une brigade composée de 4, 5 ou 6 hommes.

L'armée française comprend quatre armes distinctes qui sont : l'infanterie, la cavalerie, l'artillerie et le génie.

Ministère des affaires étrangères. Le ministre de ce département est chargé de la négociation et de l'exécution des traités politiques ou commerciaux avec les nations étrangères.

Il a sous ses ordres les *ambassadeurs*, les *ministres plénipotentiaires*, les *chargés d'affaires*, etc., qui représentent la France auprès des autres nations et sont chargés de veiller aux intérêts de notre pays.

Ministère de la marine et des colonies. Ce ministre a dans ses attributions le personnel, le matériel de la flotte et des ports militaires; l'inscription maritime, c'est-à-dire la levée des marins établis sur le littoral ou dans les îles et qui doivent un service actif à la marine impériale, en temps de guerre, jusqu'à l'âge de 45 ans; enfin le régime des colonies.

La flotte française se composait, en 1865, de 478 navires de guerre de toute grandeur.

Dans ce nombre, on en comptait 105 à voiles et 373 à vapeur (288 à hélice et 83 à roues).

La flotte possède déjà 43 navires cuirassés. Elle est armée de 9,766 canons.

On divise les vaisseaux de guerre en deux catégories qu'on nomme *navires de 1er ordre*, comprenant les *vaisseaux de ligne*, ayant deux ou trois ponts et trois ou quatre batteries de canons superposées, et les *frégates* qui n'ont qu'un seul pont et deux lignes de bouches à feu.

Les navires de *second ordre* sont les *corvettes*, les *bricks*, les *cutters*, les *avisos* et les *canonnières*.

La France est divisée en 5 arrondissements maritimes qui sont : ceux de Cherbourg, de Brest, de Lorient, de Rochefort et de Toulon ; chacun d'eux est administré par un vice-amiral, assisté d'un contre-amiral et d'un grand nombre d'officiers de tout grade.

L'*Ecole Navale*, destinée à former des officiers pour la marine militaire, est établie dans un grand vaisseau, en rade de Brest.

Les élèves en sortent avec le grade *d'aspirant* qui équivaut à celui de sous-lieutenant de la ligne. Viennent ensuite les grades *d'enseigne*, correspondant à celui de lieutenant; de *lieutenant de vaisseau* (capitaine); de *capitaine de frégate* (lieutenant-colonel); de *capitaine de vaisseau* (colonel) ; de *contre-amiral* (général de brigade) ; de *vice-amiral* (général de division), *d'amiral* (maréchal de France). — La flotte compte 2 amiraux, 15 vice-amiraux et 30 contre-amiraux.

Ministère de l'Intérieur. Le ministre de l'Intérieur a dans ses attributions le gouvernement supérieur des départements et des communes. De lui dépendent directement les préfets qui le représentent dans les départements et sont chargés d'arrêter les recettes et les dépenses des communes, des hospices, des établissements de bienfaisance, etc. Ils sont assistés, en ce qui concerne l'administration départementale, par un *Conseil général*, issu du suffrage universel, à raison d'un membre par canton. Ce conseil vote et règle le budget des recettes et des dépenses départementales, sur les propositions du préfet; il classe les routes d'intérêt local ; il émet les vœux qu'il croit utiles au pays, excepté en manière politique.

Les préfets ont la nomination des maires et des adjoints autres que ceux des chefs-lieux de canton ou des com-

munes dépassant 3 mille âmes qui sont nommés par
l'Empereur; des instituteurs et des institutrices, sur la
présentation de l'inspecteur d'Académie; des agents-
voyers; des surnuméraires dans les perceptions, les contributions indirectes, etc., etc.

Les arrondissements sont administrés par des sous-
préfets, auprès desquels se réunit deux fois par an un
conseil chargé de transmettre au conseil général les
vœux du pays, en ce qui concerne l'administration.

Les communes sont placées sous l'autorité des maires,
des adjoints et des conseils municipaux. Ces derniers
votent le budget des recettes et des dépenses locales.

Ministère de l'Instruction publique. Le ministre de l'instruction publique régit le personnel et le matériel des
établissements d'enseignement public qui se divise : en
enseignement *supérieur*, comprenant les Facultés de
théologie, de droit, de lettres, de sciences et de médecine;
en enseignement *secondaire*, donné dans les lycées et les
colléges; et enfin en enseignement *primaire*, comprenant
les écoles de garçons, de filles et les salles d'asile.

La surveillance et l'inspection des établissements libres
appartiennent aussi à ce ministère.

La France est divisée en 17 Académies, ayant chacune
à leur tête un *recteur*, assisté d'un *conseil académique*.
Dans chaque département se trouve un *conseil départe-
mental* d'enseignement et un inspecteur d'Académie,
ayant sous ses ordres des inspecteurs chargés de la surveillance et de l'inspection des écoles primaires. Celles-ci
sont au nombre de 70 mille pour toute la France.

Quoique l'*Institut* soit un corps indépendant, dont les
membres sont élus par les Académiciens eux-mêmes, sous
la réserve de la sanction de l'Empereur, nous en dirons
ici un mot.

L'Institut se compose des 5 académies suivantes : *Académie française*, s'occupant exclusivement de littérature;

Académie des Inscriptions et Belles-Lettres, traitant des documents historiques, des *monuments*, etc. ; *Académie des Sciences* (astronomie, mathématiques, géométrie, mécanique, physique, chimie, histoire naturelle) ; *Académie des Beaux-Arts* (peinture, sculpture, architecture, dessin, gravure, etc.) ; *Académie des sciences morales et politiques* (économie politique, œuvres morales, philosophie, etc.). Cette dernière n'existe que depuis 1832. L'Académie française a été fondée en 1635 par Richelieu. Colbert est le fondateur des Académies des Inscriptions et Belles-Lettres (1663) et des Sciences (1669.)

Chaque année, l'Institut distribue des prix aux auteurs des ouvrages ou découvertes remarquables. La section de l'Académie française décerne les prix de vertu dont la plupart ont été fondés par le vénérable Monthyon.

Ministère des travaux publics, etc. Le Ministre des *Travaux publics* gouverne aussi les intérêts généraux de *l'Agriculture* et du *Commerce*, tant à l'intérieur qu'à l'extérieur. — Les établissements agronomiques, les écoles vétérinaires, la statistique rurale, les irrigations, la mise en culture des landes, le reboisement des montagnes, les concours régionaux d'agriculture, etc., forment une de ses trois divisions.

Les tribunaux de commerce, les chambres consultatives des arts et manufactures, les commissions de statistique générale, etc., forment la seconde division.

La troisième comprend le personnel et le matériel des travaux publics. Les fonctionnaires de cette division sont chargés de la construction et de l'entretien des routes impériales et départementales ; des canaux, des rivières navigables, des desséchements de marais, des ponts et chaussées, etc. Chaque département a un *ingénieur en chef*, qui a sous ses ordres les *ingénieurs ordinaires* établis dans les arrondissements et un certain nombre de *conducteurs*. »

— Nous apercevons déjà la fumée des maisons du bourg, dit Pierre Valdey; fermons le livre. Nous y reviendrons souvent pour nous faire une idée aussi exacte que possible du gouvernement et de l'administration de notre pays.

CHAPITRE LXXXV.

L'AINÉ ET LES CADETS.

> Toute puissance est faible, à moins que d'être unie. (LA FONTAINE.)
>
> Les spectacles ne servent qu'à flatter et à nourrir les passions. (MÉZERAY.)

Nos voyageurs traversaient le Tarn sur un pont de cinq arches, élevé de 21 mètres au-dessus des basses eaux, lorsqu'ils rencontrèrent un grand vieillard au regard hautain, à la lèvre méprisante et portant ses haillons avec une sorte de dignité.

— Bonjour, M. Gibert, lui dirent-ils.

Le vieillard ne répondit que par un signe de tête et continua sa route.

— Contez-nous son histoire, papa, dirent Alphonse et Joseph.

— Volontiers, mes amis. Il y a longtemps déjà que le père Gibert, honnête fermier du voisinage, avait autour de lui quatre jeunes garçons qui faisaient sa joie et son orgueil. Un de ses cousins, marchand de vin établi à Bordeaux, frappé de la bonne mine de Lucien, qui était l'aîné, l'adopta et l'emmena avec lui dans cette grande ville. Il le fit vêtir avec une recherche extrême et saisissait toutes les occasions de faire parade de la beauté du jeune enfant, dont le cœur s'ouvrait déjà aux séductions de la vanité. Il le conduisait souvent au théâtre; ou-

bliant les conseils des Pères de la morale, à ce sujet.
Alphonse doit se rappeler là-dessus quelques paroles de
Fénelon.

— Oui, papa, M. Bonami nous a fait réciter bien des
fois les lignes suivantes : « On voit des parents, assez
« bien intentionnés d'ailleurs, mener eux-mêmes leurs
« enfants aux spectacles publics. Ils prétendent, en
« mêlant ainsi le poison avec l'aliment salutaire, leur
« donner une bonne éducation, et ils la regarderaient
« comme triste et austère si elle ne souffrait ce mélange
« du bien et du mal. Il faut avoir bien peu de connais-
« sance de l'esprit humain pour ne pas voir que ces
« sortes de divertissements ne peuvent manquer de
« dégoûter les jeunes gens de la vie sérieuse et occupée
« à laquelle on les destine, et de leur faire trouver fades
« et insupportables les plaisirs simples et innocents. »

— L'éducation du pauvre Lucien fut complétement
négligée : on le gâtait, on applaudissait à tous ses caprices, et l'on ne réussit à faire, d'un enfant heureusement
doué par la nature, qu'un être ignorant et égoïste.

L'oncle, malgré son aveuglement, vit enfin qu'il
avait pris une fausse route ; mais il n'était plus temps de
refaire l'éducation d'un jeune homme qui avait grandi
dans les mauvaises habitudes. Il reçut les premières
observations de son père adoptif avec hauteur. Mais, sentant bien que sa conduite pouvait lui ravir une brillante
fortune, il dissimula avec habileté et sut conserver les
bonnes grâces du marchand qui, par faiblesse, s'en tint
aux apparences.

Lucien avait à peine une vingtaine d'années, lorsque
le négociant, dont la malheureuse passion pour l'absinthe
avait ruiné la santé de bonne heure, mourut subite-
ment et lui laissa une succession considérable, mais qui
exigeait une main expérimentée pour être tirée au clair.

Le jeune Gibert, s'imaginant que l'héritage de son père

adoptif était inépuisable, ne mit aucun frein à ses dépenses et se jeta à corps perdu dans toute sorte de dissipations. De leur côté, les aigrefins de la chicane s'entendaient avec une touchante unanimité à tirer devers eux le plus clair de la succession.

Le vieux père Gibert recourut vainement à son fils aîné dans un moment de gêne : le malheureux Lucien rougissait de l'humble condition de ses parents et n'avait plus aucun rapport avec eux.

Quelques années suffirent au jeune héritier pour réduire à néant la fortune de son père adoptif. Il y a vingt ans qu'il est rentré à Saint-Rome et n'a d'autre ressource que le revenu d'un petit champ et les produits de sa pêche. Ses frères ont souvent à se plaindre de lui ; mais ils lui viennent en aide dans l'occasion, oubliant ses torts envers Louis surtout dont il a causé la ruine par ses funestes conseils.

— Et les cadets, veuillez nous dire aussi leur histoire, papa !

— La mère Gibert n'avait consenti au départ de son fils aîné qu'avec une vive répugnance, et le moment de la séparation avait été bien douloureux pour son cœur maternel. — « Il me semble, disait-elle, que nous perdons ce pauvre enfant. » — « Bah ! reprenait le père, il nous reviendra un jour riche et heureux. Quant à toi, Louis, dit-il à un beau garçon de douze ans, tu conduiras désormais Etienne et Jean à l'école, et tu remplaceras Lucien. »

Quelques années se passèrent ainsi. Les enfants reçurent une instruction convenable sous la direction de M. Roger et devinrent des hommes laborieux et honnêtes comme leur père.

Louis venait d'amener un bon numéro à la conscription, lorsqu'un terrible ouragan ravagea la contrée. Le père Gibert, se trouvant hors d'état de payer le loyer de sa ferme, eut recours à Lucien qui fit la sourde oreille.

— Comment ferai-je pour acquitter mes dettes et nourrir ma famille, puisque la grêle et la tempête m'ont tout enlevé, se disait-il avec désespoir ? Lucien est un ingrat et un malheureux de nous oublier ainsi ; mais que Dieu lui pardonne, comme je le fais de tout mon cœur.

Cependant Louis avait compris les angoisses de son père. Il alla trouver en cachette un riche voisin dont le fils avait tiré un faible numéro. Il s'engagea à le remplacer au service militaire, fut agréé par le conseil de révision, et, tout joyeux, porta 1,200 francs à son père.

Le bonhomme Gibert, tout entier à la satisfaction de pouvoir tenir ses engagements, ne songeait pas d'abord à demander d'où venait cette somme. Mais, lorsqu'il sut qu'elle était le prix de la liberté et peut-être de la vie de son fils, il voulait absolument la faire reporter au voisin et annuler l'engagement. Pour éviter cette extrémité, Louis devança l'appel.

Dieu bénit son entreprise : il obtint son congé après cinq ans de service, et revint sain et sauf auprès de ses parents.

Sur ces entrefaites, une vieille dame, parente de la famille Gibert, vint s'établir à Saint-Rome. Elle avait une fille de vingt ans, nommée Clarisse, d'une beauté remarquable, possédant une instruction solide, mais d'un orgueil qui ternissait ses belles qualités ; cette jeune fille ne rêvait que toilettes, bals et divertissements.

Au bout de quelques mois, Louis, dont la bonne mine avait captivé les étrangères, épousait Clarisse. Lucien arrivait à Saint-Rome quelques semaines après le mariage. Malgré ses torts, il fut accueilli avec cordialité. Le père Gibert lui donna un champ qui lui revenait pour sa dot, et notre citadin fut obligé de renoncer à la bonne chère et à l'oisiveté pour les rudes labeurs de la terre.

— Chère Clarisse, disait-il un jour à sa belle-sœur, vous possédez 30 mille francs en beaux écus. Avec cette somme, il serait facile de monter un commerce de nouveautés à Bordeaux. Vous décupleriez en peu d'années votre fortune, et vous n'auriez pas le chagrin d'enterrer votre beauté dans un village où vous périrez d'ennui.

La jeune femme se laissa prendre à ces paroles qui flattaient sa vanité. Elle tourmenta sa mère et son mari de telle sorte qu'ils finirent par céder, malgré les sages avis du père Gibert éclairé par la chute de Lucien.

— Votre dot est une fortune chez nous, ma fille, disait le bon vieillard. Avec cette somme, vous pouvez acheter une métairie qui vous donnera les moyens d'élever une nombreuse famille, si Dieu vous la donne. A Bordeaux, les frais de premier établissement vous enlèveront la moitié de votre avoir. C'est une imprudence extrême que d'abandonner la paix de nos montagnes pour la vie agitée et fiévreuse des villes : songez-y, mon enfant, et rappelez-vous le sort de Lucien. Vous ignorez en outre les premiers éléments du commerce que vous allez entreprendre, et c'est là une cause qui suffirait à elle seule pour amener votre ruine.

Mais ces conseils étaient inutiles : Clarisse tint bon et triompha de toutes les résistances. Elle partit radieuse, accompagnée de sa mère et de son mari qui se défiaient avec raison de l'avenir.

Quant à Lucien qui avait nourri le secret espoir d'être du voyage, il en fut pour ses insinuations plus ou moins transparentes.

Trois ans s'étaient à peine écoulés, que le jeune couple revenait à Saint-Rome entièrement ruiné, après avoir conduit à sa dernière demeure la mère de Clarisse qui n'avait pu survivre au désastre.

Etienne et Jean, qui avaient pris la suite du père Gibert,

reçurent Louis et sa femme avec toutes les démonstrations de la plus vive amitié.

— Tu as été bon fils et bon frère, lui disaient-ils; il est juste de nous en souvenir à l'heure de l'adversité. La terre, faute de bras pour la cultiver, ne donne que des demi-récoltes. Viens avec nous; ta famille sera la nôtre, et tant qu'il y aura du pain dans la huche, la meilleure part sera pour ta femme et tes enfants.

Louis et Clarisse se jetèrent dans les bras de leurs frères qui partageaient leur vive émotion.

Le lendemain, Louis reprenait la charrue, et Clarisse, dont l'âme s'était épurée au contact du malheur, se mettait courageusement à la tête du ménage ; sans aucun souci pour ses mains délicates et ses anciennes habitudes. La jeune femme, rentrée en elle-même, retrouva les pratiques religieuses de sa jeunesse. Elle oublia les séductions de la ville pour l'éducation de ses enfants et les rudes mais paisibles travaux de la campagne. Elle devint une femme vraiment chrétienne, déplora ses erreurs et bénit la Providence de lui avoir dessillé les yeux.

Clarisse est aujourd'hui l'âme de la famille Gibert, qui admire avec quelle sérénité elle remplit ses devoirs de mère de famille, d'épouse et de sœur. Elle n'a conservé de ses anciennes habitudes qu'un goût prononcé pour les bons livres, qu'elle lit volontiers le dimanche, et une élégante simplicité dans ses manières et sa tenue. Elle rachète les erreurs de sa jeunesse par une rare modestie et le mépris de la parure et des vains ornements.

CHAPITRE LXXXVI.

LE VIEUX SOLITAIRE.

Comme le feu épure l'or, l'adversité
purifie le cœur de l'homme. (*Prov.*)
Parce que vous avez beaucoup aimé,
il vous a été beaucoup pardonné, dit
Notre-Seigneur à Madeleine.
(*Nouveau Testament.*)

En descendant de voiture, Pierre trouva chez lui
M. Bousquet en compagnie d'un vieux savant connu dans
le pays sous le nom de M. Lambert. C'était un vieillard
de près de 60 ans, dont la chevelure blanche et l'air
digne commandaient le respect. On voyait, aux nombreuses rides qui sillonnaient son front et ses tempes,
qu'il avait longtemps souffert ; mais l'expression de son
visage était calme et sereine et annonçait la paix de
l'âme.

Lorsque M. Lambert et M. Bousquet eurent pris
congé de nos voyageurs, Valdey s'enquit auprès de
Louise des incidents survenus pendant son absence.

— Il n'y a rien de nouveau chez nous, dit-elle, mais
as-tu observé que M. Lambert avait un air de conten-
tement qui ne lui était pas ordinaire ?

— En effet, la tristesse qui le dominait semble avoir
disparu.

— C'est qu'après vingt ans de solitude, il a retrouvé
sa femme et ses deux enfants.

— Ah ! quelle nouvelle ! Conte-nous cet événement ?

— Oui, oui, bonne mère, dites-nous l'histoire de
M. Lambert, s'écrièrent les enfants.

— Volontiers, mais après souper.

Louise, que les regards curieux de ses enfants imploraient avec instance, s'exprima en ces termes :

— M. Lambert, en épousant Mademoiselle Marie Bonnet, il y a une trentaine d'années, se trouva à la tête d'une fortune considérable. Il était fils unique, et ses parents l'avaient gâté de leur mieux. Il ne connaissait guère d'autre mobile que son bon plaisir et n'apportait au grand acte du mariage que des dispositions tout à fait mondaines.

Sa femme était une charmante enfant, douce, bonne et intelligente, nouvellement sortie de pension. Elle était trop jeune et trop inexpérimentée pour exercer une salutaire influence sur la conduite de son mari.

Au lieu de vivre tranquille dans la délicieuse campagne de Roquebelle, voisine des cascades et des grottes de Creissels et dominant au loin la riche vallée du Tarn, M. Lambert résolut d'aller s'établir à Paris.

La jeune dame sentait instinctivement que la paix de son ménage pouvait être compromise, au milieu des séductions de la grande ville, mais le désir de goûter de la vie parisienne vint en aide à ses sentiments de déférence envers son mari, et le jeune couple s'installa dans un hôtel de la Chaussée d'Antin.

Tout alla bien pendant quelques semaines ; mais M. Lambert monta sa maison sur un pied fastueux, conduisit Marie dans les salons de l'aristocratie et de la finance, donna de nombreuses soirées et fit des brèches sensibles à son capital. Au lieu d'écouter les timides remontrances de sa femme, il s'adonna au jeu et glissa enfin sur la pente fatale de la débauche. Alors la tranquillité du ménage disparut, et la pauvre dame n'eut d'autre consolation que d'aller pleurer sur le berceau de ses enfants Charles et Henri, qui donnaient les plus flatteuses espérances. Le malheur lui rappela les pratiques religieuses de sa première jeunesse que le tourbillon du monde lui avait fait un peu oublier. On la vit souvent, entourée de ses deux petits anges, prier avec ferveur dans un coin de l'église de Notre-Dame-des-Victoires et demander à la consolatrice des affligés aide et protection.

M. Lambert avait fini par abandonner presque entièrement sa maison. Il y avait huit jours qu'il n'avait mis les pieds chez lui, lorsqu'en entrant, vers trois heures du matin, il vit sa pauvre femme, pâle, défaite, les yeux rougis par les larmes et agenouillée au chevet de ses deux enfants qui grelottaient sous les atteintes de la fièvre. La jeune dame se contenta de lui montrer les deux petits qui tournèrent un regard languissant vers leur père, comme pour lui reprocher son abandon. Cette fois, M. Lambert sentit son cœur déborder dans sa poitrine et, pendant tout le cours de la maladie, partagea la sollicitude de sa femme dont le cœur s'ouvrait doucement à l'espérance.

Mais ce fut une lueur fugitive, et quelques semaines après, M. Lambert avait repris ses anciennes habitudes. Il en vint même à ne plus garder aucune réserve : il tomba de chute en chute dans les désordres les plus coupables et contracta des dettes au delà de ses ressources. Madame Lambert, après 10 ans d'inutiles efforts pour ramener son mari à de meilleurs sentiments, vendit la plus grande partie de ses biens pour désintéresser les créanciers et se vit obligée, à regret, de provoquer une séparation.

M. Lambert, à la suite d'une fâcheuse affaire, alla s'établir aux Etats-Unis. Au bout de quelques années de séjour à New-York, il eut le bonheur de rencontrer un digne missionnaire ; il fit un salutaire retour sur lui-même et prit la résolution de racheter son passé. Avec les débris de sa fortune, il fonda une petite maison de commerce et, pendant les moments de loisir, perfec-

tionna ses connaissances. Il avait fait de bonnes études
et n'eut aucune peine à s'astreindre à des travaux d'esprit
qui le délassaient des préoccupations de son commerce.
Les sentiments religieux, que les passions avaient si rudement ébranlés, se ranimèrent sous l'influence de l'étude,
du travail et du souvenir de ses fautes. Il regrettait amè-
rement sa famille et n'avait de ce côté aucun instant de
repos.

Au bout de. quelques années, son commerce ayant
réussi au delà de ses espérances, il se vit à la tête d'une
brillante fortune. Le désir de réparer ses torts envers
les siens, joint à celui de revoir son pays, lui fit abandonner l'Union pour la France.

Malgré ses angoisses, il éprouva un sentiment de bonheur inexprimable en foulant la terre de la patrie. Il
se hâta de se rendre à Paris, mais ses recherches pour
découvrir la retraite de sa femme et de ses enfants furent
inutiles. Alors il racheta la maison de campagne où
s'étaient écoulés les premiers temps de son mariage et
la peupla de tout ce qui pouvait le mieux éveiller ses
souvenirs.

— Que devenir maintenant, se disait-il, puisque la
Providence me refuse le bonheur de passer mes derniers
jours au milieu de ma famille ; je vais essayer de faire
un peu de bien à mes semblables. Peut-être obtiendrai-
je mon pardon, et une main chérie me fermera-t-elle les
yeux !

Là-dessus, M. Lambert, ne conservant avec lui qu'un
vieux domestique, s'établit dans sa solitude de Roquebelle, partageant son temps entre l'accomplissement de
ses devoirs religieux, les bonnes œuvres et l'étude. Sa
retraite lui permit de disposer d'un revenu considérable
et de mettre au jour des ouvrages d'un grand mérite.
Matin et soir, il s'enfermait pendant une heure dans la
chambre que sa femme avait occupée. Là, il priait, rap-

pelait avec componction ses coupables débordements et
demandait à Dieu de lui rendre sa famille.

Il mettait à profit ses nombreux loisirs pour faire le
bien. Plusieurs villes ou bourgs voisins lui doivent
l'établissement de quelques ouvroirs, bibliothèques ou
écoles.

— Les piétons surtout , se disait-il , sont heureux de
trouver un peu d'ombre et de fraîcheur contre les
rayons du soleil d'été, et nos routes en sont entièrement
dépourvues !

Là-dessus, il a fait planter des allées de maronniers,
de tilleuls, d'acacias, de noyers même, le long des chemins et construire des bornes-fontaines munies de tasses
en fer battu, rivées à une chaînette.

Non content de venir en aide à celui qui l'implore,
M. Lambert va au devant des sollicitations. Il recherche,
avec autant de zèle que d'autres en mettent à les fuir, les
misères cachées et épargne au malheureux le chagrin de
dévoiler sa détresse. Un voisin, ayant obtenu une place
qu'il ambitionnait depuis longtemps, était sur le point de
voir ses espérances déçues, faute de quelques milliers
de francs pour son cautionnement. M. Lambert lui a
prêté tout l'argent nécessaire sans intérêt.

— Vous avez connu le vieux Tulon, n'est-ce pas mes
enfants ?

— Oui, bonne mère, dit Alphonse, et je me rappelle
qu'il ne tarissait point d'éloges sur le compte du solitaire de Roquebelle.

— Il fut une époque où son langage était bien différent. A propos d'un lambeau de terrain que M. Lambert
lui réclamait avec justice et que les arbitres lui adjugè-
rent, le père Tulon jura une haine éternelle au solitaire,
et le poursuivit de ses invectives et de ses mauvais procédés en toute occasion. Or, il advint qu'un ouragan
ayant dévasté le pays, rendit le filet d'eau qui traverse le

village semblable à une grosse rivière, et que la maison de Tulon s'étant trouvée sur son chemin s'abîma dans les flots. Cette perte réduisit le malheureux à un état voisin de l'indigence. — « Je ne m'en relèverai jamais, disait-il avec désespoir. Les eaux ont été si promptes que nous avons tout perdu : maison, mobilier, provisions de ménage, titres de créance.... Ah ! ma pauvre femme et mes enfants, qu'allez-vous devenir ? »

Là-dessus, ces derniers, devant un tel désastre, ne savaient que redoubler leurs sanglots.

M. Lambert apparut, en ce moment, un sac entre les bras.

— Mon ami, dit-il au malheureux inondé qui était seul à ce moment avec sa famille, donnez-moi votre main.

Tulon leva les yeux sur M. Lambert pour lire ses intentions. Comme il hésitait en se rappelant sa conduite, le solitaire lui dit :

— Mon ami, voilà quatre mille francs qui vous aideront à supporter votre malheur. En attendant, j'espère que vous n'aurez pas d'autre maison que la mienne.

Tulon, la bouche ouverte, les yeux hors de leur orbite, semblait pétrifié d'étonnement. Sa femme le secoua rudement.

— Comprends-tu, mon homme, le Monsieur de Roquebelle nous prête sa maison et nous donne quatre mille francs pour rebâtir la nôtre ?

Le vieillard, après avoir promené ses mains calleuses sur le front, comme pour élucider ses idées, se leva tout à coup et se jeta aux genoux de son bienfaiteur.

— Je ne mérite point vos bienfaits, lui disait-il, je vous ai tant calomnié, tant outragé que je suis indigne de vous inspirer aucun bon sentiment.

— Mon ami, reprit affectueusement M. Lambert, vous savez cette maxime de l'Ecriture : *Rendez le bien pour le mal.* Laissez-moi racheter mes coupables années de jeunesse en faisant un peu de bien. Les misères que vous regrettez sont une bien faible part de mon lot de souffrances. Acceptez ce que je vous offre, et puisse le Dieu de miséricorde me pardonner comme je vous pardonne.

— Oui, Monsieur, le bon Dieu vous bénira, j'en ai la certitude et vous retrouverez ceux que vous cherchez depuis si longtemps.

M. Lambert vivement ému se déroba aux témoignages de reconnaissance de la famille Tulon et remonta à Roquebelle le cœur léger et bercé de douces espérances.

Il y a trois semaines que notre solitaire fut appelé à Lyon pour recueillir l'héritage d'un parent éloigné. Il fut introduit dans le salon du notaire qui avait reçu le testament. Quelques instants après, une dame vêtue de noir, recouverte d'un long voile et accompagnée de deux jeunes gens de 25 à 28 ans, fit son entrée donnant le bras à la maîtresse de la maison, qui paraissait une ancienne connaissance. M. Lambert considérait avec attention les deux jeunes gens et ne pouvait se défendre d'un sentiment indéfinissable à leur égard. Il causa quelque temps avec eux, leur trouva de l'esprit, de bonnes manières, et se prit à regretter avec une vivacité nouvelle la perte des siens. — « Hélas ! se disait-il, Charles et Henri auraient à peu près cet âge. Que sont-ils devenus, ainsi que leur mère ? » De son côté, la dame voilée avait des tressaillements toutes les fois que le solitaire prenait la parole.

Sur ces entrefaites, le notaire ayant quitté son étude, pour un moment, entra au salon.

— Bonjour, Madame Lambert, dit-il à l'étrangère.

M. Lambert ne doutant point qu'il ne fût en présence de sa femme et de ses enfants eut un éblouissement et serait tombé à la renverse, si les jeunes gens ne l'avaient soutenu.

Après quelques instants, il se remit. Tous les yeux

étaient fixés sur lui avec anxiété et semblaient lui demander la cause de son émotion.

L'étrangère avait relevé son voile et, malgré les irréparables outrages des années et des chagrins, M. Lambert reconnut celle qu'il avait si longtemps et si cruellement offensée. Il courba respectueusement la tête et lui dit :

— Madame, vingt ans d'expiation peuvent-ils racheter mes torts que je voudrais vous faire oublier au prix de mon existence ?

— Votre accent me donne la conviction que vous n'êtes plus l'homme d'autrefois, dit Madame Lambert, et je vous pardonne de tout mon cœur.

Les deux époux tendirent en même temps les bras et scellèrent leur réconciliation par les plus vifs témoignages de tendresse. Charles et Henri se montrèrent heureux à leur tour d'avoir retrouvé un père digne de leur respect, en même temps que de leur amour.

Après que leur curiosité mutuelle eut été satisfaite , M. Lambert apprit que sa femme était dans une position fort gênée et qu'elle était en peine sur l'avenir des deux jeunes gens.

— Dieu soit loué, dit M. Lambert , de ce qu'il m'a rendu la fortune que j'avais follement dissipée. Venez, ma chère Marie et vous, mes enfants; liquidons vite la succession, bénissons la mémoire de notre bon parent et prenons le chemin de Roquebelle.

Depuis quelques jours, M. Lambert vit heureux dans sa charmante habitation et ne regrette nullement d'avoir perdu son surnom de solitaire.

CHAPITRE LXXXVII.

CONCLUSION.

> La vieillesse du juste c'est le
> soir d'un beau jour. (*Max.*)
> On recueille ce que l'on a
> semé. (*Prov.*)

Comme l'avait dit le vénérable M. Bousquet, il était parvenu au terme de sa course. Quelques mois après, il descendait dans la tombe, pleuré de la commune entière léguant à sa famille et à ses compatriotes l'exemple d'une vie laborieuse, utilement remplie et ornée de toutes les vertus.

Par une clause de son testament, il affectait une rente annuelle de six cent francs pour l'école d'adultes, l'entretien de la bibliothèque communale, les fournitures de classe, l'achat des prix, etc.

M. Bousquet s'était occupé avec sollicitude de la position des maîtres de la jeunesse.

« Si vous voulez avoir des instituteurs capables, dont la tenue fasse honneur à tous, avait-il dit à son conseil municipal, mettez-les à l'abri du besoin. Alors ils pourront se livrer tout entiers à leurs utiles fonctions, et ils exerceront aussi leur part d'influence sur les familles au grand avantage du public. » Partant de cette idée, il avait fait élever à douze cents francs le traitement de M. Bonami. Afin que la rétribution scolaire ne pût être un obstacle, ni servir de prétexte au défaut d'assiduité à l'école, il avait fait établir la gratuité pour tous les élèves. Mademoiselle Dumont avait aussi renoncé à la rétribution scolaire en échange d'un traitement de huit cent francs et d'un logement gratuit.

Le digne pasteur, que l'âge et les fatigues du ministère avaient affaibli sans pouvoir abattre, continuait toujours ses fonctions. « Un bon soldat, disait-il, ne meurt que les armes à la main. »

Cependant on lui avait donné un vicaire pieux, savant, charitable et zélé, qui suivait les traces de son vénérable chef.

M. le curé n'eut aucune peine à résoudre les difficultés de l'oncle Brunet, qui avait appris sa théologie dans les romans, et dans la conversation des esprits superficiels. Le vieillard fut étonné de la beauté, de la grandeur et de la simplicité des dogmes et de la morale du christianisme, dont il ne s'était jamais sérieusement occupé. Il se convertit et mourut en chrétien.

A l'heure où nous écrivons, Alphonse compte vingt-cinq ans. Depuis deux ans déjà, son père et sa mère lui ont fait épouser la fille de Jean Lerond, qui a trouvé moyen de s'acquitter ainsi de sa dette de reconnaissance. Cécile Lerond, en entrant dans la famille Valdey, a continué ses habitudes de travail, d'ordre, d'économie, de piété, de respect et d'obéissance envers ses nouveaux parents. Dieu lui a donné un fils qui a reçu le nom de Pierre, comme son aïeul. Cet enfant est élevé dans les principes qui ont si bien réussi à Valdey : à son tour, il fera leur consolation.

Eugénie n'a qu'une maigre dot, et cependant elle a été recherchée en mariage par beaucoup de jeunes gens dont la fortune est bien supérieure à la sienne. Enfin son père et sa mère viennent de l'accorder aux instances de M. Charpin pour son fils Jules.

—J'en ai assez pour deux, a-t-il dit à son ami. Je suis vieux, et j'ai besoin d'une fille bonne, douce et active à la place des deux que j'ai établies. Eugénie est ce qu'il nous faut ; je la préfère à tous les trésors : ainsi, plus de résistance, entends-tu ?

— Puisque vous l'exigez, il faut bien que je donne mon consentement.

Camille a obtenu un congé de trois mois. Il vient d'arriver à Saint-Rome avec les insignes de sergent-major. Après la noce, il reprendra gaiement le chemin de l'Afrique.

Valdey et Louise ont ressenti les premières atteintes de la vieillesse; mais la sérénité de leur âme ressemble aux eaux claires, pures et tranquilles d'un lac des montagnes. En les voyant assis au seuil de leur maison, après le travail de la journée, le visage calme, souriant, entourés de leur famille, on se rappelle cette parole d'un moraliste : « La vieillesse du juste, c'est le soir d'un beau jour ».

Joseph est un grand garçon de seize ans. Il est actif, plein de bonne volonté, et il s'étudie, de concert avec son aîné, à ménager les forces de son père.

Louise s'assied quelquefois de plus dans le fauteuil de la mère Marguerite, depuis qu'une bru laborieuse et intelligente lui a succédé dans les soins du ménage.

Les affaires de la maison ont prospéré : sans être riche, Valdey arrondit constamment son patrimoine. Il l'améliore sans cesse, et augmente le troupeau, qui compte à cette heure soixante brebis laitières. Le temps s'écoule sans troubler la quiétude de cette maison. Chaque jour ressemble à celui qui le précède et à celui qui le suit. Si l'on éprouve une indisposition, un accident; si l'orage occasionne quelques dégâts, on se soumet humblement à la volonté de Dieu, et l'on cherche à se tirer d'affaire au mieux possible.

Le père et la mère Valdey sont entourés de marques d'amour et de respect. Ils possèdent l'estime et la confiance de leurs compatriotes, auxquels ils sont heureux de rendre service. Leurs enfants suivent leurs traces, et sont toujours à la disposition de quiconque a besoin d'eux. Alphonse a obtenu, comme son père, plusieurs médailles de sauvetage de la part d'un Gouvernement qui n'oublie aucun genre de mérite.

Tous les membres de cette famille sont vertueux et bien élevés. Ils remplissent tous leurs devoirs avec l'aisance que donnent les vieilles habitudes, fortifiées par les meilleures traditions : si le bonheur parfait était de ce monde, il serait dans cette modeste maison.

Les Charpin, les Portal, les Fabre, etc., et tant d'autres dont les enfants ont reçu une bonne éducation, retracent l'image de cette famille patriarcale. ILS RECUEILLENT CE QU'ILS ONT SEMÉ.

FIN.

TABLE DES MATIÈRES.

Poitiers. — Typographie de HENRI OUDIN.

LIBRAIRIE DE HENRI OUDIN

A POITIERS.

A B C, ou premier Alphabet, contenant les Exercices élémentaires de Lecture, à l'usage des Ecoles chrétiennes, in-16, piqué.

Alphabet chrétien, à l'usage des Ecoles chrétiennes, in-18 cartonné, couverture imprimée.

Bible (Histoire de la sainte), contenant le Vieux et le Nouveau Testament, avec des explications édifiantes tirées des saints Pères, pour régler les mœurs dans toutes sortes de conditions, par de Royaumont, in-12, cartonné.

Cantiques (Nouveau recueil des meilleurs), pour les différentes circonstances de l'année, 8e édition, in-32.

Doctrine chrétienne de Lhomond, in-12 cartonnée, couverture imprimée.

Histoire sainte à l'usage de la jeunesse, avec un questionnaire à la fin de chaque chapitre et deux cartes coloriées. 3e édition, 1 fort volume in-18, cartonnée.

Méthode d'Écriture simplifiée et complétée par de nombreux Modèles à l'usage des Ecoles, par E.-M.-C., 5 cahiers in-4o couronne, imprimée sur très-beau papier, avec une couverture de couleur.

Modèles d'Écriture; 26 *Exemples*.

Méthode de Lecture, par A. Peigné, édition mise en rapport avec les tableaux de lecture du même auteur, 1 vol. in-12, brochée et cartonnée.

Nouveau choix de Lectures manuscrites, ou collection de plus de cent écritures diverses, divisé en cinq parties; comprenant : des lectures instructives sur la religion et la morale; 35 histoires des plus curieuses, un abrégé d'astronomie, d'anatomie, mécanique, hygiène, agriculture, arboriculture, industrie, inventions et découvertes, etc. ; un formulaire de divers actes usuels et un abrégé de tenue de livres; un traité, assez étendu, de la politesse, mélangé de traits anecdotiques; une théorie de l'art épistolaire, suivie de 54 lettres diverses, etc. ; à l'usage des Ecoles primaires des deux sexes, par F. M. S. F. B. chef d'institution, 1 vol. in-8o, cartonné.

Psautier de David, à l'usage des Ecoles chrétiennes, nouvelle édition, in-18.

Poitiers. — Typographie de Henri OUDIN.

www.ingramcontent.com/pod-product-compliance
Lightning Source LLC
Chambersburg PA
CBHW071624270326
41928CB00010B/1765